MIGUEL ÁNGEL RAMOS

CULTURA MILITAR: HONOR, PATRIA Y GLORIA

ERANDIQUE

COLECCIÓN

CULTURA MILITAR: HONOR, PATRIA Y GLORIA
Miguel Ángel Ramos

©Colección Erandique
Supervisión Editorial: Óscar Flores López
Diseño de portada: Andrea Rodríguez
Administración: Tesla Rodas—Jessica Cordero
Director Ejecutivo: José Azcona Bocock
Primera Edición
Tegucigalpa, Honduras—Octubre 2025

PRÓLOGO

Queremos dejar constancia de nuestro paso a través del ramo militar. Por esto agrupamos en un haz conferencias, discursos y artículos publicados en revistas y periódicos, con la esperanza de aportar alguna información a los amantes de la educación militar. Sirvieron de base para tales formulaciones los conocimientos adquiridos en el Colegio Militar de Chapultepec durante la primera década del presente siglo; la experiencia del mando en la Comandancia Principal de Armas de Amapala; las prácticas en las direcciones de la Escuela Militar de Artillería y Academia Militar de Tegucigalpa; la permanencia como catedrático en la Escuela Politécnica de San Salvador; la actuación en la Subsecretaría de Guerra, Marina y Aviación; y el estudio constante de la materia, con ansias de superación, en pro de los altos intereses de mi Patria.

Lo anterior va como una disculpa por la presentación de un material relacionado con el arte militar y el arte de la guerra, muy alejado de la anatomía. No obstante, hemos estimado indispensable su presencia en el desenvolvimiento histórico de Honduras, para el debido enlace de los acontecimientos en su trayectoria evolutiva. Y como el presente trabajo se publica bajo los auspicios de la Junta Militar de Gobierno, es natural dedicarlo a las Fuerzas Armadas, con los mejores votos por su progreso y bienestar.

EL AUTOR
Tegucigalpa, D. C., enero de 1957.

1

CAPÍTULO I: LA MISIÓN DEL MILITAR

El militar está destinado al desempeño de una misión que consiste en la defensa de la Patria. Y para cumplirla en todas sus dimensiones debe prepararse teórica y prácticamente, y formar de su ser un conjunto fuerte e indeformable, tanto en su condición moral como en la física e intelectual.

El sacrificio es su perpetuo norte, a cuyas perspectivas de dolorosos sinsabores dirige continuamente sus pasos, sabedor de que tarde o temprano la Parca, tronchadora de bellas existencias, de esperanzas en flor, acudirá presurosa a acabar de un solo tajo con las ilusiones que bullen en su mente; y por eso, de antemano, se ofrece en holocausto.

Ninguna otra carrera como la militar, en donde fieras tempestades azotan de más cerca los pensamientos en brote de adolescentes patricios; ninguna carrera más expuesta al desaparecimiento rápido de sus adalides, cuando sus servicios son de mayor necesidad.

Para unos es fácil escalar los peldaños de esa carrera, en donde sacerdotes prodigiosos han oficiado; mientras la mayoría sucumbe en el intento.

Las naciones comprenden que necesitan fortalecerse para subsistir. Por eso es que no nos explicamos el antagonismo que existe en algunos países entre civiles y militares: ambos laboran por el bien común en su respectiva esfera de acción; por lo tanto, deben marchar de acuerdo, en perfecta armonía.

Entre nosotros, en épocas pretéritas, pudo haber divergencia entre los bandos militar y civil, pero se explica porque la carga del servicio pesaba únicamente sobre los hijos del pueblo, los desheredados de la fortuna.

Mas hoy, la tendencia es de borrar esas fronteras, hacer desaparecer las causas de desprecio mediante la nueva ley de servicio militar obligatorio para todos, ricos y pobres, intelectuales e ignaros. Esto convida a un avenimiento, a una entente fuerte, duradera, entre elementos que, siendo hoy militares, pasan mañana al campo de los civiles. Esto a nadie perjudicará, puesto que es una reivindicación de los derechos de todos los ciudadanos: repartirse por igual las gravámenes que los deberes para con el Estado traen consigo.

Hemos hablado con alemanes que han prestado servicio militar en su patria, mostrándose orgullosos al recordar el tiempo pasado en el cuartel. Esto es porque allá ocupa el militar un puesto distinguido, y es por esto que las clases altas se apresuran a colmar las filas del ejército. La ley se ha transformado en costumbre; es un placer vivir la vida del soldado.

Entre nosotros costará algo la introducción de esa reforma; pero no dudamos de su buen éxito, dados los sentimientos patrióticos que animan a nuestro pueblo.

¿Quién podrá negarse a prestar su contingente a la Patria en la noble carrera de las armas, cuando sepa que ésta amamantó estadistas, diplomáticos, filósofos, historiadores, literatos, ingenieros, sabios, en fin, que han dejado a su paso estelas de luz?

Escuchemos a Smiles:

"Sócrates, Esquilo, Sófocles y Jenofonte fueron todos hombres que pelearon en las batallas de su patria y después honraron su literatura. Otro tanto ocurrió en Roma, en el apogeo de su gloria. El emperador César fue el más grande de sus guerreros y uno de sus más grandes escritores. Hasta el poeta Horacio fue soldado en su juventud, al cual Bruto confió el mando de una legión."

En otra parte dice que Sócrates fue un soldado valiente: salvó la vida a Alcibíades, que cayó herido en la batalla de Potidea, y a Jenofonte prestó igual servicio en la batalla de Delio.

Continúa:

"Sorprende ver un número tan crecido de hombres ilustres —poetas, autores y hombres de ciencia— que han llevado una vida de soldados y que han combatido por mar y por tierra, en su patria y fuera de ella. Tal vez la obediencia, el ejercicio y la disciplina, que son el alma de la vida del soldado, ejerzan sobre el carácter alguna influencia potente y creadora, y desarrollen ese poder de concentración disciplinada que tan necesaria es para la formación del verdadero genio."

Luego sigue citándonos otros literatos: Dante, Jorge Buchanan, historiador y poeta; Chaucer, Coleridge, precursor del romanticismo;

Lope de Vega, Cervantes, Calderón, Mendoza de Santillana, Boscán, Montemayor, Garcilaso, Ercilla y Camoens.

Como matemático y filósofo: Renato Descartes. En matemáticas, Maupertuis. El ingeniero militar Malus se distinguió en óptica. Niepce "era teniente en el primer regimiento de dragones francés cuando se consagró al estudio de la química". A él y a Daguerre se debe la invención de la fotografía. "El naturalista Lamarck sirvió igualmente muchos años en el ejército."

Hasta aquí hemos venido exhumando los nombres de ilustres personalidades que nos indica Samuel Smiles en su notable obra El deber, dejándonos en el tintero muchos de los que nos señala, por no hacer más larga esta lista. Ahora vamos a agregar, por nuestra cuenta, un solo nombre: el del autor del himno más grandioso, La Marsellesa, Claude Joseph Rouget de Lisle.

La profesión de las armas requiere largas y sesudas meditaciones, porque, como dice Napoleón:

"Nada se obtiene en la guerra sino por cálculo; todo lo que no está profundamente meditado en sus detalles no produce resultado alguno."

Y para esto es preciso constancia y energía a toda prueba, sobre todo cuando no se poseen las dotes del genio.

"El guerrero y el político, como el jugador hábil, no se aventuran al azar; pero lo preparan, lo atraen, y parece que casi lo determinan." (La Bruyère).

Todo esto nos indica lo indispensable que es para el militar la reflexión en todos sus actos, aun en aquellos que a primera vista parezcan sin importancia. En algún autor hemos leído éstas o semejantes palabras, refiriéndose a la rendición de las plazas sitiadas:

"Que es necesario prolongar lo más que se pueda la entrega de ellas, porque con eso se influye de alguna manera —aunque de su influencia no nos demos cuenta muchas veces— sobre el éxito de una campaña."

Y por correlación de ideas recordamos el comportamiento de Massena, sitiado en Génova.

Un autor de Estrategia ha dicho:

"¡Desgraciados de los hombres de guerra y de las naciones para quienes la ciencia de la guerra es un pesado fardo, y que no quieren reconocer la influencia del arte, para no verse obligados a aprenderlo!"

Viene a propósito —en cuanto a las ventajas que se reportarán— la orientación que, de algún tiempo a esta parte, se está dando aquí al Ejército Apenas se consigue prolongar la existencia por medio de un cuido esmerado.

La guerra, según nuestro modo de pensar, subsistirá a través de los tiempos, porque es una variante de la vida; la monotonía de una misma cosa nos asusta y fastidia: tal nos sucedería con la paz perpetua. Nos parece que, hasta hoy —si se exceptúa Suiza—, ningún país puede vanagloriarse de una paz que dure un siglo. Las teorías guerreras subsisten, y escritores militares como Clausewitz gozan definiendo y describiendo lo que es la guerra y sus horrores: el aniquilamiento completo del adversario, según su propia expresión. Difícil de extirpar es el azote de la guerra, pues está demasiado comprobado que no sólo es atributo de los pueblos salvajes, sino también de los portaestandartes de la civilización.

En 1897 escribió un gran publicista italiano:

"Al presente, la guerra no tiene ninguna función que llenar entre los pueblos civilizados de Europa; por eso va desapareciendo, es decir, que ya está muerta, y sobrevive únicamente en la imaginación de los hombres, por evolucionar de modo demasiado lento para seguir el rápido progreso de las cosas."

Es un pacifista consumado, y por más que no quiere se le llame utópico —según lo dice en otra parte—, en vista de los acontecimientos posteriores, no otro nombre merece.[1]

Rusia, cuyo zar abogaba por la paz, por la paz europea, por la paz mundial, es sorprendida por el Japón, que, por más que se diga y se aplique lo dicho de Rayneval, de que "una guerra sin declaración previa es un verdadero bandidaje; es la guerra de los piratas y los filibusteros", no se obtiene ningún resultado práctico, ya que la primera no pudo castigar el insulto y atropello que le hiciera la segunda en Chemulpo, siguiendo el principio de que "el que pega primero, pega dos veces". ¡Ante el poder de la fuerza, el derecho es

---

[1] Guillermo Ferrero.

un niño antojadizo! Los sueños pacifistas del zar fueron fatales para Rusia.

Hay otros pacifistas —cazadores de leones— pregoneros de la hermosa idea; pero éstos lo hacen únicamente para hacer hablar a la prensa.

Lo único positivo es, pues, prepararse para la guerra; "no para atacar a las naciones extranjeras, sino para asegurarse el reposo, garantizándose de los insultos del enemigo". En menos palabras: la paz armada. La misión del militar continúa en pie, a pesar del tiempo, a pesar de la civilización, a pesar de todas las teorías pacifistas que se lancen a la publicidad.

Después de la metamorfosis de China, cambiando, mediante terrible convulsión, su manto imperial y sus viejas teorías por el republicano y la civilización moderna, nadie quizá imaginaba que en Europa apareciera la guerra: primero, entre Italia y Turquía; segundo, entre los Balcanes y la Sublime Puerta, antes de que firmara la paz con su primer adversario.

Y no obstante el empeño de las naciones europeas por apagar el incendio, por temor de verse envueltas en sus aterradoras llamas, se duda de una pronta terminación. Eso pasa "entre los pueblos civilizados de Europa", muy a pesar de lo aseverado por Guillermo Ferrero en sus conferencias milanesas de 1897.

No vemos en el horizonte señales de un acuerdo sincero por la paz entre las naciones del globo terráqueo. Al contrario: los progresos del arte y la ciencia de la guerra, el aumento de los medios de destrucción, los aeroplanos cruzando los aires en vuelos vertiginosos, buscando nuevos campos de batalla y la inmensidad por teatro de la guerra, son presagios de ideas destructoras que perdurarán a través de los siglos.

El statu quo pacifista tiene pocas probabilidades de sentar plaza. Los pueblos, como los individuos ambiciosos, creyendo en su superioridad, pretenderán siempre dominar a sus vecinos que consideren inferiores. Las teorías del derecho de la fuerza (aunque no lo digan, pero lo aplican) van tomando carta de naturalización entre los fuertes; los triunfos del Derecho Internacional son muy contados... ¡como los premios de una lotería!

San Salvador, enero 5 de 1913.

EL DEPORTE

Los juegos deportivos son tan indispensables a los militares como a los civiles. Ellos desarrollan, al mismo tiempo que la inteligencia, las fuerzas físicas; tornan vigorosas las constituciones raquíticas y las hacen aptas para precaverse de ciertas enfermedades. Y presentándose situaciones rápidas, siendo esto una ventaja innegable, una conquista inapreciable para las luchas en la vida práctica.

Las consecuencias que tal costumbre reporta son palpables entre los sajones; por eso ellos hacen del deporte uno de sus principales medios de educación, aplicándolo sin distinción de sexo, tanto al hombre como a la mujer.

Pero no siendo nuestro objeto tratar el asunto desde todos los puntos de vista, sino únicamente desde el restringido de la influencia que el deporte puede tener en la educación militar, a ello nos limitamos; y, si más tarde podemos continuar desarrollando este tema, hablaremos más detalladamente.

Desde luego se nos viene a la mente la siguiente pregunta:

¿Qué ejercicios deportivos serán convenientes para los militares?

Pregunta que sin vacilar contestamos diciendo que todos: desde aquellos que, como el ajedrez, requieren el reposo y la calma de un filósofo para estar atento a sus diferentes fases, hasta los ejercicios violentos, para cuya ejecución es preciso poner en tensión las cuerdas sensibles del cerebro, como todos los músculos del cuerpo.

Así, pues, diremos nosotros que, después del ajedrez —el juego de las grandes combinaciones y el favorito de Napoleón I—, debe estimularse a los militares para que tomen apego al foot-ball, base-ball, natación, esgrima, gimnasia, boliche, carreras de caballos, carreras a pie, etc., etc., pues ellos contribuyen poderosamente a desarrollar la inteligencia o la fuerza física, o una y otra.

Hay que favorecer, por todos los medios posibles, la inclinación del militar por el deporte, porque él, más que ningún otro, está expuesto a luchar con la intemperie, a las marchas fatigosas y, sobre todo, a dar soluciones rápidas a los problemas que se le presenten, pues la carrera militar eminentemente práctica requiere, ante todo, rápidas concepciones y ejecuciones.

Es bien sabido, por la Historia, que en las guerras hay más víctimas por las enfermedades que por los efectos mortíferos de las balas enemigas; y, para esas épocas de prueba, no bastando un buen servicio sanitario, es indispensable fortalecer los miembros del soldado para que no caiga bajo la presión de las primeras marchas, a los primeros golpes de traidoras enfermedades que acosan a las tropas en campaña.

Para ese caso, pues, la buena constitución del soldado es una salvaguardia; es, en fin, el deporte, una medida profiláctica que sirve al soldado para salir airoso de las enfermedades de menor cuantía y lo vuelve apto para resistir aquellas que, por su carácter en sí, son de poner en cuidado la suerte de un cuerpo raquítico.

El deporte vigoriza al soldado intelectual y físicamente, y éste, consciente de su fuerza, sabrá sacar partido de los elementos constitutivos de su ser en las situaciones difíciles en que se encuentre.

Por otra parte, todos los ejercicios son agradables, y sólo muy raras veces se hallan espíritus reacios a ellos, como los hay también en todos los ramos del saber humano; pero, en éstos, por poco que se ejerciten, estarán en mejores condiciones para luchar con los peligros y las dificultades de la vida.

Tomando en cuenta las dificultades que trae consigo —y por diferentes consideraciones— el que puedan los militares dedicarse a todos los deportes precitados, señalaremos de entre ellos los que consideramos indispensables.

Para todas las armas aconsejamos principalmente gimnasia, esgrima y recorridos de largos trayectos a pie (carreras de resistencia). Para caballería y artillería, carreras a caballo, de velocidad y resistencia en diferentes terrenos, saltos de obstáculos, etc., etc.

Deben ejercitarse lo más que sea posible en las carreras a pie las tropas de las diferentes armas, pero muy especialmente la infantería, la reina de las batallas, que debe tener sus miembros bien ejercitados para el mejor logro de la disciplina en las marchas, evitando con ello el desusado número de rezagados que se observan en las tropas poco acostumbradas a las grandes etapas.

Ejemplos de lo que se puede conseguir con soldados bien ejercitados en las marchas los encontraremos a montones en la Historia. Entre otros citaremos las campañas napoleónicas, especialmente las de 1800 en Italia, precursoras de la batalla de Marengo, y las de 1805 para el envolvimiento de Ulm; la persecución obstinada de Murat a los restos del cuerpo de tropas del Príncipe Juan; las marchas rapidísimas de 1806, a través de toda Prusia, después del desastre de los prusianos en Jena y Auerstädt; las marchas sorprendentes de los alemanes en 1870, en donde se dieron casos en que una brigada —la 18ª, me parece—, después de una larga jornada, llegó a tiempo para tomar parte en la batalla del 16 de agosto; la persecución a mata caballo durante quince días consecutivos por el General Gourko en 1878, en la guerra ruso-turca; las de los japoneses en la Manchuria, demuestran un vigor extraordinario de jinetes e infantes.

Para terminar, diremos que nos alegraríamos que el S. C. S. iniciara carreras de resistencia para jinetes e infantería, otorgando premios a los vencedores, a fin de estimularlos.

Así también, que los alumnos de la Escuela Politécnica y la de Cabos y Sargentos hicieran excursiones a pie por un término de quince días, por ejemplo, desarrollando temas y practicando los alumnos en las diferentes armas, para lo cual se podría organizar una brigada compuesta de las tres armas, como se hace en México todos los años con el Colegio Militar de Chapultepec.

San Salvador, julio 20 de 1912.

CRÓNICA DEL SIMULACRO DE GUERRA PRESENTADO POR LA ESCUELA POLITÉCNICA EL DÍA 7 DEL CORRIENTE EN LA HACIENDA SANTA ROSA

Invitados por el señor Director de la Escuela Politécnica para asistir al simulacro de guerra que tendría verificativo el día 7 del corriente, en la Hacienda Nacional "Santa Rosa", partimos el día indicado, de esta capital, en compañía de los demás invitados.

Llegamos a la estación de San Pedro a las nueve y media a. m., siendo recibidos por los jefes y oficiales de la mencionada Escuela. Inmediatamente se nos proveyó de cabalgaduras y, formando un grupo regular, nos dirigimos a una pequeña altura desde donde se dominaba el teatro del simulacro.

En dicha posición, el señor Coronel Salinas tuvo la amabilidad de exponer el tema que iba a desarrollarse, en la forma siguiente:

"Fuerzas enemigas destacadas de Opico se encuentran en la Hacienda de Santa Rosa, haciendo requisiciones.

El Batallón Escuela Politécnica recibe la orden de prolongar el ala derecha de las tropas que deben desalojar al enemigo.

La Compañía de Cadetes tiene la misión de prolongar el ala derecha de su batallón."

Esta compañía encuentra en la Estación de San Pedro tropas de las tres armas.

Oído el lema por el Comandante de la Compañía de Cadetes, dio a su vez las órdenes pertinentes, marchando cada uno de los oficiales a tomar el mando de sus respectivas fracciones.

Vamos a dar una idea del campo de combate. En el ángulo noroeste, comprendido entre la línea del ferrocarril y el camino a Santa Rosa, existe una pequeña eminencia que sirvió de punto de observación; al norte de ésta, otra altura ocupada por el adversario, con tropas de las tres armas, simuladas con siluetas fijas. Entre una y otra eminencia, la quebrada de "La Ceiba".

Primera posición

Cerca del punto de observación, la primera sección tirando sobre una batería de artillería situada a 600 metros.

Segunda posición

Continúa el avance de dicha sección, desplegándose a su derecha la segunda para intensificar el fuego a una distancia de 500 metros.

Tercera posición

Se efectuó un avance de 50 metros y se rompió el fuego contra una línea de tiradores, rodilla en tierra. Se retira el enemigo.

Aparece otra línea de tiradores a la derecha de la artillería, de rodillas y tendidos en tierra.

Entra la reserva a prolongar el ala derecha, batiendo todos esta línea con alza fija. En este momento debió haber aparecido la caballería enemiga, pero, habiendo sido cortada la línea telefónica, no se efectuó.

En esta fase concluyeron las maniobras.

El señor Subsecretario de Guerra tuvo a bien nombrar las comisiones que debían ir a ver el efecto del tiro.

El resultado fue el siguiente:

1er objetivo: una batería tuvo un 75% de siluetas fuera de combate.

2º y 3er objetivos: el efecto fue máximo.

Total de proyectiles disparados: 2,847, con un aprovechamiento de 18½ %. [2]

El resultado, en conjunto, nos ha parecido bastante satisfactorio.

En vista del brillante comportamiento de jefes, oficiales y cadetes en el mencionado simulacro, el señor Subsecretario de Guerra felicitó calurosamente al señor Coronel Salinas.

En seguida fuimos obsequiados con un almuerzo en donde se hizo derroche de alegría. Brindaron por el buen éxito obtenido el señor Subsecretario de Guerra, el señor Mayorga Rivas y el Coronel Salinas.

Anotamos entre los concurrentes al señor Subsecretario de Guerra, que presidió el acto; al señor Gobernador Departamental, Macario Garay; al señor Director de la Penitenciaría, Coronel Pablo Paredes Lemus; al General Armando Llanos; al General Salvador Ávila; a los señores ingenieros López B. y A. Palma; a los coroneles Bernardo López y Juan M. Cubas; a los tenientes coroneles Maximiliano Martínez, Salvador Cóbar y otros oficiales, así como al autor de esta información.

San Salvador, 1913.

(Revista de la Escuela Politécnica)

EN OTROS CAMPOS DE ACCIÓN

¿Estamos o no estamos? —dicen en mi tierra para cerrar un trato cuando se nota vacilación de una de las partes. Mas, si su contrario es listo, le sale al paso con la contestación de a bolero: ¡A según!

La interpretación no se escapa para los meollos medianos, mucho menos para los de calidad; por eso dejamos a un lado el arreglo de semejante trabajo, pues si alguna dificultad se presentara, sería tan solo en la hez de la inteligencia, y éstas para nada me sirven en el presente caso.

---

[2] En los simulacros ordinarios, cuando se obtiene un 8 % de aprovechamiento en los tiros disparados, se considera haber alcanzado muy buenos resultados. Así, pues, el 18 % en el simulacro en referencia es una nota muy alta e indica el grado de instrucción de nuestros cadetes en el tiro de guerra.

Lo principal es aquel que nos puede comprender con relativa facilidad, y estamos conformes. Adelante, pues, viento en popa y ajustar sus cuentas.

Hay que continuar preparándose para matar hombres; a esto hemos venido, y no habrá medio de escapar, ya que le tenemos afición al oficio y no habrá otro que nos ponga al margen de las dificultades. Otra sería mi preocupación, en caso de poder echar mano a más de un oficio; pero como no tengo ese agregado, he de convencerme de que no hay mejores medios para sustituir aquellos de que se puede echar mano. Por esto, conformidad... y a los cuernos del trabajo.

La táctica nuestra es diferente a la que aquí se estila: la nuestra está rodeada o entrenada con los recuerdos de los principios alemanes o prusianos; más propiamente hablando, en tanto que los de acá se van por el lado de los victoriosos de la primera y segunda batalla del Marne.

Pero cuando se tiene alguna preparación para la carrera, no vamos a echarnos para atrás cuando no es el caso de arrepentirse ni preocuparse por "quítame allá esas pajas". Por esto, al agua patos, y no se diga más.

La ordenanza tiene sus diferencias, pero no son sustanciales. Las leyes de esta clase tienen su base o su origen en las Siete Partidas, de manera que, al cabo de los años mil, se le vienen haciendo reformas a las ordenanzas fundamentales, cuando el fondo es incambiable. Por esto tampoco ha de preocuparnos semejante reglamentación, pues si hay alguna dificultad, ya la sabremos en el camino.

En las demás materias no hay regionalismo, pues si se trata de historia o de geografía de Guatemala, bien sabido y entendido es que tirios y troyanos la estudiamos y conocemos; por lo tanto, no se trata de ver micos en medio de las pampas, pues son pequeñeces que no vale la pena tomar en cuenta.

Fortificación, artillería, caballería, armas portátiles y otras materias por ese lado tampoco nos preocuparán, pues caeríamos en las observaciones anteriores.

Entonces, la diferencia en el fondo no se encuentra sino en la forma, y a borrar esas dificultades se reducirá mi pequeña intervención en lo accidentado de nuestra nueva vida.

La presentación con los camaradas no ofrece tantas facilidades como la efectuada con los oficiales. El hecho es sencillo: los que se consideran a nuestra misma altura, o a mayor —si cabe, como dicen en lenguaje diplomático—, se presentan en otra plataforma.

Los compañeros creen podernos señalar la pauta, indicarnos la ruta que debemos seguir en todas circunstancias, pues nos mostramos ignorantes de la vida de cuartel y de los procedimientos que aquí se acostumbran, y por esto los camaradas quieren imponérsenos.

Nada, nada de eso. Antes debemos principiar por examinar a nuestros presuntuosos guías las cuentas, capacidades y demás achaques, para llegar en seguida hasta donde sea del caso.

Acostumbrémonos a escudriñar las capacidades de cada uno para poder pensar en subirnos encima de sus hombros. Medir a un individuo no es como medir una pieza de género ni un pedazo de terreno: es necesario profundizar y penetrar hasta el fondo, y esto no lo hacen todos.

Se requiere una inteligencia privilegiada, y ya se sabe que los privilegiados no son como los cuatreros. Es fácil dirigir una puya, ensamblar dislates en el cacumen de los tontos de capirote; pero de allí a sentar plaza de vivo hay mucha distancia —y digo, y digo—.

Preciso cuidarse de hacer tonterías y de mirar por el mango de un paraguas, porque cuando menos se espera se pierde la paciencia, y muchas veces más que eso. De modo que será mejor dar a entender a los amigos y compañeros que no se metan en camisa de once varas ni de ajeno, porque les puede salir el tiro por la culata.

Es entendido que iremos al fin de buen modo, pues de otra manera equivaldría a romper la tregua y hacerse culpable de picardía y quizá de algunos moquetes que se zurraran entre cuatro paredes o en los patios de la vecindad.

Sigamos con el conocimiento de la nueva casa. Estamos obligados a observarlo y a registrarlo todo, de arriba a abajo, de izquierda a derecha, como quien dice, según las prescripciones de la rosa de los vientos.

Veo que la casa es amplia y apropiada a su objeto. Estamos cómodos, por lo visto. Me dan tentaciones de describirla de un solo brochazo o de dos, pero tengo temor de fastidiarme y, por ende, de hacer igual cosa con el público; por eso, más vale guardar las apariencias.

Mas, como no se puede dejar todo para después, haremos lo posible por sacar algunos detalles para servicio del comienzo de este relato.

La casa-cuartel en que vivimos se encuentra en una pequeña colina; tiene vista a los cuatro vientos y es azotada por los mismos sin el menor cuidado. El cuartel tiene agua adentro, seis patios y varios lugares en donde se han establecido baños a más y mejor. Solamente esto da una idea de confort, y hasta por ahora.

Se llega el momento, por lo tanto, de contestar la pregunta del principio:

¿Estamos o no estamos?

Y la segunda parte: ¡A según!

Esta es la cosa: estamos metidos hasta los ojos en este enredo y continuamos de acuerdo en seguir por el mismo camino, siempre y cuando nos convenga.

COMIENZAN LAS FAENAS

El servicio llena las mismas prescripciones que por allá entre nosotros, de manera que nada tenemos que aprender por el momento; sin embargo, varía en algunos detalles.

La ventaja es de las personas que se acomiden desde el primer instante para acuerpar las nobles causas y se acomiden con verdadero empeño para conocer y ahondar su situación. A ello vamos a dedicarnos para hacernos acreedores a las mismas palabras que en estos momentos vertemos. A Roma por todo, dijo cierto político y militar a la vez, y estuvo en lo cierto.

Lo difícil es principiar, pero una vez comenzado no queda más que empujar la máquina y proseguir. Estamos de guardia, por mitad con los guatemaltecos. Para ir enterándose de los detalles es preciso estas mezclas, ya que no existe otro medio para ir entrenándose en asuntos completamente nuevos.

Hay que poner seis centinelas y otros tantos vigilantes. A cada soldado le tocan seis horas de turno e igual número a los cabos, sargentos y oficiales. Esto quiere decir que el servicio se hará bien, desde el momento en que se pueden estar relevando los individuos con la frecuencia que hablamos.

Estamos, pues, en que no nos quejamos del exceso del servicio —lo es—, pero la tensión nerviosa y la preocupación ya es otra cosa. Yo, al menos, siento esa nerviosidad y ese malestar propio de aquel que no obra por cuenta propia sino a medias, y esto me sucede precisamente a mí, porque arriba están el Teniente y el Capitán.

Todos los anotados son personas que están tan sobre aviso como yo, y si encuentran un detalle que no satisfaga a sus protestas de cuidadosos y precavidos, soy "moro al agua". A Dios gracias, siempre he querido cumplir con mi deber, y por eso no me preocupo por la fatiga, como antes dije; y aunque la tensión nerviosa me moleste en grado sumo, no es para preocuparme ni un ápice.

Digo esto... me contradigo, porque en verdad así lo siento y estimo en el fondo de mi conciencia. ¡Ah, el servicio, mis amigos! Esta es cosa seria. El primer deber de un militar es saber cumplir con los dictados de la razón y el deber.

El que se encuentra en un puesto de centinela, de simple vigilante, como soldado, como clase o como oficial, está obligado a mantenerse en su puesto hasta el último momento. La consigna es como el honor: debe mantenerse limpia hasta el último instante, ya que no admite réplica un procedimiento contrario.

La disciplina manda que se permanezca en un puesto, pues allí se permanece. El orden manda que se mantengan los principios de la verdad, porque a las claras se ve que, si faltare la fuerza de esos mandatos, faltaría la base substancial de la milicia.

La preocupación de todas las personas que llegan a escalar un mando cualquiera es la de imponerse, de hacer sentir su autoridad, porque para tal objeto los han puesto allí; pero eso dista mucho del arte de mandar, porque no se ha hecho la miel para la boca del lobo.

Quedamos, pues, en que para mandar es necesario haber pasado antes por las escalas respectivas, y no de otra manera se podría pensar en salir de semejante atolladero.

Todos vamos por el sendero de la vida sin preocuparnos de los demás, sino hasta cuando se llega el instante en que necesitamos de ellos. Entonces respondemos a las ideas del egoísmo y solicitamos que ayuden a nuestras pobres y endebles fuerzas.

Tales procedimientos son usados entre elementos puramente civiles, pues si de militares se trata, la cosa varía de aspecto. Estos siempre tienen la preocupación de mantenerse completamente unidos y dispuestos a jugarse la última carta en caso necesario.

Se despierta así la camaradería, el espíritu de compañerismo, las ideas de solidaridad, y en cuanto estamos en peligro, sabemos acudir sin pestañear al amigo, al compañero que necesita nuestra cooperación.

Los sacrificios que se hacen en común, los servicios que de igual manera se ejecutan, las carreras que se han dado —ya fuere hacia el enemigo o en sentido contrario—, las juergas, las conversaciones al amor de la hoguera del campamento, todo eso une y sostiene, cuando se ha establecido entre elementos inteligentes, esto es, por seres racionales.

Y no se diga, ni por un momento, que un suceso pone término a la jornada, pues ese suceso quizá no es sino el comienzo de una serie de peripecias que han de servir para establecer la cadena de acontecimientos que unirá con más fuerza a los hombres que han sabido estrechar las filas y unir los eslabones en forma tan práctica y tan leal.

Los ideales del compañerismo van unidos con la abnegación, como el cabo va al relevo que conduce, como el espíritu al cuerpo; y por eso estamos perfectamente de acuerdo en sacar a luz tan bella cualidad que ha de servirnos para redondear nuestras impresiones.

La abnegación es indispensable, y es tan necesaria y tan útil al compañerismo como antes lo hemos explicado. La abnegación no se aviene con el amor a la vida, porque es ajena a toda idea de su conservación, y cuando es necesario sacrificar el cuerpo, se hace, por más que pese aún a nuestros parientes más cercanos.

Sin la abnegación no se puede vivir en las filas, porque desaparecería la solidaridad, la unión entre los elementos homogéneos, y el triunfo así resulta imposible.

Pero nos hemos dedicado lo bastante a estas dos cualidades, y es bueno pensar en suspender.

(Guatemala, 1924).

CAPÍTULO II: EL PORVENIR DE LOS OFICIALES GRADUADOS

Los militares que han pasado por las aulas tienen muy pocas probabilidades, en Centroamérica, de escalar los altos puestos de Presidente de la República y Ministro de la Guerra. Los casos que registra la historia actual —de ocupar la Primera Magistratura un oficial general procedente de una escuela militar en Guatemala y otro en Honduras— son la excepción, como lo fue Huerta en México y Benavides en el Perú.

Contados ejemplos podrían señalarse igualmente en los Ministerios de Guerra, aun en América, comenzando por Estados Unidos y terminando en Chile y la Argentina. La condición del mayor número de conocimientos es una excluyente reconocida por los elementos civiles simplemente, o civiles engalonados.

La explicación se encuentra, desde luego, en el predominio que quieren tomar los que menos saben, creyendo que únicamente los atributos del valor, la audacia, la imposición y la suerte pueden y deben lucir sus galas en el alto comando. No creen en la eficiencia de los estados mayores, en la instrucción militar ni en otros detalles de organización y de preparación para las tropas.

Para ellos ha bastado con que el soldado reciba su sueldo, permanezca en el cuartel y dure en su inactividad todo el tiempo que manda la ley o el reglamento del servicio militar.

Existe, en los elementos militares ajenos a las escuelas de guerra, marcada prevención por todos los oficiales que provienen de ellas. A los militares de escuela —como se les llama en algunas repúblicas del istmo— se les exige toda clase de pureza en sus procederes, por quienes no tienen derecho y hacen caso omiso de su propio comportamiento.

Se estima que el oficial técnico abunda tan solo en fórmulas aplicables al papel o a los campos de maniobras, pero nunca a los casos practicados en tiempo de campaña.

Seguramente hay valiosas excepciones en cada una de las repúblicas, sucediendo que civiles sin ninguna preparación militar se han improvisado buenos administradores de las cosas del Ejército, de grande iniciativa y de un gran poder de organización; pero esto constituye la excepción que confirma la regla.

En cambio, muchos de esos militares improvisados tienen arranques de grandes tácticos y vislumbres de estrategas, plantón de héroe y majestad de dioses, capaces de deslumbrar a los grandes capitanes del Viejo Mundo.

Otros van con el zigzag de la rudeza de sus conocimientos, y en donde una vez tuvieron una gran concepción, en otra fracasan por su deficiencia ilustrativa. Pero sea de ello lo que fuere, cuando un impreparado da un golpe, ese atraco a la fortuna lo eleva hasta las nubes, sin cejar jamás, aunque falle en ocasiones.

Mas el pobre militar de escuela debe hacerlo bien siempre, para no verse postergado y, aun así, generalmente no puede arriesgar sus ganancias.

El porvenir de los oficiales graduados en las escuelas militares tiene que correr parejo con los bochinches regionales, siendo malo mientras éstos no cesen; pues solamente durante largos períodos de paz puede organizarse el Ejército, imponerse y estar listo para enfrentar las épocas de lucha con probabilidades de provecho bilateral.

Guatemala, 1924.

("La Prensa", San Salvador)

TIRO DE GUERRA CON FUSIL POR LOS CADETES DE LA ESCUELA POLITÉCNICA

En días pasados salió la Escuela Politécnica de esta capital rumbo a Santa Ana con objeto de hacer su práctica de campaña, permaneciendo cuatro días en dicha población, y continuó a pie hasta la Hacienda El Ángel, propiedad de la familia Meléndez. Aquí desarrolló un tema táctico.

La Escuela acampó en el lugar denominado Hacienda Vieja, localizada en una pequeña altura, desde la cual se domina perfectamente todo el terreno que se extiende a su frente. Es digno de mencionarse el riguroso apego a los principios militares con que se estableció dicho campamento: todo estaba perfectamente dispuesto.

Los cadetes han permanecido varios días practicando servicio de campaña, ejercitándose hasta de noche para concluir algunos modelos de fortificación de campaña, como trincheras blindadas para ametralladoras y tiradores de pie; y sin blindaje, para tiradores tendidos, rodilla en tierra y de pie.

El tiro se llevó a cabo mediante el siguiente tema:

Idea táctica para el tiro de guerra con fusil de la Escuela Politécnica

El enemigo ha rechazado al amanecer de hoy nuestros puestos avanzados y avanza a atacar el campamento.

El Batallón Escuela Politécnica recibe la orden de tomar una posición preventiva de defensa en el foso al S.O. de la casa de Hacienda Vieja.

Segunda idea táctica

El enemigo, fuerte de una sección de ametralladoras y tropas de infantería, toma posiciones en las alturas al N.O. del campamento.

La primera compañía (supuesta) forma el ala derecha de la línea de combate; la segunda compañía (supuesta), el ala izquierda; y la tercera compañía, al mando del Capitán Domínguez, el centro de la línea de combate.

Desarrollo

La compañía del Capitán Domínguez tomó la posición preventiva de combate al S.O. de la casa de la Hacienda Vieja. El primer objetivo que se presentó a su vista fue la sección de ametralladoras, representada por siluetas, a la cual ordenó batir con alzas de 800 y 700 metros.

Una vez que consideró aniquilada la sección de ametralladoras, avanzó una de las secciones un tramo de 200 metros, mientras la otra continuaba haciendo fuego. Momentos después llegaba a su altura la sección que había quedado sosteniendo el avance de la primera.

Entonces apareció una línea de tiradores de a pie, abriéndose inmediatamente fuego contra ellos con una alza de 600 metros. Entre tanto, una de las secciones de la compañía permanecía como reserva, a retaguardia de las que hacían fuego, y avanzando a medida que aquéllas lo efectuaban, para mantenerse a la distancia reglamentaria.

Batido este blanco, se ordenó el avance, abriéndose el fuego sobre otro que apareció a la izquierda del anterior. Se tiró sobre él a 500 metros. Avanzaron luego las tres secciones, tirando conjuntamente sobre un último blanco colocado en la extrema izquierda del enemigo, a una distancia de 400 metros, y finalmente acercándose más, con una de 300.

Aquí se ordenó cesar el fuego, armar el marraso y avanzar al asalto, caminando un cierto trecho sobre el enemigo y mandándose hacer alto. Con esto se dio por terminado el simulacro.

El efecto producido sobre los blancos fue de un 17 por ciento, cifra bastante halagadora. Estos resultados han sido un verdadero éxito para la Escuela Politécnica, y nos complacemos en manifestarlo así, felicitando calurosamente a su personal.

Asistieron al tiro de guerra los Ministros de la Guerra, de Hacienda y el de Norteamérica, algunas autoridades capitalinas, oficiales francos de la guarnición, miembros de la familia Meléndez y muchos civiles cuyo nombre no recordamos.

Muy contenta quedó la concurrencia, tanto del brillante resultado del tiro de guerra como de la galantería del Director y oficiales de la Escuela en el suculento banquete que se les sirvió.

Durante el ágape reinó la mayor cordialidad, destacándose en sus alegres pláticas el cura de Apopa, y a los postres, bonitas canciones cantadas por los caballeros cadetes, lo mismo que una recitación.

Terminamos repitiendo que ha sido un verdadero éxito el tiro de guerra de los politécnicos, y un triunfo más para sus jefes.

OBSERVACIONES: Para que estas prácticas fueran completas —y ya en otras ocasiones lo hemos sugerido— sería conveniente que tomaran parte tropas de las tres armas. Así habría un retrato más fiel de lo que sucede en la guerra, en donde raras veces se encontrarán tropas de infantería solamente.

Nos parece que los blancos no deben colocarse siempre sobre una sola línea, porque un enemigo que sufre un cierto número de bajas, desproporcionado a su efectivo, tal como se obtiene suponiéndole fijo, tendería, desde luego, a retirarse. Esto nos induce a pensar en la conveniencia de suponerlos colocados a diferentes distancias; esto es, que se desalojen, retirándose ora en el sentido de la profundidad, o bien a derecha o izquierda de la línea que ocupara primitivamente.

Tomando parte las tres armas, se podrían señalar diferentes objetivos de la línea de combate para cada una de ellas y así se sabría lo que hicieran separadamente. Muy interesante sería, desde luego, que tomaran parte las ametralladoras, que están desempeñando un papel tan importante en las guerras modernas, después del desprestigio en que habían caído en las postrimerías de la guerra de 1870–71, debido al mal empleo que en aquella se hizo de ellas, oponiéndolas al cañón.

San Salvador, diciembre 23 de 1914.

(Revista de la Escuela Politécnica)

CAPÍTULO III: HONORABLE JUNTA DE

GOBIERNO

De izquierda a derecha: Mayor e ingeniero Roberto Gálvez B.; coronel Héctor Caraccioli y general Roque J. Rodríguez.

CORONEL HÉCTOR CARACCIOLI

Nació en San Pedro Sula el 19 de abril de 1922. Hijo legítimo de don Joaquín Caraccioli Durand y doña Blanca Moncada de Caraccioli, de nacionalidad hondureña.

Hizo la primaria en la Escuela "José Cecilio del Valle", de San Pedro Sula, y la secundaria en el Instituto José Trinidad Reyes, de la misma metrópoli norteña.

En su hoja de servicios se anota su ingreso al Ejército el 15 de octubre de 1940 como soldado mecánico, dedicándose a las faenas que se le encomendaron. En 1954 se dirigió a los Estados Unidos de Norteamérica, donde tomó un curso de Instructor de Vuelo por Instrumentos en Moody Air Force School, Georgia.

A su regreso, el 13 de mayo del mismo año, fue nombrado Comandante de la Fuerza Aérea, en sustitución del Coronel Hernán Acosta.

Durante su brillante carrera ha recibido, entre otras condecoraciones, las siguientes:

- Honor al Mérito, segundo grado, otorgada por el Gobierno de Guatemala por servicios prestados en ocasión de la catástrofe sufrida por el pueblo guatemalteco en el año de 1951.

- Honor al Mérito, concedida por nuestro Gobierno por distinguidos servicios con motivo de las inundaciones de la Costa Norte.

Ha representado a nuestro país, así como a las Fuerzas Armadas de Honduras, en varias ocasiones.

Desde el 21 de octubre pasado hasta la fecha, funge como Jefe de la Junta Militar de Gobierno, que actualmente rige los destinos del país.

ASCENSOS

Subteniente en el Ramo de Aviación, Acuerdo N.º 23, de 13 de enero de 1945.

- Teniente, 14 de enero de 1946.
- Capitán, Acuerdo N.º 57, 14 de agosto de 1947.
- Mayor, Decreto N.º 99, 7 de mayo de 1950.
- Teniente Coronel, Acuerdo N.º 32, de 5 de junio de 1955.

- Coronel, Acuerdo N.º 44, de 23 de junio de 1956.

MAYOR E INGENIERO ROBERTO GÁLVEZ BARNES

Nació en Puerto Cortés, Departamento de Cortés, el 18 de mayo de 1925.

Es hijo legítimo del Doctor Juan Manuel Gálvez y de doña Laura Barnes de Gálvez.

El Mayor Gálvez Barnes hizo estudios primarios en los colegios "Ramón Rosa", de San Pedro Sula, y "República Oriental del Uruguay"; pasando luego a estudios secundarios en el Instituto Central de Varones de esta capital.

Seguidamente ingresó a la Universidad del Estado de Louisiana (L.S.U.), Baton Rouge, Estados Unidos de Norteamérica, e Instituto Tecnológico de Massachusetts, por término de cuatro años, en Cambridge, Mass., Estados Unidos de Norteamérica.

El 16 de septiembre de 1949 ingresó a la Fuerza Aérea Hondureña como Capitán, y se ocupó del entrenamiento teórico de pilotos; y en septiembre de 1950, de organizar la Dirección General de Aeronáutica, entidad de la que fue nombrado Director.

Nombrado representante del Gobierno durante las operaciones de emergencia resultantes de la inundación del Valle de Sula, y coordinador del Programa de Rehabilitación del mismo valle.

Entre otros puestos por él desempeñados, podemos señalar los de Gerente de la Cooperativa Algodonera de Honduras, Gerente de la Honduras Industrial, S. de R. L.; y Secretario de Estado en los Despachos de Fomento y Obras Públicas, hasta el 21 de octubre, que pasó a ser miembro de la Junta Militar de Gobierno.

Su ascenso a Mayor es por Decreto N.º 4, del 19 de enero de 1955.

GENERAL ROQUE J. RODRÍGUEZ

El general Roque Jacinto Rodríguez Herrera nació en Amapala, el 16 de agosto de 1898. Hijo legítimo de don David Rodríguez y doña María Herrera, ambos de nacionalidad hondureña.

Cursó sus primeros años de estudio en las escuelas de Amapala, ingresando después al Instituto Nacional y Escuela de Comercio.

Ingresó a la Academia Militar de esta capital durante la administración del presidente Bertrand, siendo director del plantel el ingeniero don Miguel A. Ramos. En ese establecimiento permaneció cuatro años, hasta graduarse de subteniente en el arma de Caballería.

En su hoja de servicios se registran acciones de armas y el desempeño de diferentes empleos militares en la Policía Nacional y en el Ejército.

Sus ascensos se han sucedido gradualmente, de conformidad con los servicios prestados.

En la actualidad es uno de los miembros de la Junta Militar de Gobierno, desde el 21 de octubre del año recién pasado.

Constructor de edificios —entre otros, la actual Escuela Lempira y República Argentina, además de muchas obras particulares—.

Hay una colonia que lleva su nombre.

CAPÍTULO IV: LOS PREPARATIVOS DE UN SOLDADO PARA ENTRAR EN CAMPAÑA

CONFESIÓN A SOLAS

Quien va a entrar en campaña ha de pensar lo que ha menester, confesándose a solas sus necesidades, prejuicios y preocupaciones. A cada instante debe preguntar qué le hace falta, cómo ha de proveerse de ello, el tiempo que utilizará, etc.

Arreglar su casa

Antes de salir con destino al cuartel, debe dejar arreglada su casa. Proveer a su familia de lo que necesite, e indicarle las personas a quienes debe dirigirse para informarse de su salud.

El soldado debe conformar a sus familiares cuando el deber lo llame a empuñar las armas, mostrándoles la necesidad de acomodarse a los acontecimientos.

Arreglar sus prendas

Quien piensa en salir a campaña debe arreglar sus prendas de ropa, armamento y equipo, poniendo cada cosa en su lugar, de manera que pueda encontrarlas hasta con los ojos cerrados.

El soldado y el oficial deben llevar sus centavos de reserva para que, al faltarles el sueldo, no estén expuestos a perecer.

Las cuentas de los otros

En relación con las cuentas de los demás, debe tomar la parte que le corresponda, sin extralimitarse en sus atribuciones. Tomará los apuntes necesarios y hará las observaciones pertinentes.

De alta

Al estar de alta se preocupará por saber la escuadra, compañía, batallón o brigada a que se le destine. Conocerá los nombres del cabo de su escuadra, del sargento y del oficial de su sección, y demás oficiales superiores de la unidad en que esté encuadrada la suya.

Al recibir las prendas de equipo, armamento o vestuario, las revisará cuidadosamente, dando cuenta a su inmediato superior de las novedades que en ellas notare.

En el estacionamiento

Procurará ceñirse a las órdenes e instrucciones que se hayan dictado, manteniéndose dentro de los límites del acantonamiento, campamento o vivac, y siempre dispuesto a empuñar su arma y acudir al punto de alarma.

El soldado debe dormir bien y alimentarse mejor, para resistir las fatigas del día. Debe bañarse diariamente, tener bien limpios y sanos sus pies, así como el resto del cuerpo, ya que son la garantía para el buen desempeño del servicio.

Ver al médico

Siempre que se sienta enfermo ha de ver al médico para que le recete, pues muchas veces enfermedades de pequeña monta toman grandes proporciones por descuidos lamentables.

Dormir vestido

En campaña se duerme vestido, calzado y con sobrebotas, el que tales prendas usa. No hay tiempo para vestirse ni para desvestirse; por eso se procura estar listo en todo momento.

Con estos requisitos, y una preparación para resistir las marchas, desafiar las intemperies y estar dispuestos a jugarse la vida, se puede contar con un soldado aguerrido y, por ende, endurecido para las campañas más fragosas.

Tegucigalpa, 1921.

LIGEROS APUNTES SOBRE LO QUE NECESITA UN SOLDADO EN CAMPAÑA

Arma buena y arma limpia

Un soldado en campaña necesita llenar algunos requisitos para cumplir con su misión. En primer lugar, conocer su arma, revisarla para saber si funciona bien, si el punto de mira y el alza están correctos, al igual que el percutor y la baqueta, y luego mantener el conjunto bien limpio.

El salveque

En segundo lugar, debe tener su salveque lleno de municiones y procurar no desperdiciarlas, pues en ellas está su salvación.

La mochila

En tercer lugar, debe cuidar de su mochila, en donde llevará las prendas de ropa que ha menester: calzado, caites, raciones, paquetes de curación, amén del capote, cantimplora y útiles de zapa más indispensables para abrir una trinchera.

Dejar las armas en el cuartel

En cuarto lugar, el soldado no debe salir del lugar de acantonamiento con fusil ni municiones, sino que los ha de dejar en la cuadra, pues el portarlos en la calle implica pérdida de dichos elementos en todo o en parte.

No embriagarse

En quinto lugar, el soldado no debe tomar excitantes alcohólicos, salvo pequeñas dosis sobre la marcha, cuando se requiere levantar el espíritu decaído; y en esa misma proporción puede aplicarse el café.

Llevar agua

En sexto lugar, el soldado debe llevar su cantimplora llena de agua o limonada, para cortar a tiempo la sed y evitar la tentación de separarse de las filas.

Tiro al blanco

En séptimo lugar, se debe ejercitar en el tiro al blanco, de tiempo en tiempo, obligado a gastar un número limitado de cartuchos, y no uno ilimitado, como sucede cuando dispara sólo por el placer de tirar.

Acuartelamiento y disciplina en las marchas

En octavo lugar, se debe impedir al soldado la salida del acantonamiento, a no retrasarse en las marchas, a no separarse de las filas sin autorización y sin causa justificada.

Agua y alimentos

En noveno lugar, los jefes deben procurar que a los soldados no les haga falta alimentos al llegar a la jornada, ni agua en los estacionamientos y menos en los combates.

Evitar choques

En décimo lugar, los oficiales —desde subteniente a general— han de preocuparse porque haya armonía entre las distintas unidades y cortar a tiempo la propagación de las falsas especies que puedan ocasionar choques entre individuos aisladamente y aún mayor ruina entre fuerzas numerosas.

Policía militar

En undécimo lugar, conviene establecer un servicio de policía militar, cuyo jefe tiene el nombre de provost, que en nuestro idioma quiere decir cabo de disciplina. Su misión es mantener la armonía entre paisanos y militares, evitar el alza en los precios de los comestibles, recoger a los militares borrachos y conducirlos a sus alojamientos, evitar escándalos, perseguir y castigar a los desertores, y en las marchas, arrear a los rezagados y evitar que se introduzcan entre las columnas elementos no deseables.

Distribución de tropas en los estacionamientos

En duodécimo lugar, se debe procurar que en los estacionamientos se distribuyan las tropas de tal manera que al día siguiente puedan marchar las distintas columnas sin perjudicarse unas a otras, ni amontonarse indebidamente; y, en caso de ataque, cada una sepa con anticipación la zona o radio que le corresponde defender.

Rodear al jefe

En decimotercer lugar, los soldados deberán plegarse a la voluntad del jefe y rodearlo en los momentos de peligro, para estar atentos a lo que mande y dispuestos a cumplirlo.

Respeto a la vida y a la propiedad

En decimocuarto lugar, los soldados y los militares, en general, están obligados a respetar la propiedad y la vida de los no combatientes, y la propiedad y las vidas de sus adversarios, cuando las necesidades de la guerra no demanden su destrucción.

El sacrificio

Fuera de los requisitos indicados, el militar necesita ser instruido, abnegado, valiente, altivo y estar dispuesto a sacrificarse en aras del deber y del honor, en cuanto se lo demande la ocasión.

Tegucigalpa, 1924.

("Patria")

ESTO ES LA GUERRA
(Pequeña minuta)

—Anoche pasaron los soldados; me hicieron trabajar toda la noche dándoles de comer; me agotaron el maíz y los frijoles; se llevaron las monturas y aparejos; me rompieron platos, tazas y vasos, y me dejaron arruinado.

—¿No se quejó usted con el jefe?

—Lo hice, y no sólo eso, sino que le lloré y puse de manifiesto el hambre, la desnudez y la falta de dinero por culpa de sus inferiores; pero él, aunque me oyó de buen grado y me consoló, apenas pudo retribuir mi trabajo con diez pesos, dándome, en cambio, un recibo por doscientos, que dijo pagaría el gobierno en cuanto lo presentara.

—¿Y se presentó usted?

—Me he presentado, pero dice el Ministro que allí no hay detalles; que es necesario poner un telegrama al general X para que diga lo que tomaron los soldados y cómo hizo para apreciar mis pérdidas.

Haciendo todo esto con repugnancia, pues decía que era la Junta de Reconocimiento la llamada a resolver en mi asunto. ¡Figúrese usted qué ingratitud!

Como usted comprende, vengo de lejos, y aquí se gasta mucho, y yo no puedo soportar una corta, menos una larga permanencia. Por esto, mejor lo pierdo todo.

Tegucigalpa, febrero de 1924.

("Patria")

CAPÍTULO V: ALFREDO KRUPP Y SU LINAJE

HISTORIA DE UNA EMPRESA FAMILIAR ALEMANA

Por Wilhelm Berdrow (1938)

El autor describe en este libro la vida y obra de una familia alemana, su trabajo y sus vicisitudes durante los 150 años desde el establecimiento de Friedrich Krupp, el fundador de la fábrica de acero. En ella, Alfred Krupp se halla en el centro de esta historia y ocupa el mayor espacio.

En sus sesenta años de lucha por el acero, Alfred Krupp fue el más grande hombre de su linaje y también uno de los tres más grandes industriales de su tiempo.

El señor Berdrow justifica, pues, en pocas palabras, la razón de titular su libro con el nombre de Alfred Krupp, por más que el tronco de la familia se remonta al siglo XVI con Arnold Krupp.

Friedrich Krupp, no obstante sus fracasos, siempre se significó como un luchador de primer orden, "mostrando a sus hijos las tres rutas que debían seguir para alcanzar la gloria de su empresa: libertad (libertad de acción), perseverancia y trabajo".

Es el fundador de la fábrica de acero, que dejó, a su muerte, en manos de su hijo Alfred, para que la regenteara en una larga etapa comprendida entre 1826 y 1887.

Es el tipo del hombre activo, tenaz, perseverante, observador, psicólogo y dispuesto siempre a enfrentarse a las dificultades que se le presenten.

Durante los sesenta y un años de constante lucha al frente de su fábrica, se desarrollan las guerras de 1854, 1864, 1866, 1870 y 1878, en que toman parte diferentes potencias europeas. Tiene oportunidad, por lo tanto, de ayudar a su patria en las guerras en que toma parte, introduciendo y mejorando el fusil y el cañón de retrocarga de largo alcance.

Su fama ha ido in crescendo desde la Exposición de Londres hasta la de París, de la de Filadelfia a la de Düsseldorf. De allí los encargos de material de artillería que recibe de Rusia, Turquía y Prusia.

En su fábrica introduce todas las novedades que se van presentando en el decurso del tiempo, como el convertidor Bessemer, y procura traer los mejores materiales de sus minas en Bilbao (España), conduciéndolos en barcos propios.

A su muerte le sucede en sus labores su hijo Friedrich, quien sigue al pie de la letra las instrucciones de su padre. Este vio crecer el personal de obreros hasta la cifra de 50 mil, contingente que continuó en aumento hasta la de 81 mil 400 obreros en febrero de 1914.

A la muerte de Friedrich Alfred Krupp, en 1902, siguió la firma con Bertha, casada más tarde con el Dr. Gustav von Bohlen und Halbach, quien ha seguido dirigiendo la gran fábrica.

Agradecemos, una vez más, a la Casa Siercke de Tegucigalpa el envío de la obrita a que acabamos de hacer referencia.

(Boletín de la Biblioteca y Archivo Nacionales, 1910).

CORONEL RAÚL FLORES GÓMEZ

El Coronel Raúl Flores Gómez nació en Tegucigalpa, el 18 de julio de 1909. Es hijo del señor Coronado Flores y de la señora Juana Gómez, ambos de nacionalidad hondureña. Hizo sus estudios primarios en la Escuela Normal de Tegucigalpa, tomando después un curso en la National School de Los Ángeles, California, en el cual obtuvo graduación. Ingresó al Ejército en el año de 1929, como alumno de la Escuela de Cabos y Sargentos, en la ciudad de La Ceiba; después pasó como alumno de la Escuela de Clases de esta capital, en 1930, en donde recibió clases de esgrima de florete del Ingeniero Miguel A. Ramos.

En el mismo año, Capitán instructor de las milicias de Comayagüela. En 1939, Capitán de Compañía del Cuerpo de Ametralladoras, siendo Director el General Calixto Carías. En 1943, Secretario de la Comandancia General del Ejército; en el mismo año fue nombrado para hacer una gira a los campamentos y escuelas militares de los Estados Unidos de Norteamérica, tales como: Fort Benning, Campo Hood, Texas, Escuela de Comando y Estado Mayor, Arsenal de Brooklyn, Fábrica de Botes Torpederos, etc.

A su regreso a esta capital: Mayor de Plaza de San Pedro Sula, en 1945; puesto que desempeñó hasta ser nombrado Comandante de Armas Departamental.

Ha desempeñado varias comisiones honoríficas, entre ellas la visita a los Estados Unidos de Norteamérica, en calidad de invitado de honor por el Departamento de Estado, en el año de 1945, y otra visita a los Estados Unidos de Norteamérica, por invitación del Departamento de Defensa de aquella nación.

En 1955 fue condecorado con la medalla de Mérito de segunda clase, por la cooperación en el salvamento durante las inundaciones de la Costa Norte.

Ascensos. — Subteniente, por acuerdo en febrero de 1933; Teniente, por acuerdo en diciembre de 1935; Capitán, por Acuerdo N.º 53 del 27 de mayo de 1943; Mayor, por Acuerdo N.º 70 del 14 de febrero de 1949; Teniente Coronel, por Acuerdo N.º 99 del 6 de marzo de 1950; Coronel, por Acuerdo N.º 31 del 10 de mayo de 1956.

ORGANIZACIÓN MILITAR DE HONDURAS

LA GUERRA. — La guerra es un estado anormal de las relaciones entre dos pueblos, durante el cual se ponen en contacto los elementos de fuerza con que cuentan, hasta que uno de los dos queda aniquilado, total o parcialmente, sometiéndose, por lo tanto, a la voluntad del vencedor. Mientras dura el período de desavenencias, los hombres se destruyen en masa, pero al restablecerse la calma, se abrazan los que el día anterior se habrían degollado en el campo de batalla.

Aceptemos los hechos en toda su desnudez, tal como se verifican, sin rodearlos de vanos formulismos, y estaremos capacitados para enfrentar mejor esas graves situaciones en que se juega la pérdida de la libertad de un pueblo o se le imponen fuertes sacrificios en metálico. Concluimos que es indispensable para todo país que anhela resguardar sus intereses y conservar su libertad, proporcionarse los medios de defensa para evitar tales atropellos; y no habiendo otros que oponer sino fuerza a la fuerza, preciso es dedicarse a adquirir ésta, creando un núcleo potente. Ese núcleo de donde emana la energía salvaguardia de los caros intereses de la Patria es el Ejército.

El ejército: no hay otra cosa para la defensa de una nación. En su organización deben colaborar todos los factores buenos de que se pueda echar mano; debe poseer la fuerza de la inteligencia tanto como la física, que lo ponga en aptitud de soportar las fatigas a que está constantemente expuesto.

En todo lo que se relaciona con la organización de un cuerpo de tan vital importancia, es preciso que presidan ideas de alto patriotismo, lo que trae involucrados pensamientos de abnegación y de cruentas privaciones. El ejército necesita organizarse de una manera sólida, para que responda a todo lo que de él se exija: así como una máquina tiene todos sus engranajes y todas sus piezas con esmerado aseo para su constante trabajo, así ese brazo poderoso en el cual descansan las garantías de un pueblo, es preciso que se mantenga en las mejores condiciones para que llene igualmente su cometido.

Una vez que los Estados se sienten ampliamente garantizados, se dedican con entera confianza al desarrollo de todas las fuentes de su progreso.

Elementos de organización

Para dar principio al elemento de fuerza de que nos venimos ocupando, en un país como el nuestro, en donde carecemos de todo, se requiere proceder con mucho cuidado para elegir los jalones que sirvan de guía. En efecto, los elementos dirigentes que se ocupan del detalle son los oficiales; mas para formar éstos debemos principiar, a fin de que haya en seguida personal idóneo que ejecute las disposiciones que se dicten.

¿Cómo formamos oficiales?

Por medio de Escuelas Militares, para forjar los factores más aptos; pero como contamos con gran número de ellos sin preparación y de los cuales necesitamos en nuestras guarniciones, hay que atender a la educación de éstos para seguirlos utilizando con más provecho, por medio de Academias en las cabeceras departamentales y Escuelas de Aplicación, de estas últimas al menos una en la capital.

Cuerpos permanentes con servicio de dos años

Una vez que se cuente con oficiales, aunque sea medianamente preparados, establecer cuerpos permanentes con servicio de dos años, por lo menos, para tropas de infantería, y tres para caballería y artillería, a los cuales irán a practicar los oficiales de mediana preparación y los que salgan de las escuelas militares. Esto es tanto más factible cuanto que, para comenzar, si se quisiera desde luego, podrían escogerse entre los contingentes que han proporcionado escuelas militares anteriormente establecidas.

La creación de cuerpos permanentes, en donde existirá un ambiente de disciplina, subordinación e instrucción militar, es de gran necesidad para los oficiales que salen de los centros educativos, porque encuentran allí una prolongación de la escuela de donde provienen y les sirve para asegurarse más en el cumplimiento del deber que si se les deja en completa libertad, nombrándolos instructores en guarniciones, cuyo ambiente es muy distinto de aquel en que se han educado.

Servicio militar obligatorio

Puede establecerse perfectamente entre nosotros el servicio militar obligatorio por el tiempo que arriba hemos indicado para los cuerpos permanentes. Efectivamente, la duración del servicio de tres meses impuesto a nuestro proletariado ningún beneficio les reporta en cuanto se relaciona con su adelanto mental; en tanto que un servicio de mayor duración, que se preste a instruir convenientemente al recluta y que puede hacerse mediante un sorteo cada año, sin obligación de prestar servicios en los sucesivos sino en caso de guerra, sería de resultados provechosos.

Resumamos nuestras ideas y pongamos lo que se puede hacer de momento para atender a la necesidad de la organización del ejército hondureño:

1.º — Establecer escuelas militares en donde se imparta una educación teórico-práctica, para lo cual se proporcionarán todos los medios; esto quiere decir, un apoyo decidido y sin escatimar gastos, seleccionando luego de entre los productos de estos centros los más capacitados, para que vayan al exterior a perfeccionarse o adquirir nuevos conocimientos, por un período no inferior a un año.

2.º — Un polígono de tiro. Este servirá para la práctica del tiro de infantería y artillería. Al lado o dentro del mismo circuito, un campo de maniobras para los ejercicios tácticos de las tres armas.

3.º — Crear Academias para oficiales y tropa en las guarniciones. Allí se enseñará a los primeros: Reglamento de Maniobras de su arma, Ordenanza y Código Militar, Geografía e Historia de Centroamérica, Fortificación pasajera, levantamiento de croquis rápidos y Castellano. Igualmente, se les enseñarán nociones de los reglamentos y servicios de campaña de las otras armas.

Las escuelas de tropa comprenderán las materias siguientes: Lectura, Caligrafía, Aritmética, Geografía de Honduras y Castellano.

Y tanto a unos como a otros, una clase de Moral Militar, con toda la extensión que sea posible.

4.º — Academias de Aplicación, de estas, una al menos en la capital, en donde recibirán los oficiales una instrucción más amplia y pueden abarcar el mismo programa que para las Academias en las guarniciones, estudiadas más detalladamente, y las siguientes materias: Estudios sobre armas portátiles, resolución de temas tácticos, nociones de Matemáticas elementales y Topografía, Dibujo lineal y de paisaje, ejercicios deportivos, instrucción teórico-práctica de artillería y caballería.

5.° — Combatir la poca actividad que muestran los jefes con mando de tropas en el cumplimiento de sus deberes militares.

6.° — Mantener instructores en las guarniciones solamente el tiempo necesario para la instrucción de los oficiales, para que éstos se encarguen de darla a sus respectivas fracciones, y los jefes de cuerpo, los mayores de plaza, la de conjunto.

7.° —Despertar la idea de que, para ser respetados, los diferentes elementos dirigentes de una tropa deben demostrar superioridad en todos los sentidos, poniendo de relieve las prendas que les adornen, tanto en la parte física como en la moral.

8.° — Unificar el armamento, tanto en infantería como en artillería.

9.° — Procurar que el oficial tenga amor al uniforme, que invariablemente debe portar en todas las ocasiones.

10.° — Dar conferencias en las guarniciones sobre asuntos militares y, si es posible, haciendo uso de proyecciones cinematográficas. También pueden tratarse asuntos de agricultura, industria o comercio.

11.° — Aumentar los sueldos a Jefes y Oficiales del Ejército, para que puedan atender sus necesidades.

12.° — Cooperar al establecimiento de sastrerías militares.

Una vez contando con esta preparación, proceder a:

13.° — Organizar el Ejército con el servicio militar obligatorio, por medio de sorteos. El servicio durará dos años para infantería y tres para caballería y artillería. Los que presten servicio en cuerpos permanentes, así organizados, pasarán después a la reserva y no volverán a filas sino en caso de guerra.

14.° — Los oficiales que salgan de las escuelas militares ingresarán a los cuerpos permanentes, para que continúen su enseñanza práctica bajo un régimen de moralidad y disciplina.

15.° — Los cuerpos permanentes serán independientes de los Comandantes de Armas y sólo obedecerán a éstos en asuntos relacionados con el servicio de guarnición.

16.º — Los jefes de cuerpos darán instrucción de conjunto a sus tropas, quedando la del detalle a cargo de los oficiales de las respectivas fracciones.

17.º — Dividir la República en tres o cuatro zonas militares, nombrar Inspectores de Zona, poniendo varios cuerpos de tropa bajo su dependencia para las prácticas de campaña.

18.º — Organizar las tres armas que prescribe nuestra Ordenanza, a saber: infantería, caballería y artillería.

19.º — Continuar el estudio principiado en el período de preparación, de ordenanza, reglamentos y todas las leyes y prescripciones que sean necesarias para la instrucción de tropas.

20.º — Si fuere posible, el establecimiento de una Fábrica de Cartuchos, aunque al principio se utilizara únicamente para el recargo de casquillos de fusil para infantería.

21.º — Construcción de cuarteles higiénicos y apropiados para el alojamiento de tropas. A esto se puede dar principio en el período de preparación anteriormente mencionado.

22.º — Desde luego, se infiere que para la elaboración de los reglamentos de que se habla en otro número, se creará una Comisión Permanente, adscrita a la Secretaría de Guerra.

23.º — Al final de este período puede procederse a la organización del Cuerpo de Estado Mayor, cuya importancia no necesita comentarios.

Observaciones finales

Muchas de las cosas apuntadas en el "período de preparación" están más o menos establecidas entre nosotros y, por lo tanto, exigimos nada más que se revisen, a fin de darles forma práctica.

Advertimos también que lo único que perseguimos es laborar en pro del progreso efectivo de nuestro Ejército, y que hemos escrito esto con la mayor buena fe.

Deseamos que se estime, en comparación de lo que hay que hacer, lo poco que tenemos en la organización militar, puesto que si la guerra es un mal, es una infamia; es ineludible que tenemos que hacer frente a ese mal, a esa infamia.

Tegucigalpa, 1915.
(Publicado bajo seudónimo en "La Semana", revista semanal.)

TENIENTE CORONEL OSWALDO LOPEZ

El Teniente Coronel Oswaldo López nació el 30 de junio de 1921, en Danlí, Departamento de El Paraíso, siendo hijo del señor Enrique López P. y de doña Carlota Arellano.

El actual Secretario de Defensa hizo estudios en la Escuela "República de Chile", así como de inglés en la Escuela Americana.

El Teniente Coronel Oswaldo López ingresó al Ejército en el año de 1939, en el Cuerpo de Ametralladoras, pasando después al servicio médico, ingresando posteriormente como Cadete de Vuelo en la Fuerza Aérea Hondureña, graduándose al terminar sus estudios de Piloto Militar, con despacho de Subteniente de Aviación. Ha desempeñado las funciones de Piloto de la Fuerza Aérea Hondureña, Oficial Ejecutivo de la misma, Ayudante del Comandante de Cadetes,

Comandante Encargado de Transportes, Comandante de Servicio de Base, Jefe de Seguridad Interna, Jefe de Seguridad en la Base, y ha volado más de mil horas en diferentes clases de aviones.

Ha desempeñado, asimismo, varias comisiones militares y diplomáticas en el extranjero: los Estados Unidos de Norteamérica, Venezuela, Guatemala, El Salvador, Nicaragua y otros países. También se graduó en la Escuela de Vuelo de los Estados Unidos de Norteamérica.

Ascensos: en el Arma de Aviación son los siguientes: Subteniente, el 13 de diciembre de 1943; Teniente, el 8 de enero de 1947; Capitán, el 31 de diciembre de 1951; Mayor, por Acuerdo N.º 4, del 19 de enero de 1955; Teniente Coronel, por Acuerdo N.º 45, del 23 de junio de 1956.

LA CARTILLA DEL JEFE DE COLUMNA
Conocer a sus inferiores

Lo primero que tiene que hacer un Jefe de Columna es conocer a sus inferiores, y de éstos, ante todo a los oficiales y, a renglón seguido, a los soldados. Ha de averiguar su procedencia, sus tendencias, sus preocupaciones, si tienen o no simpatía por la causa que se les obliga a defender, y sus cualidades guerreras.

El Jefe debe estar seguro, absolutamente seguro, de que donde ponga un pie, lo pondrá el último de sus subordinados; que no tendrá desertores, ni espías, ni enemigos entre sus mismas filas.

El Jefe de Columna debe estimar las cualidades de quienes lo acompañan al primer golpe de vista, para determinar en qué puede utilizarlos. Es el mismo golpe de vista que se requiere para disponer el combate, distribuyendo las tropas y averiguando cuál es el punto más débil del enemigo, para dejar caer sobre él toda la fuerza del conjunto.

Preocuparse por sus necesidades

Como ya lo hemos dicho en otro capítulo, el Jefe debe preocuparse por tener contentos a sus oficiales y tropas, averiguando cuáles son sus necesidades y dificultades, para ayudarles.

En este punto, ¿cuántos oficiales superiores no han tenido que descender de sus cabalgaduras para subir en ellas a un soldado cualquiera?

¿Cuántos no hemos visto que dejan de comer para dar sus alimentos al que hace más tiempo no ha probado un bocado?

¿Cuántos no hemos visto que regalan su dinero y dan su ropa al que ven que no tiene ni una ni otra cosa?

Este es el espíritu paternal, altamente desarrollado, que mantiene sujeto al soldado por los lazos de la gratitud más que por los del rigor.

Atenciones con los civiles

El Jefe de Columna no debe extralimitarse en sus exigencias con las autoridades civiles, y menos con los particulares, pues tanto unos como otros se sienten bajo la presión de la fuerza.

La sanción de los actos de sus inferiores

El Jefe tiene el deber y la obligación de no rehuir responsabilidades, sino de aceptarlas en cualquier forma que se le presenten. No tiene derecho para excusarse de las extralimitaciones de sus inferiores; lo que no corrige por su mano, pesa sobre su nombre, sobre su conciencia y sobre su porvenir.

El Jefe debe ser enérgico y activo, cuidando de que no se lastime ni se moleste a la población civil solamente por el prurito de hacer daño.

El Jefe está obligado a castigar las infracciones, así como a premiar las buenas acciones.

Atención con sus superiores

Un Jefe de Columna es responsable de todas las vidas de las personas que se encomiendan a su pericia, a su energía y a su voluntad de hierro. Por tanto, está obligado a dar cuenta a los superiores de lo que pase a cada uno de ellos, así como de su acción sobre el enemigo.

Recomendará al que sea arrojado, al que haya efectuado un acto heroico, calificándolo según su clase para que se le otorgue el premio consiguiente.

Asimismo, dará cuenta de los elementos no deseables que se hayan colocado en sus filas, sin perjuicio de proceder contra ellos en cuanto estuviere a su alcance.

Los partes diarios de las diferentes novedades están señalados en el párrafo anterior; no obstante, hacemos especial hincapié en los hechos desarrollados durante el combate.

En esto, el Jefe debe ser prolijo al dar su informe de campaña, pues son datos preciosos para la historia militar.

En ese informe consignará: las diversas fases del combate; las tropas que hayan tomado parte y los frentes por donde hayan atacado; los jefes de las diversas columnas y la forma de su cooperación; los resultados de la acción; número de muertos, heridos, prisioneros y elementos de guerra avanzados o perdidos; haciendo una referencia especial de la conducta de sus tropas y de las del adversario.

Reorganizaciones después del triunfo

Nada hay más peligroso que las desorganizaciones en que quedan las tropas después de un triunfo. Hay una borrachera de alegría en grado máximo que, si se complica con la alcohólica, se está expuesto a ser destruido por el enemigo en caso de una vuelta ofensiva.

Y moderar los ímpetus es uno de los principios más sabios para retener íntegra la victoria.

En seguida, proceder a derramar el alcohol que exista en las inmediaciones, así como se hace cuando una tropa va a entrar a una población, y luego proceder a hacer un recuento de los que faltan, cualquiera que sea el motivo, y hacer que cada individuo rodee al jefe de su unidad respectiva, y no haya distracciones en el servicio.

La persecución

Entre nosotros no se acostumbra perseguir al enemigo hasta reducirlo a su mínima resistencia, siendo éste el capítulo más importante de la victoria. El que huye está incapacitado para hacer una resistencia formal y debe aprovecharse su esparcimiento para destruirlo en detalle o evitar que se reorganice. Por esto la persecución debe organizarse inmediatamente después del combate.

Las hermanas gemelas

El Jefe de columna no puede ni debe olvidar a las hermanas gemelas: la Estrategia y la Táctica. Sus enseñanzas debe recordarlas tanto al estar lejos como al encontrarse cerca del enemigo.

Ha de tener presente que si muchas veces echa en saco roto la estrategia, se toma muy en cuenta la estratagema, o sea la pequeña estrategia; así como si se olvidan las grandes combinaciones tácticas, se usan corrientemente las pequeñas.

Un militar debe marchar siempre con las hermanas gemelas si no quiere verse expuesto a ser destruido, etapa por etapa, por el gusano de su imprevisión técnica y práctica, teniendo presente que, a falta de la preparación científica, está la que proporciona la experiencia; pero que al no contar ni con una ni con otra ha de ir con pies de plomo.

La fe en el triunfo

Se infunde fe en el triunfo, pues así —y si conviene, como en efecto lo manda nuestra ordenanza— levantar la moral de las tropas, manteniendo en su pecho encendida la lámpara de la fe en la victoria. En su condición de jefe está obligado a pensar en los medios que lo conducirán al término de sus afanes.

La fe en el triunfo tiene que ser un medio poderoso para agigantar los esfuerzos de sus subordinados; pero aunque se ha dicho que esa fe es la mitad de la victoria, para completarla se necesita ir poniendo los jalones que indican las prácticas militares. Por esto, la fe por la fe no siempre vale, así como no vale la comida sin el pan o la tortilla.

El uno es la esencia sin lugar a duda; pero el otro elemento es también esencial, sin discusión de ninguna especie.

Cada Jefe militar debe tener su cartilla, de acuerdo con sus capacidades; pero si esa cartilla no abarca principalmente los puntos que hemos dejado reseñados, necesita hacerla a un lado y buscar otra más adelantada.

(Tegucigalpa, 1924, "Patria")

CAPÍTULO VI: EL COMANDO

I

El Comando requiere amplios conocimientos en nuestra legislación civil y militar. Comandar con entero conocimiento de causa es uno de los papeles más difíciles para un militar. La experiencia se adquiere con la práctica y el continuo rozamiento con fuerzas militares. El militar va forjando paso a paso su carácter, acrecentando su iniciativa a medida que pasa de un grado a otro, en que su radio de acción tiene que ensancharse de acuerdo con las reglas que detallan sus atribuciones.

El Comando, entre nosotros, radica en: el Comandante General del Ejército; en los Comandantes de los cuerpos o unidades; en los comandos que corresponden a cada uno de los grados de la jerarquía militar; y en los Comandantes territoriales.

El centro directivo, orgánico y administrativo y órgano de comunicación obligado es la Secretaría de Guerra, que forma parte de los Servicios Superiores.

El funcionamiento de todo este engranaje necesita una reglamentación especial, concretando la palanca que cada elemento deberá mover para que, al cabo del tiempo, se obtenga una marcha automática. Se persigue esta característica porque está demostrado que solamente las cosas que se efectúan conscientemente son capaces de economizar energías y estar dispuestas, como el ariete, a los cuerpos que se opongan a su paso.

El mando militar reside en una sola persona, la única responsable de las operaciones y de las tropas puestas bajo su dirección. El mando requiere unidad, para que la ejecución de las órdenes responda en la misma forma. El mando requiere energía para llevar adelante empresas difíciles. El mando requiere constancia, organización, valor, equidad y muchas otras circunstancias que tienen un alto coeficiente para mantener el prestigio y arrebatar los honores del triunfo.

El éxito o el fracaso de una batalla radica en el Comando, quienquiera que sea. Napoleón en Austerlitz o Napoleón en Waterloo responden a nuestro pensamiento. Calcular bien y ejecutar bien: he ahí el secreto del triunfo. Calcular bien y ejecutar mal: he ahí la causa de la derrota. No hay fatalidad que pueda oponerse a los dictados del genio. Este vence a aquélla. Una voluntad es como un diamante que no se deja rayar; que puede dirigir las fuerzas físicas, forzarlas para que penetren por todos lados.

II
EL GENERAL EN JEFE

Sin mayor esfuerzo nos hemos venido resbalando en nuestras reflexiones y deducciones hasta llegar al General en Jefe. Es realmente él quien desempeña el papel más importante en una campaña; es la pirámide visible a centenares de kilómetros; es más que la pirámide: es un astro, cuyos destellos deslumbran los ojos de la humanidad entera.

En Roma, en épocas de peligro para la patria, nombraban un dictador que ejerciera el mando por seis meses, a fin de que se salvara la situación. El dictador de Roma es nuestro General en Jefe, y con esto se resumen todas sus funciones.

El papel de los generales en jefe, aunque siempre vasto, ha venido disminuyendo en fatiga y peso, debido a la ayuda de los Estados Mayores.

En estos cuerpos o servicios se resume una inmensa labor y se piensa por el General en Jefe; pero siempre éste tiene su gran campo de acción: le corresponde el golpe de vista, la apreciación de la situación de una manera general. Desde luego, no puede por sí solo abarcarlo todo; la ayuda de los colaboradores le es indispensable y la traducción fiel de sus impresiones, más cara e indispensable todavía.

Los triunfos de Napoleón en la Campaña de 1805 se atribuyen a la eficacia y oportunidad de las órdenes dictadas por el Príncipe Berthier; y el triunfo de los aliados en la guerra europea recién pasada se debe a los Estados Mayores más que a la eficiencia de Joffre y Hoche.

Naturalmente, hay una gran diferencia entre los procedimientos europeos, tanto antiguos como modernos, y los registrados en nuestra historia.

III
SÍNTOMAS DE MANDO

Al contrario de lo que sucede en otros países, en el nuestro optamos una actitud regresiva, con paso firme y espeluznante. Sea de ello lo que fuere, el caso típico es el que más abajo referimos.

Se ha cumplido un siglo desde que nacimos a la vida independiente y noventa años desde que nuestras tropas estaban mejor organizadas que hoy día. Era el tiempo en que Morazán volaba de un extremo a otro de los Estados Centroamericanos con sus esforzados texíguats, sus valientes salvadoreños y sus incomparables tegucigalpas, haciendo crujir el cuerpo de los adversarios de la Federación bajo el peso de sus huestes invencibles. El activo e inteligente Raúl acudía con presteza a cooperar en la organización y en el triunfo. Aquí la infantería con sus fusiles bien municionados; allá la caballería con sus lanzas y sables, con caballos escogidos y monturas hechas expresamente para los jinetes; acá la artillería manejada por expertos artilleros; más luego los servicios de Estado Mayor prestados con oportunidad y celo. Lo que faltaba lo suplía el genio de Morazán.

La figura simpática del heroico Francisco Morazán se destacaba a través de las distancias, y bastaba que se hablara de su acercamiento para que se pensara en escoger el camino por donde debería hacerse la retirada.

Después de Morazán, solamente el General Justo Rufino Barrios ha dado muestras de poseer cualidades de mando. Su pronta acción, su energía nunca desmentida, su actividad inquebrantable, su actitud de héroe legendario, de Dios Omnipotente, pudo haber conquistado el galardón más preciado para un centroamericano, esto es, la unidad de Centroamérica; pero el hado fatal le hizo mueca feroz al tratar de interpretar un aspecto de su condición de General en Jefe, salvándose con ello un principio del triunfo, pero rompiéndose la espada que quiso darla.

IV
Tendencias necesarias

Los organismos del Ejército deben tener un historial, la secuela del desarrollo de los hechos al través de las vicisitudes de las razas, que acuerpe su valor intrínseco, los gastos que ocasiona su sostenimiento y el orgullo que ostentan los pueblos al contemplarlos. Pero los atestados que justifican la actuación de las tropas centroamericanas al través de los tiempos, demuestran una acción intermitente, con fallas, como dijimos en otra parte; pero que debemos corregir, levantando los ánimos, formando adalides que encaucen y dirijan las fuerzas de que disponemos. He aquí la tendencia máxima que ha de guiar nuestros pasos, procurando la reorganización del comando, ora en las empresas particulares, ora —y con mayor razón— en el manejo de elementos militares que respondan por la autonomía e independencia de la Patria.

La creación de una entidad mayor requiere la renovación de las células gastadas, y ese núcleo novedoso y registrador de energía se encuentra en la juventud; pero la juventud que trabaja, en la juventud que estudia, en la juventud que medita sus resoluciones y acoge con entusiasmo los grandes ideales. Y es a ella, principalmente, a quien nos dirigimos, sobre la cual derramamos estas sugestiones. Recójalas, deles vida y hágalas marchar hacia la cima del triunfo, en pro de los intereses de las patrias chicas y grandes.

(Tegucigalpa, 1924.)

CAPÍTULO VII: CRÓNICAS MILITARES

Características de la lucha actual

Va desapareciendo la virulencia en los bochinches hondureños y eso es altamente halagador.

Eso nos decía un amigo, y por nuestro lado hemos venido haciendo observaciones, y parte de ellas las derramaremos en las columnas de "Patria."

Al salir violentamente el Gral. Carías, todo el mundo pensó que se trataba de un combate inminente en los alrededores de la capital; pero con los días se fueron serenando los ánimos. No obstante, personas interesadas en evitar un derramamiento de sangre se empeñaron en la formación de un gabinete que infundiera confianza a todos los partidos y, con este objeto, se enviaron dos grupos de comisionados primero, y posteriormente otro, a donde el General Carías; comisionados que, según el rumor público, no vieron a su candidato ni hablaron con él.

Otra característica es la acción militar de los revolucionarios. Unos pasan por las inmediaciones de Yuscarán, plaza con muchos elementos y pequeño resguardo; otros permanecen en Lamaní largos ocho días y no atacan Comayagua, dejando pasar al Coronel Sorto, que va a hacerse cargo de la Comandancia de aquel departamento, y no permitiéndoles el paso a los no combatientes, como a un cura capuchino y varios jóvenes que volvían del valle, confiados y tranquilos, para la capital. En seguida, esos mismos revolucionarios pasan a doce leguas de la capital (Zambrano–Talanga), provocando, según el decir de sus partidarios, las deserciones en las tropas de Tegucigalpa, sin conseguir ni un fusil ni un hombre, según la expresión del otro bando.

Los mismos revolucionarios, al optar por dos lugares de concentración —a saber: Las Manos y Lamaní— sin contar con los elementos suficientes, se exponen a ser batidos en detal en Jacaleapa; y ya cuando se reúnen en El Pedregalito para obrar conjuntamente, uno de los jefes, el Coronel Inocente Triminio, está herido y entristecido por la muerte de su hermano, por lo cual no puede tomar parte, y el resto de los revolucionarios, medio desmoralizados, y por ello incapacitados para afrontar su situación.

La plaza de Marcala fue atacada en los momentos en que se preguntaba al Comandante si tenía alguna novedad, y se le aseguraba contara con el apoyo de las fuerzas esperanzanas en caso de que lo atacaran.

Parte de las fuerzas que atacaron Marcala se echaron sobre Comayagua y no cortaron las comunicaciones sino hasta después de varias horas de combate.

El resto de las tropas esperanzanas que habían marchado sobre los departamentos de Occidente pretenden atacar la plaza de San Pedro Sula, lugar de concentración de fuerzas y centro principal de las operaciones de la costa, por esa misma razón.

Los contingentes revolucionarios al mando de Munguía fracasaron en La Ceiba, La Masica, Yoro y Tela, porque sin elementos, sin dirección y sin obedecer a un plan de conjunto, se exponen a ser batidos en detal, pues cada vez tuvieron que luchar contra fuerzas mejor preparadas, armadas, municionadas y alimentadas.

En cuanto a quienes han estado combatiendo a los elementos de que hemos hablado en parte de nuestra relación, tienen la característica contraria; pero hay otras circunstancias dignas de tomarse en cuenta. Y la primera que se nos viene es la tardía movilización y concentración de tropas en la primera y segunda zonas, en contraposición con la quinta. En seguida, la tardía entrada en acción en la segunda zona, y hasta una vez precipitados y resueltos los acontecimientos en la zona de operaciones de la primera.

Otra de importancia es la falta de arreglo de los caminos y especialmente de los puentes que se encuentran en mal estado, pues ello retarda los transportes en automóvil.

La falta de centros de abastecimiento de víveres, municiones y de entrenamiento para hombres, lo que perjudica la unidad de mando y de acción en las operaciones.

La publicación de las acciones de guerra, aunque sea en donde realmente ha habido buen éxito, es conducta opuesta a las prácticas de corresponsales seguramente interesados, como puede verse en la prensa centroamericana. La tranquilidad de que disfrutan en la capital los elementos pacíficos de partidos contrapuestos, viviendo en sus hogares sin el temor de ser ultrajados ni metidos a la cárcel; por el contrario, individuos que se escapan de sus hogares para lanzarse a los campos de batalla, y capturados en seguida, algunas veces son metidos en la Penitenciaría, pero puestos en libertad a los pocos días.

Lo expuesto parece confirmar, pues, la opinión del amigo cuyas palabras nos sirvieron de introducción en las observaciones que acabamos de hacer.

(Tegucigalpa, febrero de 1924, "Patria.")

CAPÍTULO VIII: LAS REFORMAS

CIENCIAS, DISCIPLINAS Y ARTES MILITARES
INICIACIÓN DE LABORES

Dimos comienzo a la publicación de los estudios pertenecientes al dominio de las disciplinas sociológicas, porque es una de las bases para tratar el problema de las reformas en el medio en que operamos, y ahondaremos la materia en el campo de la Psicología Militar, tocando las leyes de la herencia y demás ramas relacionadas con la sociología, a medida que vaya siendo necesario; sin embargo, alternaremos de vez en cuando con otras materias relacionadas más íntimamente con la guerra y su preparación, a fin de adelantar, lo más que sea posible, el radio de acción de los conocimientos que deseamos sean adquiridos, sino por lo que podamos enseñar, al menos por la iniciativa que despertemos.

La enumeración de las partes constitutivas de los útiles y elementos que sirven para dar una idea de la materia militar es relativamente fácil; pero clasificar esos elementos y útiles en ciencias, disciplinas y artes ofrece sus dificultades. Al presente no conocemos una obra en donde se arreglen y definan los conocimientos precisos para el militar. Es claro y evidente que tanto en la preparación para la guerra como durante ella, el hombre hace uso de diferentes clases de conocimientos para la destrucción de sus semejantes; pero ni un solo individuo puede abarcar todas las ramas de la guerra, ni un núcleo pequeño podría satisfacer todas las necesidades que competen a un ejército; es preciso, por lo tanto, el concurso de todos los ciudadanos de una nación, para que, repartiéndose equitativamente las cargas, sostengan, animen y den vida al gran organismo.

Necesitamos, pues, en la carrera militar, del auxilio del profesional como del artesano; del hombre de letras como del ignaro; así como de todos los productos de las energías del país. De allí que no se pueda hacer una labor exclusivista en el Ejército, sino, por el contrario, de confraternidad y ayuda mutua en pro de los sacros intereses de la Patria.

Los conceptos anteriores demuestran de manera patente la magnitud de la tarea que se inicia y su resolución provechosa en bien

59

de la comunidad; pero en esto, como en todo, no es tan sólo la palabra y la buena voluntad la que vale, sino la acción; esto es, hablando y haciendo, que es el criterio supremo que debe implantarse.

La misión, considerada desde este punto de vista, además de alta y sublime, representa un escudo contra el pesimismo, que todo lo enmohece, y un acicate para remover el pasado y aparecer ante el mundo civilizado como un cuerpo fuerte, emprendedor y deseoso de conservar la autonomía, la tranquilidad interior y la consideración de una capacidad para nuevas adaptaciones.

Pero volvamos a nuestro punto de partida. En la guerra hay tal enlace y compenetración de unos asuntos con otros, que llega un momento en que no se sabe dónde termina, por ejemplo, la táctica y dónde principia la estrategia, y recíprocamente. Hay, pues, una anarquía; pero esto no obsta para que no se puedan hacer las grandes agrupaciones y decir: esto pertenece a organización, esto a táctica, esto a estrategia, esto a balística, esto a fortificaciones, aquello a cálculo de probabilidades, lo otro a historia, lo de más allá a la política y filosofía de la guerra, y así sucesivamente.

De manera, pues, que siempre podremos deslindar los grandes campos y, al coordinar ideas, deducir consecuencias y fundir en un solo molde el criterio para concretar disposiciones militares en leyes y reglamentos.

COMPLEMENTOS A LA LEY ORGÁNICA
(De organización)

La Ley Orgánica Militar es la base para tener Ejército; de ella se desprenden las demás reglas y disposiciones sobre la materia: representa los cimientos del edificio; sus ramas y prolongaciones poseen la suficiente capacidad para abarcar el conjunto y los detalles.

El número de leyes y reglamentos que se derivan de la matriz es bastante grande; pero dentro de un período de preparación, bastaría dictar disposiciones transitorias, promulgar veinte reglamentos, tres o cuatro leyes y dos códigos.

En toda obra de organización se encuentran estos tres puntos capitales: personal, material y territorio; y para su resolución se investigan las influencias de la política, la raza y el haber; de esta manera se sientan premisas, se deducen corolarios y se acomodan datos en las ecuaciones. La justa apreciación de los medios de acción y del campo en que se opera queda por cuenta de oficiales que poseen conocimientos generales y especiales.

Como la solución de los problemas militares se ha ido postergando al través de los tiempos, cada vez que se enfrentan aparecen en masa, le inquietan aún a los ánimos más serenos. Así, en realidad, las dificultades que se ofrecen son más bien de carácter estático que dinámico.

Uno de los factores contrarios que se dibujan en la actualidad es el de la parte económica, pues aunque una guerra y otra, y otra más, pudieran considerarse como retardatarias, en la eficiencia militar favorecerían la implantación de nuevos procedimientos, si se contara con el apoyo indicado. Esto señala, por lo tanto, un cauce estrecho a la corriente de las reformas.

Otro de los elementos contrapuestos es la reacción de las pasiones políticas y la reacción del medio en sí, que sumadas producen una fuerza de gran magnitud; pero esto, que se considera natural en Mecánica Racional, también lo es en la Mecánica Social, y se resuelve aumentando la magnitud de la acción. Obrando de esta manera se irán borrando prejuicios, estableciendo la unidad de doctrina, sobre todo en lo que se refiere a la división del trabajo y sus corolarios obligados: libertad de iniciativa, conciencia de la responsabilidad y dislocación de funciones que, aunque bien determinadas en nuestra Ordenanza, no han sido aplicadas y parecen ser desconocidas hasta para los que se consideran peritos en las leyes.

Otro factor queda involucrado en los individuos que ejercerán el comando y aquellos que les están sujetos, pues no disponen, tanto unos como otros, de la suficiente preparación; pero la práctica y la buena voluntad podrán hacer mucho por mientras se consigue personal procedente de escuelas militares y se aprovechan los servicios de extranjeros.

Es éste el bosquejo de la obra general, al tratar de desarrollar la ley dictada en 1917 y que en su implantación muy poco o nada se ha hecho hasta ahora. Vamos a ocuparnos de los detalles en los números subsiguientes.

El personal

Dentro de este título se abarca la organización de los comandos, servicios y tropas, además del estudio relacionado con los medios de hacer entrar en filas a los individuos, que puede considerarse comprendido dentro del último de los enumerados.

Carecemos de todos los reglamentos que son urgentes para el manejo de las tropas y organización de los servicios; en cuanto a códigos y leyes, aparecen: Código Militar, Ordenanza, Ley Orgánica, Ley de Sueldos, haberes, gratificaciones, etc.; sin embargo, se ha clamado en contra de la organización del Estado Mayor, uno de los servicios superiores, que puede atacar y solucionar lo concerniente a estas materias.

Para que se comprenda la necesidad de dictar a toda prisa los reglamentos que correspondan, basta leer el engranaje y descomposición de los componentes de nuestra organización, a saber:

Comando: Comandante General del Ejército, Comandantes de cuerpos o unidades y Comandantes territoriales.

Servicios Superiores: Secretaría de Guerra, Estado Mayor del Ejército e Inspectores Militares.

Tropas: Armas y Servicios Auxiliares.

Armas: Infantería, Caballería, Artillería, Ametralladoras e Ingenieros.

Servicios Auxiliares: Sanidad y Veterinaria, Intendencia y Administración, y Justicia.

Viene luego la jerarquía en el mando y las divisiones y subdivisiones de las masas de hombres que se organizarán; los institutos para formar los oficiales de guerra y los detalles correspondientes a las bandas de música, banderas y estandartes que acompañarán a las tropas.

El eslabonamiento de funciones, la congruente separación y la cooperación que se prestarán estos organismos, es preciso establecerla de manera pronta y clara. Y todo esto no es una Central la que lo va a ejecutar, sino el conjunto de los servicios superiores, cuando menos.

El material

Al material corresponde la adquisición de los elementos de guerra para las fuerzas, la compra de los medios de transporte y, en general, equipos y herramientas para los diferentes servicios; pero nosotros no contamos sino con lo más insignificante para la eficiencia de las tropas y, al paso que vamos, entendemos será indispensable una buena dosis de patriotismo, para irnos proveyendo poco a poco de lo que compete a un Ejército Permanente y, con el tiempo, para las reservas.

La reglamentación del material es indispensable para uniformar la clase de fusil que se adopte, equipo y vestuario; pero para que todo esto fuera efectivo en el futuro, convendría dar el golpe de gracia a la anarquía en que hemos vivido, pues de otra manera sería laborar en el vacío.

Las desventajas de la situación anormal, que se traducen en perjuicios monetarios para la República, se palpan fácilmente cuando se acumulan artículos para el vestuario del Ejército y éstos desaparecen al menor bochinche; los equipos que se confeccionan para el soldado y el oficial se extravían con igual facilidad; el aumento de armas de diferentes calibres que nos trae cada revolución es otra atrocidad que impediría la adopción de un solo calibre para fusil y un solo sistema para ametralladoras.

El territorio

El estudio del territorio es también de gran importancia, pues de su división en zonas depende la repartición de tropas y la designación de los centros de reclutamiento; la determinación de la capacidad para alimentar a esas tropas; el desarrollo de los planes de operaciones y de campaña, y el de las vías de comunicación.

La división del territorio obedece a estudios técnicos; pero no siempre se pueden satisfacer las condiciones que imponen los maestros en el arte, y entonces hay que promediar, que es precisamente lo que se ha hecho con la de la República de Honduras. Aunque en ésta es verdad que no se ha indicado más que el esquema, eso basta para poder dar principio al estudio de los detalles.

En el presente artículo no hemos querido sino hacer un bosquejo, exposición sucinta del trabajo que después desarrollaremos en sus menores lineamientos; pero creemos que es suficiente para indicar que no se ha procedido, al dictar algunas disposiciones complementarias a la Ley Orgánica (Estado Mayor, División Militar Territorial, como luego se hará con las Inspecciones Militares), atropelladamente, sino siguiendo el proceso de un programa en pro de los intereses del Ejército.

(Tegucigalpa, julio de 1920. "Excélsior")

TENIENTE CNEL. ISIDORO MARTÍNEZ R.

El Teniente Coronel Isidoro Martínez R. nació en Tegucigalpa, D. C., el 13 de octubre de 1926.

Sus padres: Tomás Martínez y doña Juana Rodríguez.

Hizo la primaria en la Escuela "José Trinidad Cabañas".

La secundaria en el Instituto Central de Varones, en donde obtuvo el título de Bachiller en Ciencias y Letras.

Permaneció cuatro años en el Colegio Militar de la República Argentina, obteniendo el grado de Subteniente en 1949.

Ha desempeñado el empleo de Subdirector de la Escuela de Cabos y Sargentos.

En 1952, Jefe del Curso de Aplicación para Suboficiales de la Escuela Militar "General Francisco Morazán".

En 1955, Jefe de la Sección 3ª (G-3) del Estado Mayor de las Fuerzas Armadas.

Durante algunos meses realizó estudios de Estado Mayor en Leavenworth, Estados Unidos de Norteamérica.

En julio del año pasado fue nombrado Jefe del Estado Mayor de las Fuerzas Armadas.

Ascensos:

Subteniente, 1949; Teniente, 1950; Capitán, 1951; Mayor, 1955; Teniente Coronel, 1956.

MITRE MILITAR
(Conferencia leída en la Institución Mitre, por el Cnel. Enrique I. Rottier)

Tenemos a la vista un interesante trabajo sobre Historia Militar, leído en la Institución Mitre y dado a conocer al público en nítida edición bajo los auspicios del diario bonaerense "La Nación."

El autor describe los actos políticos y militares en que actuó el Teniente General Mitre, tomando de sus prologuistas y de sus propias anotaciones los datos condensados y más salientes de la hoja de servicios del General Mitre. Es así como podemos reseñar su participación en dieciséis batallas y algunos combates; que desempeña la Dirección del Colegio Militar de Bolivia y las funciones de Gobernador de la Provincia de Buenos Aires y Ministro de

Gobierno, Relaciones y Guerra, en varias ocasiones; General en Jefe de Operaciones del Ejército en muchas campañas; legislador militar; ostenta condecoraciones por diversas acciones de armas, otorgadas por su patria y otras por la nación brasilera; literato, historiador, periodista, diplomático, es, en fin, un estadista, por lo cual es llamado a ejercer la Presidencia de la República en la época en que circunstancias obligadas de política exterior impelen a la Argentina a tomar parte en la guerra contra el Paraguay.

El Teniente General Bartolomé Mitre, de larga actuación en la milicia y en la política de su país, reúne al mérito de las brillantes ejecutorias que acabamos de mencionar, su tino y acierto para retirarse de la arena, sacrificando sus prebendas de jefe de partido ante los dictados de los tiempos; sabe separarse a tiempo de la política, pero no para dedicarse a la vida privada, sino para servir a su patria en otro campo de acción.

El Coronel Enrique I. Rottier, miembro importante del Cuerpo del Estado Mayor, que ha desempeñado comisiones de trascendencia y es autor de muchos opúsculos que versan sobre materia militar, ha sabido cumplir con su cometido, dándonos una norma para esta clase de actividades.

En el curso de la obra se detallan y estudian, aplicando los principios de la crítica militar, las acciones de armas íntimamente ligadas con la política militar de la época. Desfilan por sus páginas las batallas y combates de Caseros, Cepeda, Pavón, Estero Bellaco, Tuyutí, Curupayty, como las más importantes de las funciones de armas en que brillara la espada del historiador de Belgrano y autor de la traducción del poema inmortal de Dante Alighieri.

Tal es el autor, tal el actor y tal la obra que dejamos brevemente reseñada.

("Época", Buenos Aires, 14 de julio de 1938.)

ORGANIZACIONES CÍVICO-MILITARES

Impreso en los talleres del Instituto Cívico-Militar, instalados en Ceiba de Agua, La Habana, Cuba, hemos recibido un nítido volumen donde se han recopilado las labores del Consejo Corporativo de Educación, Sanidad y Beneficencia y sus instituciones filiales.

El trabajo ha sido ordenado por el Teniente Coronel Auditor don Arístides Sosa de Quesada, y es una prueba elocuente de los brillantes trabajos ejecutados por el Ejército Constitucional en su labor de Escuelas Rurales Cívico-Militares, Servicio Técnico de Salubridad, Consejo Nacional de Tuberculosis, Instituto Cívico-Militar y Corporación Nacional de Asistencia Nacional.

El volumen que tenemos en nuestra mesa de redacción —dice su recopilador— sólo contiene una noción superficial de las organizaciones cívico-militares, en la que se ha procurado señalar el carácter esencial de cada institución, cómo está organizada, medios con que cuenta y labor que realiza.

Es digno de notar —afirma— que jamás ninguna institución en Cuba ha podido desarrollar, en plazo tan breve, una labor tan extraordinariamente grande y tan fecunda como la que ha llevado a efecto cualquiera de las organizaciones cívico-militares. Ahí están las 1,300 escuelas rurales, equipadas con aparatos de radio, con sus laboratorios y su ideología nobilísima, desenvolviendo su actuación fructífera en el tantas veces abandonado campesino.

Para el lector extranjero

En el prólogo del volumen mencionado, encontramos este comentario para el lector extranjero, que con gusto brindamos a nuestros lectores. Dice así:

"Para el extranjero que no haya seguido el progreso evolutivo de Cuba desde el 4 de septiembre de 1933, le producirá extrañeza encontrar frecuentemente el nombre del Coronel Batista como creador y alma de las instituciones que este libro pondera, y le será difícil concebir que toda esta obra gigantesca y varia, pero de fundamental importancia, haya sido inspirada, calorzada y llevada a feliz realización por él.

Pero si se tiene en cuenta que quien lleva la Jefatura del Ejército y las máximas responsabilidades nacionales fue el Jefe de la revolución del 4 de septiembre, que removió fundamentalmente las bases carcomidas en que se asentaba la vieja República, y es quien desde entonces impulsa o alienta toda labor constructiva y toda reforma sustancial o ideológica que se traduzca en una mejora colectiva o en bienestar común, dentro de las amplias tendencias de las doctrinas socialistas, sin radicalismos estridentes ni palabrería huera o insulsa, pero con altitud de espíritu y con paso seguro y tenaz;

si se conoce cómo ha llegado a arraigarse en la conciencia popular una voluntad bien dirigida y una intención mejor encaminada que piensa y que ejecuta, que resuelve y que acierta; que afronta todos los problemas porque es toda acción y buen deseo, y encauza y orienta y aconseja y guía; que trabaja sin cesar y que resume todo su pensamiento en el bienestar de la Patria; entonces sí se puede comprender cómo la obra del Consejo Corporativo de Educación, Sanidad y Beneficencia y sus instituciones filiales es totalmente del Coronel Batista, como es suyo también el **Plan de Reconstrucción Económico-Social (Plan Trienal)."

("La Época". – Tegucigalpa)

MAYOR FEDERICO E. POUJOL FERNÁNDEZ

El Mayor Federico E. Poujol nació en San Pedro Sula el 20 de abril de 1921.

Es hijo de don Edmundo C. Poujol y doña Francisca Fernández de Poujol.

Hizo sus estudios primarios en la escuela "Ramón Rosa", pasando después a esta capital para estudiar Secundaria en el Instituto Central de Varones, en donde se graduó de Bachiller en Ciencias y Letras.

Cursó dos años de Ingeniería Química en la ciudad de México, D. F.

En el año de 1941 entró a un curso de opción de becas en el H. Colegio Militar de México, ganando una para el curso de Ingeniería Química Industrial, el cual tiene adscrito el curso de Formación para Oficiales de Artillería.

Ganó allí los tres primeros años de la carrera, y con ellos el Diploma Oficial de Artillería, con el que se incorporó al Ejército de Honduras en el año de 1946, con el grado de Teniente en dicha arma; continuó sus estudios en el mismo Colegio Militar hasta graduarse de Ingeniero Químico Industrial en el año de 1949.

En octubre de 1950 se reincorporó al Ejército, siendo ascendido al grado de Capitán en noviembre de dicho año, con funciones de Ayudante del señor Ministro de Guerra, pasando en enero de 1951 al Estado Mayor de las Fuerzas Armadas, con el cargo de Jefe de la Sección de Abastecimientos (G-4).

De junio de 1952 a junio de 1953, estuvo nuevamente en México, D. F., realizando estudios superiores de Física.

A su regreso pasó nuevamente al Estado Mayor de las Fuerzas Armadas con el cargo de Subjefe.

En junio de 1954 realizó una visita de veinte días por diferentes fuertes de los Estados Unidos de Norteamérica, acompañando al Jefe del Estado Mayor y al Jefe de la Fuerza Aérea Hondureña en esa fecha.

Actualmente desempeña el cargo de Jefe del Estado Mayor de las Fuerzas Armadas.

Posee tres Diplomas de Honor, otorgados por el Gobierno de los Estados Unidos Mexicanos.

HOMENAJE A LOS NIÑOS HÉROES DE CHAPULTEPEC
(8 de septiembre de 1919)

Desde las seis de la mañana estamos levantados, para tener tiempo de prepararnos y asistir al homenaje que se hace a los niños héroes de Chapultepec.

Desayunamos a las siete y momentos después subimos a un tranvía de la línea de Santiago Tlatelolco, en la 10ª calle del Factor, para bajarnos en la 16 de Septiembre.

Al descender, encontramos a un antiguo compañero de colegio, Alberto Ortiz. Recordamos que en esta misma fecha nos había tocado formar la valla en el Bosque de Chapultepec.

—¿Te acuerdas de los preparativos para que las salvas salieran al unísono, como un solo disparo, y todos los dolores de cabeza que eso le costaba a Torroellita?

—¡Ya lo creo! Son recuerdos que guardo celosamente. Se hacían las prácticas en la Rampa. El Coronel de Estado Mayor Especial, Enrique Torroella, Subdirector del Colegio Militar, llevaba el mando. Sus recomendaciones eran atinadas, pero tenían la virtud de producir un efecto contrario. Con voz suave, cariñosa, acariciadora, nos decía:

—Tengan cuidado. No se adelanten ni se atrasen a la voz de mando. Primero vamos a practicar con cartucho de instrucción, esto es, cartucho niquelado. En seguida, con cartucho de salva.

Y venía la voz preventiva:

—Con un cartucho.

Y a renglón seguido, la ejecutiva:

—¡CARGUEN!

Después:

—Preparen armas... ¡Apunten!... ¡Fuego!

Por lo general, la práctica con cartucho niquelado no dejaba nada que desear. Torroellita, como le decíamos cariñosamente, se disponía al ensayo con el otro cartucho, diciendo:

—Con cartucho de salva... ¡CARGUEN!

Se ponía un cargador en la recámara. A continuación, la voz:

—Preparen, apunten... ¡FUEGO!

Era la debacle. Por lo regular, empezaban a disparar los muchachos cuando el Subdirector iba en el apunten. Renegaba él, diciendo:

—¡Si no he dado la voz de fuego!

Entonces los remisos disparaban, porque creían que era la voz ejecutiva.

Se procedía a una nueva salva, con el mismo éxito, y cuantas se hacían en los días subsiguientes resultaban pésimas. Alguna vez se practicó en la propia mañana del ocho, antes del desfile, con el mismo triste y desconsolador despropósito.

Es posible que esto proviniera de la misma nerviosidad del que daba la voz de mando, nerviosidad que comunicaba por telepatía a las compañías. Naturalmente, que en el momento de efectuarse las tres salvas de reglamento, al lado de la Rotonda, nunca se oyó esa cohetería, ese bombardeo disparatado; por el contrario, todos los asistentes estaban pendientes de la salva, que resultaba tres piedras, es decir, requetebién. Los aplausos lo decían, y luego las crónicas de la prensa lo confirmaban.

En la historia del Colegio Militar no se sabía de un fracaso en las salvas, ni en los desfiles, ni en los simulacros, ni en las carreras de resistencia, ni en ninguna fiesta deportiva en que tomara parte.

La tradición decía que una vez, en un homenaje semejante, en el Molino del Rey, siendo Subdirector el Mayor Tamborrel, después de dar la voz preventiva de Preparen, Apunten, un muchacho gritó con voz estentórea:

—¡A LOS CHURROS!

Y se produjo la salva de manera impecable.

El Mayor Tamborrel se extrañó, pues no había dado la voz ejecutiva; pero el público no se dio cuenta, porque había resultado una salva perfecta, como las acostumbraba el Colegio Militar de Chapultepec.

A estas alturas íbamos en nuestros recuerdos, cuando nos dijo Alberto que se iba por otro lado. Nos despedimos. Esperamos el tranvía de Tacubaya, que no tardó en llegar. Subimos con mi esposa. Eché un vistazo a las noticias del día publicadas en el "Heraldo de México" y, un cuarto de hora después, bajamos en la estación de

Chapultepec, dirigiéndonos inmediatamente a la Rotonda, para ocupar sitio adecuado.

En el trayecto preguntamos a qué horas empezaría el acto, y como se nos dijera que a las 11 a. m., nos desviamos a la derecha para ir a ver jugar con la raqueta a unas señoritas que no parecían duchas, por lo cual continuamos hacia la columna erigida en honor de los niños héroes, desde la época de don Porfirio.

La columna está compuesta de tres cuerpos principales, rodeada en su base por una verja de hierro. Sobre la verja había varias coronas. En los cuatro frentes de las columnas aparecen esculpidos nombres de los defensores del Castillo durante los días 8 y 13 de septiembre de 1847. Así: 21 prisioneros de la primera compañía, 24 de la segunda, 11 de la Plana Mayor.

Los nombres de 4 heridos y de 6 muertos.

Estos últimos fueron: Teniente Juan de la Barrera; alumnos: Juan Escutia, Agustín Melgar, Vicente Suárez, Francisco Márquez, Fernando Montes de Oca.

Heridos: Subteniente Pablo Banuel; alumnos: Andrés Mellado, Hilario Pérez de León y Agustín Romero.

Prisioneros[3]

Gral. Coronel Mariano Monterde, Director; Capitanes F. Jiménez y Domingo Alvarado; Tenientes Manuel Alemán, Agustín Díaz, Fernando Poucel, Joaquín Argaiz, José Espinoza y Agustín Peza; Subtenientes: Miguel Poucel, Ignacio Peza y Amado Camacho; y 37 alumnos, a saber: Francisco Molina, Mariano Covarrubias, Bartolomé Díaz de León, Emilio Laurent, Antonio Sierra, Justino García, Lorenzo Pérez Castro, Agustín Camarena, Ignacio Ortiz, Manuel Ramírez Arellano, Ramón Rodríguez, Esteban Zamora, Carlos Bejarano, Isidro Hernández, Santiago Hernández, Ignacio Burgos, N. Encontría, Joaquín Moreno, Ignacio Valle, Antonio Sola, Francisco Lazo, Sebastián Trejo, Luis Delgado, Ruperto Pérez de León, Cástulo García, Feliciano Contreras, Francisco Morelos, Miguel Miramón,

---

[3] Nota. — Los oficiales de apellido Peza, que aparecen entre los prisioneros, son antecesores de Juan de Dios Peza. Uno de ellos, posiblemente, Ministro de Maximiliano.

Gabino Montes de Oca, Luciano Becerra, Adolfo Unda, Manuel Díaz, Francisco Morel, Vicente Herrera, Onofre Capeto y Magdaleno Ita.

De la columna de los niños héroes nos dirigimos al Lago. Había pocos visitantes. La mayor parte de las canoas estaban amarradas a sus muelles. Los patos nadaban tranquilamente y daban al viento su graznido peculiar. Dos cisnes negros surcaban las aguas, impulsándose suavemente con sus preciados remos. El agua tenía el acostumbrado color oscuro, que le daba un aspecto de suciedad.

Seguimos por la Calzada de los Poetas. A derecha e izquierda había bancas de cemento armado, colocadas sobre troncos de la misma clase, que daban la impresión de haber sido cortados en el bosque. Cruzamos por debajo de árboles de grueso tronco, espeso ramaje y gran altura, que proporcionaban sombra y un fresco agradable. Ya para salir de la calzada admiramos los esbeltos árboles de eucaliptos, que esparcían grato perfume. Continuamos rodeando el bosque hasta llegar nuevamente a la Rotonda, después de haber cruzado el encuentro con seis automóviles y dos caballeros montados en briosos corceles, caminando el uno al paso y el otro al galope corto.

En la Rotonda ya estaba sentada buen número de personas. Grupos de niños se preparaban para cantar el Himno Nacional. A las diez y media apareció el Presidente Carranza, acompañado de sus Ministros y del Estado Mayor. La Academia de Estado Mayor formaba valla desde el sitio de honor hasta la columna de los niños héroes. Los cadetes llevaban casco, fornituras de gala y guantes blancos. Cuatro veteranos del año 47 se colocaron a la diestra de don Venustiano.

El Presidente, de fuerte complexión, color trigueño, barba blanca, de regular estatura y mirada tranquila. Principia el homenaje. Consiste en un discurso, la recitación de una poesía, una melopea, el Himno Nacional y varias piezas de música en los entreactos. Duró una hora. Tanto al iniciarse como al finalizar el acto, un aeroplano surcaba los aires. Una salva de 21 cañonazos indicaba la llegada y la despedida del Presidente Carranza.

La asistencia fue poca. Gente de la clase media, por lo general. Varios fotógrafos toman vistas. Regresamos más corriendo que andando a la parada de los tranvías, para tomar uno de ellos a las 12 y 20 y llegar a nuestra residencia de la calle de Jaime Nunó.

Se rinde este homenaje anualmente a los defensores del Colegio Militar de Chapultepec, que ofrendaron su vida o cayeron prisioneros en la guerra de 1847, que perdió México por la impericia del General Santa Anna, que dirigió las operaciones. En artículo posterior, escrito con motivo de una visita al Castillo de Chapultepec, haremos referencia a este acto heroico.

EFECTOS DE LA GUERRA EUROPEA

Es un tema de actualidad la guerra que se está desarrollando en Europa, para la que estaban preparadas desde hace mucho tiempo las naciones que se encuentran sobre el tapete. No era posible que se evitara esa lucha; cuando más, podía haberse retardado, porque la situación difícil, respecto a la parte económica en que las había colocado la paz armada, no indicaba una postergación indefinida; aunque fuera, y dentro de Europa, se la tildara de desastrosa, no sólo para los contendientes, sino también para aquellos que asistieran de lejos a presenciar el espectáculo, pagando sin quererlo millones de pesos.

Así, pues, la tragedia que tuvo por teatro Sarajevo no fue sino el pretexto, la chispa que comunicara el incendio a centenares de causas que tenían las naciones europeas para venir a las manos. En nuestro concepto no es culpable ninguna de dichas naciones separadamente: lo son todas, más o menos.

El teatro de operaciones está limitado a una pequeña zona del continente europeo; pero la mayor parte de las naciones en guerra tienen sus colonias y relaciones comerciales con los países del resto del mundo, razón por la cual sufrirá tanto el comercio de los adversarios como el de los neutrales.

Veamos lo que corresponde a los primeros. La superficie del planeta es de más de 540 millones de kilómetros cuadrados; de éstos corresponden a las aguas 381, y a la tierra 129. La de las naciones beligerantes, con sus respectivas colonias, asciende a 75 millones de kilómetros cuadrados, y tomando en cuenta que pueden combatir los adversarios en todos los mares, nos da para teatro de la guerra 456 millones de kilómetros cuadrados, esto es, los 9/19 de la superficie del globo terráqueo.

La población total es aproximadamente de 1,700 millones, siendo la de los beligerantes, con sus colonias, de 900 millones de habitantes. Quiere decir que los 6/10 de la humanidad están, más o menos, empeñados en la titánica lucha.

Los datos de la importación y exportación mundial nos dan un total de 40 mil millones de dólares. Se eleva el de las naciones y colonias en guerra a 24 mil millones, aproximadamente, o sean los 6/10 del comercio de la tierra. Y si consideramos tan sólo el comercio de las naciones, más o menos de unos 18 mil millones —esto es, los 8/10 del total de aquel continente— podremos darnos una ligera idea de la situación crítica en que quedará la Vieja Europa una vez firmada la paz.

Naturalmente, habrá unas naciones que sufran más que otras, como Alemania y Austria, por ejemplo, cuyos productos en la actualidad tienen que acogerse al comercio de tránsito de los países limítrofes; pero si da resultado el bloqueo que Alemania ha decretado contra Francia y la Rubia Albión, llevado a cabo probablemente por submarinos, entonces el comercio de estas naciones tampoco quedará bien parado.

En cuanto a los países neutrales, se han acogido a la Ley Moratoria para evitar la quiebra ineludible de las casas bancarias, disminuyendo presupuestos, creando impuestos y, finalmente, disponiendo otras medidas para contrarrestar los efectos del eco del desastre que venía de los campos de la guerra; pero es evidente que, por más sabias que sean las medidas adoptadas, ninguno de los países neutrales queda sin pagar tributo por pérdidas efectivas en metálico de sus respectivos comercios.

Contingentes de tropas

Según diferentes publicaciones, los efectivos que las naciones europeas puedan poner en pie de guerra son los siguientes:

	Población	Ejército	
Alemania	68.000.000	9.000.000	7%
Austria	53.000.000	3.000.000	4%
Rusia	130.000.000	9.000.000	7%
Inglaterra	46.000.000	400.000	8%
Francia	39.000.000	7.500.000	19%
Bélgica	7.500.000	300.000	4%
Servia	3.000.000	300.000	10%
Montenegro	300.000	40.000	12%
	Suma Total	17.540.000	

Estos datos, que juzgamos bastante exactos, nos dan un total de 32 millones de hombres dispuestos para la lucha, o sea el 68 % de la población de Europa, con la circunstancia de que puede aumentarse si entran a la liza Grecia, Rumanía, Bulgaria e Italia.

Intencionalmente no hemos querido incluir los posibles contingentes de las colonias, para no entorpecer nuestros cálculos con cifras más o menos exactas; pero ellas, como se ha visto hasta el presente, pueden aportar grandes contingentes, pues sólo India y Canadá han proporcionado a Inglaterra, hasta ahora, más de 200 mil soldados.

Por el cuadro anterior vemos que las naciones más castigadas con la contribución de guerra son: Francia, Montenegro y Servia; la que menos, Inglaterra, estando las otras en el término medio, pudiendo éstas, por lo tanto, hacer todavía grandes esfuerzos por instruir reclutas y aumentar así sus efectivos.

Parece, por otra parte, que hay dos naciones entre las cuales la lucha quiere ser más encarnizada: Inglaterra y Alemania, y no sabemos de qué pueda ser capaz ésta para lograr su objeto, ni tampoco de los prodigiosos esfuerzos del león británico acosado en su propia madriguera, cuando se tiene en cuenta que posee un imperio colonial de más de 400 millones de almas; además, un aliado poderoso, el Japón, que quizá, llegado el caso, haga sentir su poderío sobre las vastas llanuras europeas, en favor de aquella nación.

Respecto a los recursos monetarios, es de creerse que los adversarios cuenten con lo que han menester para toda la campaña;

pues no en balde se han estado preparando hace más de cuarenta años y no sería posible pensar que hubiesen olvidado punto tan importante.

El único problema pendiente, al cual ninguno de los contrincantes ha dado solución, es el de la alimentación de la población civil, complicándose tanto más el problema si, como al presente, se continúa poniendo trabas al comercio de las naciones neutrales.

¡El hambre de los no combatientes tiene que pesar de manera abrumadora en la terminación de la guerra!

Olvidábamos decir también que existe otro problema de gran trascendencia para los que guerrean en el Viejo Mundo, y es el de abastecimiento de municiones; pues es bien sabido que éstas no se pueden guardar en almacenes por mucho tiempo. Esto es de más importancia si se ve el consumo enorme que se ha hecho de ellas en las últimas guerras. Datos estadísticos nos indican que se han gastado diariamente, por término medio, en sangrientas batallas campales, más de 200 cartuchos por cada fusil, y un número igual por cada pieza de cañón de tiro rápido.

Así, si suponemos una batalla en que tomen parte unos 800 mil hombres en total, de ambos bandos, tendremos un gasto de 160 millones de proyectiles de fusil y, para cañón, suponiendo unas 1,500 piezas, 300 mil; ítem más, el valor en metálico de tantas toneladas de plomo y pólvora. Consideramos que es muy difícil para muchas de ellas llenar tal laguna, sobre todo si se repiten —como tienen que repetirse muy a menudo— batallas en que entren efectivos como los arriba mencionados y que duren quince, diez, veinte días...

Agricultura europea

Decíamos en un párrafo anterior que, en nuestro concepto, el único problema que quedaba en pie para los adversarios era la alimentación de la parte civil de la población, y lo repetimos, aunque conocemos, más o menos, los recursos agrícolas de que puede hacer uso el Viejo Continente, a saber:

La producción de cereales y papas de las naciones que luchan en Europa, clasificadas por su orden de importancia, es:

Rusia, 75 millones de toneladas;

Alemania, 67 millones de toneladas;

Austria-Hungría, 47 millones de toneladas;

Francia, 40 millones de toneladas;

Inglaterra, 20 millones de toneladas;

no llegando, probablemente, a dos millones de toneladas Turquía, Servia y Montenegro.

Según los precitados datos, no es tan mala la situación en que se encuentran Alemania y Austria, como muchos creyeron al principio sin tener datos suficientes para juzgar. Otra cosa es que lo sean en lo de adelante, en vista de que no les entrarán grandes cantidades de granos, estando en este concepto en mejores condiciones Francia, Inglaterra y demás aliados; pero si la guerra dura muchos años, como se ha predicho, ¿podrán encontrar éstos o aquéllos los recursos suficientes para alimentar a la población civil? Lo dudamos.

San Salvador, 20 de febrero de 1915.

(Editorial de la Revista Militar, Órgano de la Escuela Politécnica, escrita por el propio Director.)

CAPÍTULO IX: GUERRA YANQUI-MEXICANA

Consideraciones generales

Más interesante todavía que las guerras Ítalo-Turca y Turco-Balcánica será la Yanqui-Mexicana, por los poderosos elementos que pondrán en juego las naciones contendientes.

Evidentemente, los Estados Unidos de Norteamérica no están preparados para una campaña ofensiva, como sería la que tuvieran que hacer en México; pero no se puede dudar que poseen muchos elementos para hacer la guerra, aunque ésta no se lleve a cabo conforme a las prácticas usuales en aquellos pueblos perfectamente dispuestos para una lucha armada, en cualquier instante que fuere preciso efectuarla.

México se encuentra esquilmado a consecuencia de la guerra civil sostenida en un período, casi sin transición, de cuatro años. Es verdad que cuenta con valiosos elementos para una larga campaña; pero aún no se sabe si todos sus hijos contribuirán a la defensa común. Mas si así sucediere, como lo esperamos, entonces podemos asegurar que la defensa será tenaz y que podrá prolongarse por muchos años, lo cual no convendría por ningún motivo a los norteamericanos, porque se lesionarían en alto grado los intereses que tienen en la República Mexicana. El mismo pueblo norteamericano protestaría de la duración de una guerra que no les proporcionaría ninguna ventaja comercial, sino más bien enormes perjuicios en su comercio, y la lucha tendría que terminar de cualquier modo.

Los yanquis no tienen establecido el servicio militar obligatorio: sus soldados son enganchados. Esto implica para ellos grandes retardos en la movilización de los diferentes contingentes —forzosamente fuertes— que tendrían que hacer; sus diferentes elementos, heterogéneos, tomados al acaso de diversas nacionalidades, no lucharían con el mismo entusiasmo y encariñamiento que los mexicanos.

En la nación azteca se ha organizado últimamente el servicio militar obligatorio; la guerra civil ha influido en ello, por una parte, y por otra, la presunción de un posible conflicto con la vecina del otro lado del río Grande o Bravo del Norte.

Las tropas norteamericanas que invadan el territorio mexicano no tienen práctica en asuntos de guerra, pues los únicos ensayos que ha tenido una parte de ellas se refieren a las campañas emprendidas contra los pieles rojas, en el interior de la República; en la lucha con España, en las posesiones de esta nación; y la última, en que unos cuantos marinos desembarcaron en Nicaragua para velar por los intereses norteamericanos que se encontraban en peligro. Estas son todas las ejecutorias del ejército de tierra y armada de la poderosa República.

En cambio, las fuerzas de los Estados Unidos Mexicanos se han aguerrido en las desgraciadas contiendas civiles y se encuentran, por lo tanto, en mejores condiciones para sostener desigual lucha.

La gran ventaja que tienen los Estados Unidos de Norteamérica sobre México es su tesoro, su crédito y la incontrastable superioridad de su marina de guerra, por aquello de que le impediría comunicarse con el resto del mundo; pero no en cuanto a elementos de guerra, porque si es verdad que aquéllos pueden comprar más de lo que sea necesario, éstos tienen, al presente, todo lo que les es indispensable para la defensa.

Antes de pasar adelante, daremos algunos datos estadísticos sobre ambas naciones.

Estados Unidos de Norteamérica

Límites, extensión y población

Los Estados Unidos están limitados: al Norte, por el Dominio del Canadá; al Este, por el Atlántico; al Sur, por la República de México; y al Oeste, por el Pacífico.

La superficie es de 7,839,064 kilómetros cuadrados, con 95,000,000 de habitantes (1912).

Geografía económica

Agricultura. — Las dos terceras partes del territorio son aptas para el desarrollo de las plantas agrícolas.

En cereales es uno de los principales productores del mundo, estando el maíz, trigo y avena a la cabeza de la producción mundial.

Se cultiva también en gran escala cebada, centeno, alforfón, mijo, arroz, papas, etc.

Entre las plantas industriales son dignas de mencionarse el tabaco, el algodón, la caña de azúcar, el lúpulo y la vid.

La ganadería está muy adelantada. De raza bovina posee más de 74 millones de cabezas; de caballar, unos 25 millones; ovina y caprina, 55 millones; y de porcina, 56 millones.

Industria. — La industria de los Estados Unidos se encuentra en muy alto grado de progreso, tanto en el sentido manufacturero como en el de la minería.

De los minerales, el que está a la cabeza es la hulla, de la cual produce, anualmente, más de 300 millones de toneladas, y ocupa el segundo lugar en el mundo. En petróleo produce cerca de 20 millones de toneladas. En oro, plata, hierro, plomo, cobre, zinc, mercurio, níquel y aluminio, la producción anual es de más de 300 millones de dólares.

En cuanto a la industria manufacturera y mecánica, bástenos decir que se encuentran en las diferentes poblaciones de la gran República inmensas fábricas de hilados, de maquinaria, etc.

Comercio. — El total del comercio, en números redondos, asciende a 4,200 millones de dólares (1912), superando la exportación a la importación en unos 400 millones, aproximadamente.

El movimiento en los puertos es de 70 millones de toneladas.

La marina mercante, de 7,600,000 toneladas.

Comunicaciones. — El total de vías férreas en explotación es, aproximadamente, de 409,000 kilómetros.

Telégrafos. — En 1911 se habían tendido, aproximadamente, unos 3 millones de kilómetros de hilos telegráficos.

Teléfonos. — Más de 25 millones de kilómetros.

República Mexicana

Límites. — Al Norte, los Estados Unidos de Norteamérica; al Este, el Golfo de México, Canal de Yucatán y Mar de las Antillas; al Sur, Guatemala y el Golfo de Tehuantepec; y al Oeste, el Océano Pacífico.

Extensión y población. — La superficie es de 1,987,201 kilómetros cuadrados, con 15,115,000 habitantes (1910).

Costas. — Las costas en el Atlántico tienen una extensión de 2,580 kilómetros; en el Pacífico, 3,250, sin poner las que corresponden a la Baja California, que ascienden a más de 3,000.

Geografía Económica

Agricultura. — La tierra es propia para toda clase de cultivos. Sus bosques producen anualmente más de 13 millones de dólares. La producción total del trigo, arroz, maíz, cebada, frijol, garbanzo, café, papa, etc., etc., asciende a medio millón de toneladas.

El cultivo de plantas arborescentes es muy variado.

Las plantas industriales están representadas, principalmente, por caña de azúcar, 3 millones de toneladas; cacao, con más de 4 millones de toneladas; y tabaco, con 16 millones; henequén, ixtle y algodón, más de 200,000 toneladas, estando a la cabeza el henequén. Se producen, además, en grande escala, plantas tintóreas y medicinales.

La ganadería cuenta con 6 millones de ganado vacuno; un millón de caballar; lanar y caprino, 8 millones; y porcino, cerca de 1 millón.

Industria. — Está representada, principalmente, por la minería. De cobre, hierro y zinc produce como 15,000 toneladas; la producción de oro y plata es un poco más de 45 millones de dólares.

La industria manufacturera no está muy desarrollada; sin embargo, posee grandes fábricas de hilados que ocupan de 3 a 4 mil obreros.

Comercio. — El comercio total asciende a un poco más de 200 millones de dólares.

El movimiento en los puertos es de 22 millones de toneladas.

El tonelaje de la marina mercante, de 27,000 toneladas.

Comunicaciones. — 25,400 kilómetros de vías férreas. Se cuenta también con algunas carreteras.

Telégrafos. — 74,000 kilómetros de líneas; 9 estaciones inalámbricas.

Teléfonos. — 47,700 kilómetros.

II

En la época en que el General Huerta se encontraba al frente de los destinos de la Nación mexicana, se suscitaron dificultades entre su Gobierno y el de los Estados Unidos de Norteamérica, que, según todas las apariencias, terminarían en un conflicto armado; y, en tal concepto, hicimos un estudio de los elementos con que contaban ambos adversarios, publicando la primera parte de él en un periódico de la capital salvadoreña, guardándonos lo referente a la parte militar por circunstancias especiales; mas hoy, en vista de los sucesos de Villa, creemos oportuno darlos a conocer, sin completarlos por falta de tiempo.

Ejército y Marina de Guerra de Estados Unidos

Ejército. — En el año de 1912 se procedió a elaborar, por el Estado Mayor General, un proyecto para la reorganización de las tropas de la república norteamericana, y después de su perfecto estudio y discusión, por parte de una comisión de oficiales generales que se reunió en Washington, se dio, por el Ministerio de la Guerra, una orden general poniéndolo en vigor.

Conforme a la nueva organización del ejército, se crean tres divisiones de infantería y una de caballería, como guarniciones permanentes en las fronteras.

Una división de infantería comprende: dos o tres brigadas de esta arma, una de artillería, otra de caballería, un destacamento de ingenieros y tropas auxiliares.

La división de caballería se forma con dos brigadas del arma.

En los años en que el Congreso autorice los gastos de movilización en tiempo de paz, se reunirán varias brigadas o divisiones para hacer maniobras.

Para la administración del Ejército, el país está dividido en cuatro zonas militares, a saber:

La del Este. — Cuartel General, Governors Island (Nueva York); abarca los Estados siguientes: Nueva Inglaterra, Nueva York, Nueva Jersey, Pennsylvania, Delaware, Maryland, Virginia del Oeste, Carolina del Norte, Carolina del Sur, Kentucky, Tennessee, Georgia, Florida, Alabama, Mississippi, Distrito de Columbia y el puesto de Fort Long (Arkansas); los subdistritos de artillería de costa de Nueva Orleans y Galveston; la zona del Canal de Panamá y el Distrito de Puerto Rico.

La del Centro. — Cuartel General, Chicago; le pertenecen los Estados de Michigan, Ohio, las Dakotas, Iowa, Missouri, Kansas, Nebraska, Wyoming, Colorado y Fort Missoula (Montana).

La del Sur. — Cuartel General, Fort Sam Houston (Texas); comprende los Estados de Texas, menos el subdistrito de artillería de costa de Galveston; Louisiana, menos el subdistrito de artillería de costa de Nueva Orleans; Kansas, Oklahoma, Nuevo México y Arizona.

La del Oeste. — Cuartel General, San Francisco; comprende los Estados de Washington, Oregón, Idaho, Montana, California, Nevada, Utah y Alaska.

En cada una de estas zonas existe una división de infantería, excepto en la del Sur, en donde habrá una de caballería.

El total de las tropas en tiempo de paz asciende a 83,000 hombres, repartidos en los territorios del continente y coloniales. Además, se cuenta con las milicias federales, organizadas de manera análoga que las del Ejército Permanente, que se elevan a doce divisiones.

Últimamente se han creado ocho batallones de aviación, de dos compañías cada uno.

Marina de Guerra

Creemos inútil dar el detalle de los barcos de guerra; basta decir que cuenta con 172 unidades de combate de diferentes clases, con 817,258 toneladas y 1,528 cañones, sin contar cañoneros, carboneros, transportes, barcos portaminas, navíos, hospitales, etc., etc.

Ejército que puede poner en pie de guerra

Según la nueva ley para la reorganización del ejército norteamericano, éste puede elevarse a un máximo de 100,000 hombres en tiempo de paz. En caso de guerra, tomando el 9 % de su población total (promedio de las tropas levantadas por Bulgaria, Servia y Grecia en la última guerra), nos da 8,550,000 hombres. Pero nunca creemos que pudiera movilizar ni la mitad del número, porque para ello sería preciso que estuviera establecido, aunque fuera medianamente, el servicio militar obligatorio.

Estados Unidos Mexicanos

En los últimos catorce meses se ha tratado de establecer definitivamente el servicio militar obligatorio en la República. Este propósito se había iniciado desde el período del señor Madero, pero no ha sido sino hasta hoy día, cuando, recrudecida la guerra civil y aumentados desmesuradamente los temores de una guerra internacional, se ha pensado en redondear este asunto.

La unidad superior organizada es la del Cuerpo de Ejército, de cincuenta mil hombres, de dos divisiones; cada una con tres brigadas, de tres batallones, de cuatro compañías cada uno. Cada Cuerpo de

Ejército consta de tropas de las tres armas: infantería, caballería, artillería, tropas de ingenieros, aviación, secciones de ambulancia, trenes de transporte, etc.

El total de las fuerzas federales se eleva actualmente a doscientos cincuenta mil hombres, organizados de la manera que acabamos de indicar.

Además de las tropas federales se cuenta con las de los estados, los cuales, aun los más pequeños, como Tlaxcala, Aguascalientes y Colima, tienen, por lo menos, de tres a cuatro batallones de infantería (600 plazas cada uno), uno o dos regimientos de caballería y cuatro o cinco cuerpos de rurales.

Últimamente se han estado organizando también batallones de Boy-Scouts;

se han militarizado todas las escuelas civiles, siendo las principales, de entre las que existen en la capital: Medicina, Ingeniería, Derecho, Nacional Preparatoria, Dentistería, Agricultura, Bellas Artes, Conservatorio Nacional de Música y Comercio, etc., etc.

Se ha procedido a dar instrucción militar a los empleados de las diferentes oficinas públicas, de comercio, ferrocarriles y obreros de todas las fábricas.

En 1912 se fundieron en el Ejército Federal los diferentes cuerpos de rurales, formando un total, con los de caballería permanente, de más de cuarenta y cuatro regimientos.

Con motivo de la guerra civil tuvieron que organizarse baterías independientes, adscritas a los regimientos existentes y destinarlas a las diferentes columnas que se encontraban en campaña. Con esta medida se consiguió mantener intactos los ocho regimientos de artillería y dos de ametralladoras que ya existían.

En el referido año de 1912 contaba México, en sus almacenes de guerra, con más de seiscientos cañones; ochocientas, entre ametralladoras y fusiles-ametralladoras; ocho millones de fusiles Máuser, Remington reformado, carabinas Máuser y de otros sistemas. Grandes aprovisionamientos de municiones, tanto de fusilería como de artillería.

La República Mexicana cuenta con fábricas de cartuchos para fusilería y artillería, de pólvora negra y blanca, para refacción de armamento y fabricación de explosivos.

Como se ve, la República de México cuenta con valiosos elementos para sostener una guerra, teniendo únicamente en su contra el agotamiento de sus reservas en metálico; pero, una vez principiada una guerra internacional, sonarán las fibras patrióticas y el dinero no faltará al gobierno.

Tomando el promedio de las tropas que pusieron sobre las armas los pueblos balcánicos de que arriba hicimos mención, los mexicanos podrían poner un millón trescientos cincuenta mil hombres, de los cuales hay, cuando menos, 500,000 que ya han hecho sus pruebas.

Marina de Guerra

La Marina de Guerra de los Estados Unidos Mexicanos no consta sino de cañoneros, transportes, buques-escuela, remolcadores, etc., etc., con un total de menos de diez mil toneladas, y un personal de doscientos dieciséis oficiales y mil doscientos cuarenta marinos (1912).

Elementos estratégicos

Pasaremos ahora a indicar los elementos estratégicos que entrarían en juego en un caso probable de guerra entre los ejércitos adversarios.

Teatro de la guerra. — El teatro de la guerra comprendería el territorio de los Estados Unidos de Norteamérica con sus posesiones, y el territorio mexicano con las islas en ambos océanos.

Teatro de operaciones. — De hecho, el teatro de operaciones abarcaría toda la República Mexicana, dividida en teatros y zonas de operaciones secundarias. No obstante, de entre los principales que podrían presentarse, podemos considerar los siguientes: Territorio de la Baja California; Estados de Sonora, Chihuahua, Coahuila, Nuevo León, Tamaulipas, Durango, Zacatecas, Aguascalientes, San Luis Potosí, parte de Jalisco, Guanajuato, Querétaro, parte de Hidalgo, México y el Distrito Federal.

Y de los que están inmediatos a la frontera del lado de los Estados Unidos: Alta California, Arizona, Texas, Nuevo México, Luisiana, Misisipi y Oklahoma.

Este teatro puede llamarse del Norte; pero hacia el Este podría presentarse también otro que abrazaría, entre otros Estados, Veracruz, Puebla e Hidalgo.

Líneas estratégicas. — Estas pueden ser de dos clases: naturales o artificiales, según que sirvan de defensa o de maniobras. Entre las primeras están las cadenas de montañas y las corrientes de agua no navegables; y, en las segundas, las carreteras, vías férreas, fluviales y marítimas.

Las más importantes de las líneas estratégicas naturales son: la Sierra Nevada, con sus dos ramales, la Cadena Costera y la Cascada, y otras de menos importancia en los Estados Unidos de Norteamérica; la Sierra Madre (Estado de Oaxaca), que en el nudo de Zempoaltepeque se divide en dos: Sierra Madre Oriental, que atraviesa los Estados del Golfo, tomando diferentes nombres al pasar por cada uno de ellos, y Sierra Madre Occidental, que sigue por la costa del Océano Pacífico.

La Oriental pasa por los siguientes Estados: Veracruz, Puebla, Hidalgo, Tamaulipas, Nuevo León y Coahuila.

La Occidental, por los de Guerrero, Michoacán, Colima, Jalisco, Tepic, Durango, Sinaloa, Sonora y Chihuahua.

Hay muchas cordilleras de montañas independientes de la Sierra Madre en los Estados del centro de la República, que pueden utilizarse como líneas de defensa.

Entre los ríos, los más importantes: el Grande o Bravo del Norte, en la frontera entre ambas repúblicas, con sus afluentes, siendo de éstos los más importantes por la derecha: el Concho, con los subafluentes el Florido, Parral, San Pedro y el Chuviscar, uniendo el Concho sus aguas al Bravo cerca de Ojinaga; el de la Zorra, San Diego, San Fernando, Sabinas, Salado, Sosa y San Juan.

Los otros ríos que llevan sus aguas al Golfo son: el Pánuco, Tuxpan, Nautla, Papaloapan, Usumacinta, Chiapas, Mamantel y Candelaria.

Al Océano Pacífico: el Colorado, entre Sonora y la Baja California; Sonora, Yaqui, Mayo, Fuerte, San Lorenzo, Tepalcatepec o Santiago (que sirve de desagüe al Lago de Chapala), Armería, Mezcalá o Balsas, Verde y Tehuantepec.

En cuanto a las líneas estratégicas artificiales, podemos indicar la que, partiendo de San Francisco de California, pasa por los Estados fronterizos de ambas repúblicas, tocando en el Sur una de las plazas más importantes para el comercio de esta región: Nueva Orleans. Esta vía férrea se enlaza con diferentes ramales que se desprenden de las líneas que cruzan los Estados del centro; es una de las más importantes, por lo tanto, para la movilización y concentración de tropas.

Por el lado de la frontera mexicana concurren cinco líneas, las cuales se van uniendo a medida que se internan en el país, y son: Nogales (Sonora), Hermosillo, Culiacán, Mazatlán, Orendain y Guadalajara, y México (D. F.); Ciudad Juárez, Chihuahua, Torreón, Zacatecas, Aguascalientes, Querétaro, México (D. F.); Piedras Negras (Coahuila), Saltillo, San Luis Potosí, Toluca y México (D. F.); Nuevo Laredo (Tamaulipas), Monterrey, Saltillo, y la de Matamoros (Tamaulipas) a Monterrey.

La capital mexicana está unida a sus principales puertos por medio de líneas férreas.

Estos puertos son: en el Golfo, Matamoros, Tampico, Veracruz y Puerto México; en el Pacífico, Salina Cruz, Manzanillo, Mazatlán, Guaymas, Acapulco y San Blas.

De ríos navegables se empleará, para movilización, el Misisipi.

Puntos estratégicos. — Los puntos de partida de las líneas férreas mexicanas en la frontera, a saber: Nogales, Naco, Douglas, El Paso, Ciudad Juárez, Piedras Negras, Laredo, Nuevo Laredo, Brownsville y Matamoros.

Entronques de ferrocarriles: San Antonio (Texas), Torreón, Saltillo, Monterrey, San Luis Potosí, Aguascalientes, Irapuato, Guadalajara, México (D. F.), Puebla, Tierra Blanca, Santa Lucrecia y Gamboa.

Como centros de abastecimiento, las capitales de los Estados.

Y como sería prematuro hablar sobre líneas y bases probables de operaciones antes de que los acontecimientos hayan indicado algo sobre el particular, suspendemos, por ahora, el presente trabajo.

DIRECTOR DE LA ESCUELA MILITAR
"GENERAL FRANCISCO MORAZÁN"

CAPITÁN JOSÉ FAUSTO AGÜERO

El Capitán José Fausto Agüero nació en Tegucigalpa el 5 de octubre de 1927. Es hijo del señor Justo Agüero y de la señora Ercila Martínez de Agüero.

Hizo sus estudios primarios en la Escuela "José Trinidad Cabañas" y en la Escuela "Lempira", de esta capital, pasando después al Instituto Central de Varones y al Colegio "San Miguel", en donde se graduó de Bachiller en Ciencias y Letras, iniciando después, sin llegar a concluirlos, estudios de Medicina y Cirugía.

Ingresó al Ejército en marzo de 1947, a la Escuela Básica de Armas, de donde fue enviado a recibir un Curso de Ingeniería Básica al Fuerte Amador, en la Zona del Canal de Panamá; regresando después a la Compañía "A" de Ingenieros de la misma Escuela Básica de Armas como Instructor.

En 1949 tomó un Curso de Artillería (Obuses de 75 mm.), nombrándosele luego Subcomandante de la Compañía "C" de Armas. Después recibió el nombramiento de Oficial Ejecutivo de la Batería "A" de Artillería.

En 1952 fue nombrado S-4 (Abastecimiento y Evacuación) de la Escuela Militar "General Francisco Morazán"; en 1954 fue enviado al Fuerte Sill, Estados Unidos de Norteamérica, a tomar un curso de Artillería, regresando para ser nombrado Comandante de la Batería "A" de Artillería en la misma escuela.

En 1955 fue enviado en misión especial a la frontera con Nicaragua y a la Costa Norte, bajo las órdenes del General Roque J. Rodríguez.

Ascensos: Subteniente, en octubre de 1949; Teniente, en octubre de 1951; Capitán, en junio de 1955.

CAPÍTULO X: ESTRATAGEMAS

En 1923 se encontraban de visita en casa del ingeniero Manuel A. Reina, los generales Vicente Tosta y Gregorio Ferrera. Me dirigí al General Tosta:

—Ahora que está presente el General Ferrera, deseo preguntarle: ¿por qué al iniciarse el combate de Naranjito, telegrafió usted al Coronel José León Castro ordenándole retroceder río abajo, para donde echaría usted las fuerzas derrotadas del General Ferrera, a fin de que pudiera acabar con ellas? De aquí se contradijo esa disposición, ordenando, por medio de un telegrama urgentísimo, al Coronel Castro concurrir al combate, de acuerdo con el principio estratégico que debe acudirse al estampido del cañón. Que tal principio hizo que Dessaix salvara a Bonaparte en Marengo, y el mismo, menospreciado por Gruchy, ocasionó la pérdida de Waterloo, pues según Wellington, solamente los podía poner a cubierto del desastre: ¡Blücher o la noche! En semejante apuro llegaron primero los refuerzos a los ingleses y la victoria se inclinó a su favor.

El General Tosta quedó sorprendido de la noticia y contestó apresuradamente:

—Yo no pude pensar ni dar semejante orden.

—Entonces —le contesté—, si no fue usted... —y volví a ver al General Ferrera, que sonrió y guardó silencio—.

—Y usted, General Ferrera, ¿quiere explicarme los motivos que tuvo para dirigirse a La Esperanza? ¿Tenía intenciones de atacar dicha plaza? Porque después de Naranjito, rota la cortina de tropas que lo acosaban y por ende desmoralizadas, usted podía volver a la Costa Norte, de conformidad con su primer intento.

—Solamente quería arrastrar detrás de mí a todos mis perseguidores.

—¿Con qué objeto? A mí me tocó dar la orden de concentración de fuerzas en los alrededores de La Esperanza, porque la amenaza era muy pronunciada por su parte, lo mismo que por la de otras tropas estacionadas temporalmente en dicha ciudad.

—Una vez que todos los que andaban detrás de mí estuvieran en La Esperanza, pensaba caminar a marchas forzadas para alcanzar la ciudad de Ocotepeque, en donde esperaba se me unieran cinco mil hombres. Pude haber logrado este objetivo si no hubiera sido por el combate de Azacualpa. Aquí tuve que combatir de una manera forzada, oponiendo solamente la retaguardia a la columna de Mejía Moreno, mandada por el General Ángel Matute, pues el grueso y vanguardia me habían precedido en la marcha, desde hacía algunas horas, al pueblo de San Miguel Guancapla (o Erandique, no recuerdo bien el nombre); y aunque envié correos para que retrocedieran, no fue posible que alcanzaran dichos cuerpos. Terminada la refriega y perseguido de cerca por mi compadre, ya no era posible persistir en el proyecto.

Como no podía apreciar la exactitud de lo asegurado, hube de dar por terminado el interrogatorio de marras. Pero al año siguiente, en San Salvador, al conversar en el Consulado de Guatemala, con el General Eulogio Flores, acerca del mismo tema, me dijo:

—Es verdad lo que aseveraba Ferrera; pero desde el momento que pasaran la frontera esos cinco mil hombres, también la traspasarían, por el lado de Guatemala, diez mil soldados, con elementos de las tres armas, y se habría dado en suelo hondureño la primera batalla de una guerra centroamericana.

CAPÍTULO XI: COMANDANTE DEL PRIMER BATALLÓN DE INFANTERÍA

EL TENIENTE CORONEL ARMANDO FLORES CARÍAS

El Teniente Coronel Armando Flores Carías nació el 27 de marzo de 1926, en Tegucigalpa. Es hijo del señor Manuel Flores Carías y de doña María Chávez.

Estudió primaria en la Escuela "José Trinidad Cabañas". Pasó después a la Escuela Nacional de Artes y Oficios, donde se graduó de Oficial en el ramo de Mecánica y Electricidad.

Ingresó a la Escuela Básica de Armas en 1946; después pasó al Fuerte Amador, a tomar un Curso de Armas Livianas, en la Zona del Canal, Panamá. Ha desempeñado varios puestos, a saber: Oficial de Compañía, Oficial de Transportación, Oficial de Abastecimientos y Comandante de la Batería "A" de Artillería en la misma Escuela.

En 1953 fue comisionado a la Escuela de Artillería de Fort Sill, Estados Unidos de Norteamérica, recibiendo el curso para Oficiales de Artillería. A su regreso, fue Ayudante de la Sección Tercera (G-3) del Estado Mayor de las Fuerzas Armadas; más tarde, Jefe de la Sección Tercera (G-3) del mismo organismo.

También se graduó en el Curso de Aplicación para Oficiales Hondureños, servido por la Misión Militar de Estados Unidos de Norteamérica, acreditada en nuestro país.

Diplomado en el Curso Medio de Artillería, mediante estudios en la República de Venezuela. A su regreso desempeñó las funciones de S-3 (Jefe de Operaciones y Entrenamiento) en el Primer Batallón de Infantería, y luego la de Subcomandante del mismo Cuerpo; después la Comandancia, puesto que ejerce actualmente en esa institución armada.

Ascensos: Subteniente, el 1° de marzo de 1948; Teniente, el 21 de marzo de 1949; Capitán, el 30 de octubre de 1951; Mayor, el 21 de marzo de 1956; Teniente Coronel, el 24 de octubre de 1956.

CAPÍTULO XII: CENTENARIO DE LA MUERTE DEL GENERAL MORAZÁN

ESTADO DE LOS ÁNIMOS EN LOS ALBORES DE LA INDEPENDENCIA

Las guerras en pro de la emancipación política en América se iniciaron en Estados Unidos (1776), por Haití en 1804, para seguir en 1809 y 1810 en las colonias españolas al sur y al norte del continente, hasta conquistar su libertad; así, no es extraño que se sintieran en Centroamérica las trepidaciones de las luchas armadas.

Lo expuesto explica los levantamientos de los salvadoreños en 1811 y 1814; los de los nicaragüenses, los días 13, 22 y 26 de diciembre de 1811 y el 8 de enero de 1812; el 1° de enero de 1812, en Tegucigalpa, para evitar la toma de posesión de las autoridades locales, y en 1813, en Guatemala, la célebre conspiración de Belén.

Aunque estos brotes eran manifestaciones de un estado anómalo, no influyeron mucho en el proceso emancipador de las Provincias del Reino de Guatemala, pero sirvieron como una indicación de sus aspiraciones libertarias, como lo corroboraron las demostraciones de alegría y la excitación consiguiente de las multitudes en los alrededores del Palacio de los Capitanes Generales, el 15 de septiembre de 1821.

II
La Independencia y sus primeras consecuencias

La resolución de las autoridades residentes en Santiago de los Caballeros de Guatemala, hecha tangible en la memorable Acta de Independencia, redactada por el sabio hondureño José Cecilio del Valle, se comunicó a las provincias en el término de la distancia; y como algunos elementos disidentes —entre otros, don Gregorio de Tinoco, jefe que presidía el mando militar en Comayagua— ostentaban tendencias imperialistas, para combatirlos se organizaron compañías de voluntarios en Tegucigalpa; una de las cuales se puso bajo las órdenes del Teniente Francisco Morazán.

Desgraciadamente, aunque no se derramó sangre en aquel entonces, sí corrió a torrentes en tierra salvadoreña, después de haber sido decretada la anexión al Imperio de Iturbide el 21 de febrero de 1822.

Pero la monarquía de don Agustín I se desmoronó al poco tiempo, y entonces los pueblos centroamericanos recuperaron su independencia de manera definitiva por decreto de nuestra Asamblea Federal Constituyente, el 1° de julio de 1823, y la salida de Guatemala de las tropas mexicanas a las órdenes del General Vicente Filísola, el 3 de agosto del mismo año.

Como una consecuencia inmediata de la separación de México, se convocó a elecciones para Autoridades Supremas, habiendo sido electo el sabio don José Cecilio del Valle, aunque el poder se concedió en última instancia al General don Manuel José Arce, en 1825.

En vista de su actuación anterior, se pensó que el General Arce haría un buen gobierno; y en cuanto al ramo militar, dice el General Pedro Zamora Castellanos (Vida Militar de Centro América):

"Una de las primeras disposiciones de Arce fue, de consiguiente, organizar el ejército para sostener el orden y mantener a los ciudadanos en el goce de sus derechos. Quiso implantar el servicio militar obligatorio, adelantándose a su época, imponiendo a los centroamericanos la obligación que tienen todos de servir y defender a la patria con las armas. Trató de organizar un ejército federal de 4,000 hombres, ya que no era posible organizarlo con 10,000 como lo había autorizado el Primer Congreso, y para obtener una buena oficialidad dio entrada en las filas a militares extranjeros; y al efecto, Marure dice: 'que en aquella época figuraba en el Ejército Nacional: 3 Coroneles, 4 Tenientes Coroneles, 8 Capitanes y otros oficiales de inferior graduación, todos de nacionalidad española; había italianos como el Coronel Cáscara, y franceses como Raoul, Pierzon y Saget. Esta oficialidad extranjera, así como de otras nacionalidades que pertenecían a importantes familias de Guatemala, formaban una especie de aristocracia, de la que eran jefes el mismo General Arce y el Coronel don Manuel Montúfar y Coronado'."

Prevalecía en el ambiente un estado de anarquía que se ahondó más con los desacuerdos entre el Presidente de la República y el Jefe del Estado de Guatemala, don Juan Barrundia, culminando con la prisión de este último; con los hechos en que fue protagonista el Teniente Coronel Pierzon, como una consecuencia inmediata de la actitud del Presidente Arce con las autoridades del Estado, y el asesinato del Vicejefe del Estado, don Cirilo Flores, en Quezaltenango; los sucesos en que fue actor el Coronel Nicolás

Raoul; la disolución de las Cámaras Federales y del Estado, lo mismo que el Consejo de este último y la Corte de Justicia.

Y si a ello se agrega la mala voluntad que el General Arce dispensaba a los jefes de los Estados de El Salvador y Honduras, don Mariano Prado y don Dionisio de Herrera, respectivamente, y la tendencia de establecer en Nicaragua y Costa Rica autoridades que le fueran afectas, ponen de relieve la resolución del jefe Arce por terminar cuanto antes aquella situación por medios coercitivos.

Así se explica el movimiento de tropas federales dentro del Estado de Guatemala y la incursión de las mismas en Honduras y El Salvador; y es en estos momentos cuando aparece la figura del General Morazán.

III
Campo de acción del General Morazán

El Teniente Francisco Morazán tenía 29 años cumplidos cuando se hizo cargo del mando de una de las compañías de voluntarios que se organizaron en Tegucigalpa, como dijimos en otra parte. De este empleo pasó al de Ayudante del 1er Batallón de Línea del Estado de Honduras (6 de abril de 1824), Presidente del Congreso del mismo Estado, para volver a la vida militar al tomar parte en la defensa de Comayagua, atacada por el Coronel Justo Milla en 1827.

Desde que Morazán entra en escena —dice Álvaro Contreras— deja de ser un hombre para convertirse en una misión. Y esa misión, encarnada en el vehículo de un hombre, sale de Comayagua en busca de refuerzos; pero fracasado este intento y entregada la ciudad por un traidor, se dirige a Nicaragua en unión de tropas salvadoreñas, para volver rápidamente sobre sus pasos y solicitar garantías a Milla, porque algo contra su honor militar le impide seguir adelante con sus amigos del día anterior. Luego, su prisión y salida de la cárcel, mediante una estratagema, para acudir a tierras salvadoreñas y más tarde a las de los Lagos, en busca del apoyo necesario para derrocar a la tiranía entronizada allende el Merendón, objetivo que se logra al cabo de marchas, sacrificios y combates sin cuento.

Apenas termina esa tarea, vuelve rápidamente sobre sus pasos para pacificar los Estados de Honduras y Nicaragua, desempeñar la Jefatura del Estado de Honduras, ascender en seguida a la Presidencia de Centroamérica, por elección popular, y continuar en sus funciones de estadista y de hombre de guerra, hasta el momento en que, rota la Federación, se ve obligado a emigrar a la América del Sur, para volver invitado por sus conciudadanos a defender la Patria que se hallaba en peligro, terminando sus actividades —pero no su amor a Centroamérica— al morir fusilado en la ciudad de San José de Costa Rica, el 15 de septiembre de 1842.

Las principales acciones de armas en que tomó parte son las siguientes:

Defensa de Comayagua, Hacienda de La Maradiaga y La Trinidad (1827), en Honduras; Gualcho y San Antonio (1828), Jocoro y San Salvador (1832), San Salvador (1834), Las Lomas, Espíritu Santo, San Salvador, San Pedro Perulapán (1839), en El Salvador; Mixco, San Miguelito, Las Charcas y Guatemala (1829), Mataquescuintla, Chiquimulilla (1838), Guatemala (1840), en Guatemala; San José de Costa Rica (1842).

IV
Los amigos y los adversarios de Morazán

Al General Morazán lo acuerparon muchos elementos de valía, tanto en el orden militar como en el civil.

Entre los primeros son dignos de mención:

Los Generales Juan Prem, que se distinguió en las acciones de Guastatoya y San Salvador; Isidoro Saget, en las acciones de Corral de Piedra, Guatemala, y acompañó a Morazán a Costa Rica; Trinidad Cabañas, el Caballero sin miedo y sin tacha, que asistió, entre otras acciones, a las de Comayagua, Guatemala, San Salvador y Costa Rica; Enrique Rivas, en El Espíritu Santo, San Salvador, Guatemala; muere desempeñando la Comandancia Militar de la Provincia de El Guanacaste, por la escolta de un oficial que se rebeló contra su autoridad; Carlos Salazar, jefe del Estado de Guatemala, durante corto período, se dio a conocer en acciones de armas contra Carrera, se distinguió en San Salvador y en Costa Rica; Máximo Orellana, en Costa Rica; el abogado y general José Miguel Saravia, acompañó a Morazán hasta el momento en que fueron traicionados por el comandante de Cartago, y brilló tanto en los campos de batalla como en la tribuna y en el gobierno; Gerardo Barrios, emparentado políticamente con Cabañas, avezado a la lucha como los anteriores;

Vicente Villaseñor, a quien dijera Morazán, momentos antes de fusilarlo: "Querido amigo, la posteridad nos hará justicia"; don Joaquín Eufracio Guzmán, se distinguió como capitán en San Miguelito y Las Charcas.

Entre los Coroneles, se destacan, entre otros: José Antonio Márquez y José María Gutiérrez, bien conocidos en los anales patrios; Enrique Terrelonge, cuya actuación sobresale en las acciones de El Aceituno, San Miguelito y Guatemala; Manuel Jonama, en la Garita del Golfo; Cayetano de la Cerda, Nicolás Raoul, oficial francés, que desempeñó las funciones de Jefe de Estado Mayor en varias campañas; y Cleto Ordóñez, Ramón Pacheco, Hueso, Juan Munguía, Francisco Ignacio Rascón, Ramón Valladares, Antonio Asturias, Antonio José Carballo, José María Cacho, Antonio Lazo y Antonio Merino (extranjero); Antonio Rivera Cabezas, Pedro Molina h., Manuel Ángel Molina, José Yáñez, Felipe Fonseca, Felipe Floripe, Ignacio Pérez, Ignacio Malespín, posteriormente instrumento de Carrera; Dolores Cordero y Esteban Ciero, que se distinguieron en San Pedro Perulapán; Luciano Morales, Miguel Sánchez, José Antonio Arias, Eugenio Mariscal, Remigio Díaz, que prestó importantes servicios en las acciones de La Maradiaga y La Trinidad, entre otras.

Entre los Tenientes Coroneles, que estuvieron en distintas acciones, se hallan: Gregorio Zepeda, José Rosario López Plata, Doroteo Corzo (muy especialmente con sus cargas en San Miguelito y Guatemala); Esteban Molina, Alejo Sumestre (extranjero), Felipe Peña, Gregorio Villaseñor, Nicolás Angulo, Indalecio Cordero, especialmente en Guatemala y San Salvador; Narciso Benítez, en Espíritu Santo y San Salvador; José Antonio Milla, Bernardo Rivera Cabezas, José María Cañas, Mariano del Río, Manuel Archaga y José Viera.

El Mayor Estupiñán y los Capitanes: Puches, Manuel Irungaray, Manuel Merino, José Ruiz, Juan Orozco, Joaquín Varaona. Los Tenientes José María Azucena, en Las Lomas, y Mariano Saravia, en El Espíritu Santo.

Entre sus adversarios, se encuentran los Generales Manuel José Arce, Manuel Arzú, Francisco Ferrera y Rafael Carrera, después de haber sido subalternos; y el italiano Francisco Cáscara y José Antonio Pinto, autor de la muerte de Morazán.

Entre los Coroneles: Justo Milla, Manuel Montúfar y Coronado, Ramón Bográn, Ramón Guzmán, Vicente Domínguez, José Dolores Castillo, Manuel Quijano.

Los Tenientes Coroneles: Vicente García Granados, José María Aguado, Antonio José de Irizarri y Fulgencio Morales.

Entre los Capitanes, Pedro Mayorga, que traicionó a Morazán cuando estaba de comandante en Cartago, entregándolo a sus enemigos; y José María Espínola.

Entre los civiles amigos de Morazán

Entre los civiles amigos de Morazán, se destacan: Dionisio de Herrera, Juan Barrundia, José Francisco Barrundia, Máximo Menéndez, Miguel Montoya, Doroteo Vasconcelos, Lorenzo López, Luciano Quintanilla, Enrique Hoyos, Diego Vijil, Miguel Álvarez, Pedro Molina, José Rosales, Mariano Quezada, Cirilo Salazar, Dámaso Spusa, Isidro Menéndez, Felipe Uribal, Manuel Romero, Felipe Molina, Pitico Molina, José Cecilio del Valle, Miguel Larreynaga, Ángel Sánchez, Juan Paz, Mariano Centeno, José Pedro Valenzuela y Joaquín Rivera.

Civiles adversarios de Morazán

Civiles adversarios de Morazán: Mariano Beltranena, Ramón Casaús y Torres, Luis Herrador y la familia Aycinena, Pedro Zeledón, Escolástico Marín, Pedro León, Tomás Alfaro, Agustín Prado, Fermín Pavón, Agapito Velásquez, Sebastián Escobar, Norberto Ramírez, Pío Morataya, Juan Lacayo, Francisco Herrador, Blas Orozco, Doroteo Alvarenga, Vicente Hoyos, Antonio Rivas, José María Cornejo, Joaquín San Martín, Guillermo Perk (inglés), Juan Lindo —que después rectificó—, Mariano Rivera Paz, Pedro Nolasco Arriaga, Vicente Herrera, secretario de J. A. Pinto, en los días aciagos del 11 al 15 de septiembre, enemigo feroz cuya actitud de traidor conservó a través de su vida, según don Lorenzo Montúfar.

V
Reacción a la muerte del General Morazán

Depositados los restos gloriosos de Morazán y Villaseñor en la fosa, ocho días después fueron desenterrados por el padre Blanco, para ratificar la realidad de su muerte; pero si su desaparición del seno de los vivos quedó confirmada, no sucedió lo mismo con las ideas que sustentara, las que tuvieron mayor fuerza después de su martirio.

Tal se patentizó al dar asilo el Gobierno salvadoreño a los 206 morazanistas conducidos por el General Isidoro Saget, en el vapor Coquimbo, desembarcados en el puerto de La Libertad, en diciembre de 1842, haciendo caso omiso de la expresa negativa de los gobiernos de Guatemala y Honduras.

En los años subsiguientes, las ideas fueron cambiando, al grado de canalizarse nuevamente el ideal de la federación, mediante convenciones, firma de pactos de amistad y de comercio, etc.

En corroboración de este cambio en las ideas, el Gobierno de Costa Rica, con fecha 6 de noviembre de 1848, dictó un decreto para la exhumación de los restos del General Morazán, los cuales fueron enviados en el vapor Chambon a la República de El Salvador y recibidos en el puerto de Acajutla, el 31 de enero de 1849, por la Municipalidad de Sonsonate, de acuerdo con instrucciones emanadas de San Salvador.

El señor Ministro de Relaciones Exteriores de Costa Rica, don Joaquín Bernardo Calvo, decía en la nota de remisión al de igual clase de El Salvador, don Juan José Bonilla:

"El General Presidente de esta República, deseoso de honrar la memoria del BENEMÉRITO GENERAL FRANCISCO MORAZÁN, y de contribuir de alguna manera a que el Gobierno de ese Estado satisfaga su deseo de conservar en esa ciudad capital las cenizas de tan ilustre centroamericano, expidió el decreto adjunto..."

El Gobierno de El Salvador ordenó la construcción de un mausoleo en el Cementerio General, para guardar las cenizas del General Morazán y de su esposa doña Josefa Lastiri, después de tributarles los honores impuestos por el cariño, la admiración y las leyes militares.

Y así como tales fenómenos de acercamiento se producían entre El Salvador y Costa Rica, se produjeron entre Honduras, El Salvador y Nicaragua, de acuerdo con la ligera sinopsis que haremos.

Rota la Federación, se establece en Chinandega una Convención, el 17 de marzo de 1852, con delegados de Honduras, Nicaragua y El Salvador para la Confederación Centroamericana; pero ese intento fracasa por la oposición sistemática de Carrera, como fracasó la Dieta de Nacaome, el 6 de julio de 1847, y la iniciada por Doroteo Vasconcelos, que termina con la derrota de las huestes unionistas en La Arada (1851).

Quedaron sin efecto las resoluciones de la Asamblea Constituyente con representantes de Honduras, Nicaragua y El Salvador, reunida en Tegucigalpa, el 13 de octubre de 1852, por haber declarado insubsistentes los pactos los dos últimos países.

Otra iniciativa por la fuerza, bajo los auspicios del Capitán General don Gerardo Barrios, en 1863, a la que ayudó el Senador Montes de Honduras, terminó con la pérdida de la guerra por parte de los unionistas.

Quedó igualmente sin resultados prácticos el Congreso de Plenipotenciarios reunido en Amapala, el 7 de febrero de 1872, para reconstruir la Unión de Centroamérica, por la guerra que le hizo el Mariscal Santiago González al General José María Medina, sustituyéndolo por el Dr. don Céleo Arias.

Por otra parte, nuevas tentativas por medio de la fuerza o mediante tratados quedaron sin efecto, como el decreto proclamando la Unión de Centroamérica por el General Justo Rufino Barrios, el 28 de febrero de 1885; la República Mayor, en 1898, por el golpe de Estado que dio el General Tomás Regalado; el Pacto de la Unión de Centroamérica, en 1918, a iniciativa del Presidente de Honduras, Dr. Francisco Bertrand; así como quedó burlado el de 1921.

No obstante la relación de los fracasos en pro de la unión de estos países, se ha visto en diversas épocas manifestarse la solidaridad para defender intereses comunes y en pro de un trabajo sistemático para la Federación.

Tal se observa en la preocupación por expulsar a los filibusteros que se habían apoderado de Nicaragua, acudiendo todas las repúblicas centroamericanas a la defensa común hasta desaparecer el peligro.

Tal se pone de relieve al celebrar los Tratados de Paz y Amistad y la Convención Adicional, en Washington, el 20 de diciembre de 1907, en los cuales se estableció el funcionamiento de una Corte de Justicia Centroamericana y una Oficina Internacional: la primera con residencia en Cartago, Costa Rica, y la segunda en la Ciudad de Guatemala; fuera de otras convenciones relativas al establecimiento de un Instituto Pedagógico Centroamericano y estudios para la unificación de moneda.

VI
Homenajes a Morazán

Es notorio que la juventud centroamericana, a quien legara el General Morazán la tarea de reunir nuevamente las fracciones istmeñas en un solo bloque, se ha producido con gallardía en los aniversarios del ilustre caudillo.

Historiadores, escritores, oradores, poetas, cuantos han tenido su turno, han sabido elogiar el desinterés y el espíritu de sacrificio que presidieron los actos del General Morazán, escuela que perduró en el corazón de los amigos que le sobrevivieron, como lo demuestran los Vasconcelos, los Cabañas, los Barrios, etc.

Pero entre todos esos actos sobresalen aquellos en que fueron recibidos los restos mortales del General Morazán en El Salvador (1849), y al erigírsele una estatua en la capital de la misma república en 1882, y al celebrarse el centenario de su nacimiento en 1892.

Ya nos referimos al primero en otra parte; vamos a ocuparnos del tercero.

En el centenario del nacimiento del General Morazán, el Gobierno y el pueblo salvadoreños se apresuraron a testimoniarle, una vez más, sus devociones de admiración y simpatía.

El fausto acontecimiento se rememoró con dianas y marchas militares tocadas por las bandas de música, izando la bandera en los edificios públicos, engalanando estos, al igual que los particulares, con banderolas, gallardetes y cortinas; con una imponente parada militar y desfile de tropas por las calles de la capital.

Hicieron uso de la palabra en los lugares apropiados tanto las personas designadas previamente como aquellas que se sintieron inspiradas por el patriotismo y por el recuerdo de las proezas legendarias del héroe, como rezaba el programa.

Al mismo tiempo, se obsequiaba a la concurrencia, se oía el estampido del cañón cada cuarto de hora, y las escuelas entonaban en las plazas himnos nacionales y guerreros, al igual que uno dedicado expresamente a Morazán, terminando el festival con una retreta en los parques y una velada en el Teatro Nacional.[4]

El Gobierno del General José María Reina Barrios, al declarar día de fiesta nacional el 3 de octubre de 1892, lo considera "como una de las figuras más prominentes del Istmo Centroamericano, al cual dio unidad y verdadera representación política".[5]

En la misma época se escribieron artículos laudatorios en las otras repúblicas, considerándolo como una gloria nacional en Guatemala y como un Benemérito en El Salvador.

Sin tiempo para escribir una nota bibliográfica sobre Morazán, anotamos los nombres de escritores, historiadores, oradores y poetas que recordamos.

Entre los poetas, están los siguientes: Juan J. Cañas, Carlos Bonilla, Francisco Castañeda, Calixto Velado, Miguel Plácido Peña, Joaquín Aragón, José María Gomar, Alfonso Espino, José Antonio

---

[4] El mausoleo erigido en el Cementerio General fue destruido por los terremotos de 1873; con tal motivo, el Gobierno Salvadoreño ordenó, el 15 de mayo de 1880, la construcción de un monumento en la parte central del cementerio, que fuera digno de Morazán.

[5] El 15 de marzo de 1882, el Gobierno de El Salvador inaugura una estatua mandada a erigir al General Morazán.

El 27 de agosto de 1882, decreta el Gobierno de Honduras, bajo el Dr. Marco A. Soto, "se levante una estatua ecuestre, de bronce, al BENEMÉRITO GENERAL FRANCISCO MORAZÁN".

Por decreto de 20 de noviembre de 1882, el Presidente de Honduras ordena la construcción de un parque en el puerto de Amapala, con el nombre de Parque de San Salvador, para colocar la estatua de Morazán, regalada al pueblo de Honduras por el de la República de El Salvador.

Por decreto de 15 de septiembre de 1887, el Presidente de Costa Rica, don Bernardo Soto, emite un decreto para "formar en la plaza La Laguna un parque que se llamará de Morazán". El cumplimiento de esta disposición correspondió al Ministerio de Fomento, del cual era Secretario el Dr. Cleto González Víquez.

Con fecha 19 de noviembre de 1887, emitió un decreto la Asamblea Constituyente de la República de Guatemala, para que en la Plaza de Armas de la capital se erigiera un monumento digno de la memoria de los Generales Francisco Morazán, Justo Rufino Barrios, Gerardo Barrios, Trinidad Cabañas y Máximo Jerez.

El 1° de agosto de 1927, la Municipalidad de San Pedro Sula aprobó el contrato para la erección de un pedestal sobre el cual se colocaría la estatua de Morazán.

Desde el 15 de septiembre de 1942, el Parque Central de Managua se llamará Parque Morazán, y en la parte céntrica ostentará un busto del héroe.

El puerto de Nacascolo, en el Estero Real, hace 304 años que lleva el nombre de Morazán.

Save, Rafael Ortiz Olmedo, Manuel Delgado, Francisco A. Gavidia, salvadoreños; V. J. Morales, Joaquín Méndez, guatemaltecos; Félix A. Tejeda, Miguel Solís Martínez, Jeremías Cisneros, José A. Domínguez, Juan Ramón Molina, Froylán Turcios, Alonso A. Brito, hondureños; Rubén Darío, nicaragüense.

Entre los oradores: Salvador G. Hernández, Enrique Maratti, Manuel J. Barriere, Antonio G. Valdez, Álvaro Contreras, Rafael Zaldívar, Luciano Hernández, Pablo Buitrago, Cruz Ulloa, Jerónimo Zelaya, Adolfo Zúniga, centroamericanos.

Entre los escritores: José María Vargas Vila, colombiano; Jacinto López y Nicanor Bolet Peraza, venezolanos; Tomás Estrada Palma, cubano; Cleto González Víquez, Montero Barrientos, costarricenses; Ramón A. Salazar, N. F. Lara, Virgilio J. Valdez, Ricardo Moreno Batres, Antonio Grimaldi, José A. Beteta, guatemaltecos; J. M. Cáceres, Alejandro Alvarado Quiroz, se nos han dado como salvadoreños; Carlos Alberto Uclés, Ramón Rosa, Marco A. Soto, Salvador Turcios, Ernesto Alvarado García, Pedro Rivas, Rafael H. Valle, etc., hondureños; Profesor Luis Chávez Orozco, mexicano; Stephen, inglés.

Entre los historiadores: Lorenzo Montúfar, guatemalteco; Rafael Reyes, salvadoreño; Rómulo E. Durón, Félix Salgado, Esteban Guardiola, hondureños; José Dolores Gámez, nicaragüense.

Han escrito biografías sobre Morazán: Liberato Moncada y Eduardo Martínez López, hondureños; Rafael Reyes, salvadoreño; y Joaquín Rodas M., guatemalteco.

Hablan de los sucesos desarrollados durante la época de Morazán: don José Milla y Vidaurre, Noticias biográficas sobre don Manuel Francisco Pavón; doctor Alejandro Marure, Efemérides; Manuel José Arce, Manuel Montúfar y Coronado, Miguel García Granados y Diego Vijil, Memorias. Morazán escribió un Manifiesto en David, Colombia; sus Memorias, para contestar aseveraciones de sus adversarios; y su Testamento. (5)

VII

Reflexiones finales

Al conmemorar el primer centenario de la muerte del General Francisco Morazán, cuando se han depurado los hechos y establecido la participación que cupo a los federalistas y a los enemigos de la unión, a los partidarios de la independencia y a los que deseaban continuar unidos al yugo de la Madre España; a los que procuraban formar una nación fuerte y digna de aparecer en la constelación de los astros libres, y los que querían medrar en el pequeño solar; al conmemorar tal acontecimiento, al cabo de una centuria, bien podemos emitir juicios cercanos a la imparcialidad.

Si se examina la cadena de sucesos desde la elección del General Manuel José Arce para la Presidencia de Centro América y su golpe de Estado; el restablecimiento constitucional mediante la intervención armada de las tropas de El Salvador, Honduras y Nicaragua, bajo las órdenes del General Morazán; en seguida, el conjunto de disposiciones renovadoras dictadas por el Gobierno Federal para terminar con los diezmos y fueros eclesiásticos, implantar la libertad religiosa, establecer el matrimonio civil; luego las luchas con las oposiciones del medio y aun de la naturaleza, al hacer erupción el volcán de Cosigüina el 20 de enero de 1835, fenómeno que sirvió de pretexto a los adversarios para iniciar propaganda en pro de la guerra que estalla en Guatemala dos años después, con motivo de la epidemia del cólera; y antes de esto, la muerte del Sabio Valle, cuando había resultado electo para ejercer la Presidencia de la República, cuya actuación habría servido admirablemente a los intereses de la Federación.

Y, más tarde, cuando Morazán termina su segundo período en la más alta magistratura de Centro América, en vista de la anarquía reinante, toma la determinación de expatriarse voluntariamente, en unión de 23 correligionarios y amigos, para dejar el campo a sus adversarios políticos, a fin de que reconstruyan la Patria Grande, y, finalmente, volver del ostracismo llamado por sus amigos, que veían en peligro la integridad territorial de Honduras y Nicaragua, y los males que ocasionaban las dictaduras de Guatemala y Costa Rica, y su influencia nociva sobre El Salvador.

Si observamos con entera imparcialidad, habremos de convenir que todavía se encuentran en pie las acusaciones que hizo el General Morazán en el Manifiesto de David, en su Testamento y en sus Memorias.

(Boletín de la Biblioteca y Archivo Nacionales, 1942).

TENIENTE CORONEL ARMANDO ESCALÓN

El Teniente Coronel Armando Escalón nació el 7 de septiembre de 1924, en Tegucigalpa, D. C. Es hijo de don Roberto Escalón Streber y de doña Agustina Espinal Velásquez.

El actual Comandante de la Fuerza Aérea Hondureña verificó sus estudios primarios en las escuelas "Álvaro Contreras" y "América Central", pasando después al Instituto Nacional, en donde cursó estudios de Bachillerato.

Ingresó al Ejército como Cadete de Vuelo en 1943, retirándose por cierto tiempo; ingresó nuevamente en enero de 1946. Recibió Diploma de Aviador Militar, con el grado de Subteniente, en el año de 1947.

Ha desempeñado varias misiones, dentro y fuera del país, hasta escalar el puesto de Subcomandante de la Fuerza Aérea Hondureña, siendo ahora Comandante de la misma.

Ascensos: Subteniente, en 1947; Teniente, en 1949; Capitán, en 1952; Mayor, en 1955; Teniente Coronel, en 1956.

CAPÍTULO XIII: PREPARANDO LA VIDA CIVIL AMERICANA PARA LA GUERRA

De un artículo de Harold J. Tobin, Profesor de Ciencias Políticas en el Dartmouth College, publicado en Foreign Affairs, extractamos algunos conceptos de la traducción que se nos ha hecho.

Comienza el autor diciendo:

"Los Estados Unidos están construyendo otra vez una máquina de guerra. Los presupuestos del Ejército y la Armada son los más grandes en la historia del país, si se exceptúan los períodos bélicos. A diferencia de los Estados totalitarios, los Estados Unidos no pueden instituir una economía de guerra en tiempo de paz. Los proyectos, por consiguiente, no pueden ir más allá de preparar una transición eficiente del plan normal de la vida política, económica y social, a otro conforme al cual la máquina militar pueda alcanzar su máxima efectividad cuando en realidad venga la guerra."

Luego menciona las secciones encargadas de los preparativos militares dentro del Departamento de Guerra, denominadas: Ramo de Proyectos en la Oficina del Secretario Auxiliar de Guerra, el Colegio Industrial del Ejército y el Consejo de Municiones del Ejército y la Armada.

A continuación explica:

"Desde la guerra mundial, el Ramo de Proyectos ha estado elaborando el trazo de un Plan de Movilización Industrial. La tarea de adiestrar el personal necesario para la ejecución de dicho plan, en todos sus vastos detalles, recae en el Colegio Industrial del Ejército, organizado en 1924. En esta institución se enseña, en cursos anuales, a sesenta oficiales del Ejército, la Armada y la Marina, los principales métodos de los planes económicos. La responsabilidad de mantener al día el Plan de Movilización Industrial corresponde al Consejo de Municiones del Ejército y la Armada, a cuya cabeza están los Secretarios Auxiliares de Guerra y Marina."

Habla enseguida de las Divisiones del Consejo de Municiones del Ejército, clasificándolas así: División de Productos, de Fuerza Motriz y Combustibles, de Transportes, Legal, y de Enlaces de Procedimientos. Contempla el caso de una guerra en menor escala y el de otra de mayores proporciones, exponiendo las medidas pertinentes que han de tomarse en uno y otro caso. El segundo aspecto considera la movilización de un contingente de tropas de uno a cuatro millones de hombres.

Estudia, en otra parte, los artículos y materias primas que faltan del todo en Estados Unidos o que, si se dispone de regular existencia en tiempo normal, puedan agotarse en el de guerra. Denomina a los primeros artículos estratégicos y a las segundas materias primas críticas. Los primeros han sido reducidos a diecisiete. Examina la manera de resolver el problema en sus dos aspectos.

En cuanto a los artículos manufacturados, se han seleccionado 10 mil fábricas que pueden ponerse a trabajar en beneficio del Ejército poco tiempo después de notificárseles la necesidad de sus productos, facilitándoseles los medios para ensancharlas, al igual que la adquisición de materias primas.

El estudio de los transportes se basa en la consideración de que los ferrocarriles constituyen la espina dorsal del sistema. Esto se dejará en manos civiles.

Se consideran las medidas que han de tomarse para controlar las contratas de provisiones, a fin de evitar los retardos y solucionar las dificultades que pudieran presentarse por los compromisos anteriormente contraídos de las fábricas con particulares.

Para la utilización del personal, se adoptarían medidas preliminares mientras se llega a las concernientes al servicio militar obligatorio, en caso de una guerra en gran escala. Se haría uso así del enganche y se utilizarían las agencias de colocación.

En cuanto a la publicación de noticias, se utilizarían medios semejantes a los practicados durante la guerra mundial. La prensa se abstendría de dar informaciones militares perjudiciales al Ejército, e igual conducta seguirían las radiodifusoras y los cines.

Dentro de las disposiciones que habrían de tomarse, hay ya muchas que han sido otorgadas al Presidente de la República.

Fuera de lo expuesto, se notan dos deficiencias capitales en el Plan del Consejo de Municiones, a saber: la ausencia de toda disposición para el financiamiento de la guerra y la falta de preparativos para el período de neutralidad, que media entre el rompimiento de una guerra general extranjera y la probable entrada de los Estados Unidos en ella.

En los planes de que hemos hablado se dará participación a los elementos civiles, para lo cual se estudia, desde el presente, los grupos especiales entre los cuales se han de distribuir las funciones que les competan en tiempo de guerra.

LA DEFENSA DE AMÉRICA

"Nos debemos precaver siempre contra aquellos que, a son de bombo y platillo, predican la doctrina del apaciguamiento.

Todo realista se da cuenta de que, en los momentos actuales, el régimen democrático de vida se ve atacado directamente en todas partes del mundo, ya sea por las armas, ya sea por diseminación secreta de propaganda ponzoñosa por parte de aquellos que tratan de destruir la unión y promover la discordia de las naciones que todavía están en paz.

La primera fase de la invasión de este hemisferio no sería el desembarco de tropas de línea. Los puntos estratégicos necesarios serían ocupados por agentes secretos y por incautos que se hubiesen dejado engañar, y un gran número de ellos se encuentran ya entre nosotros y en la América Latina."

(Párrafos del mensaje de F. D. Roosevelt al Congreso de los Estados Unidos, el 6 de enero de 1941.)

"Los profetas de la ruina de la democracia americana han visto que sus aciagos vaticinios no llegaron a cumplirse.

La democracia no está en trance de muerte.

Lo sabemos, porque la hemos visto revivir y crecer.

Sabemos que no puede morir porque descansa en la libre iniciativa individual de hombres y mujeres unidos en una empresa común, que han acometido y realizado mediante la expresión libre de una libre mayoría.

Lo sabemos, porque de todas las formas de gobierno, sólo la democracia es capaz de alistar la fuerza total de la voluntad ilustrada del hombre."

(Párrafos del discurso del Presidente Roosevelt al tomar posesión, por tercera vez, del Poder Ejecutivo.)

Para el estudio de la defensa del Continente Americano, precisan conocimientos exactos sobre geografía general, militar, comercial y económica, lo mismo que de sus antecedentes históricos y sus enlaces con la política, la estrategia y la táctica; panorama amplísimo que no sería posible abrazar dentro del marco de un artículo de periódico. No obstante, como es indispensable un preámbulo para llegar al fin que nos proponemos, vamos a destacar los aspectos de mayor trascendencia.

La geografía general muestra los contornos e interiores de los países. La América comprende la tierra firme y la insular. La primera abarca las regiones del Norte, Centro y Sur; la segunda destaca, especialmente, el archipiélago antillano, que avanza hacia el Atlántico como una defensa natural del continente.

El conjunto representa el 7.8% de la superficie terráquea y el 13% de su población. Sus actividades se desarrollan en los océanos Atlántico y Pacífico, Ártico y Antártico. Es una tierra privilegiada, en donde bien puede suponerse que se asentó el Paraíso Terrenal, dadas sus bellezas y los infinitos bienes de que la ha dotado la Naturaleza.

Por su extensión superficial, se distinguen las repúblicas siguientes:

	Kms. cuadrados
EEUU (sin sus posesiones coloniales)	7.827.982
Brasil	8.516.037
Argentina	2.794,024
México	1.964.649
Perú	1.249.049
Colombia	1.139.155
Bolivia	1.069.094

Por su población:

	Habitantes
Estados Unidos	152.600.000
Brasil	50.000.000
México	24.000.000
Argentina	17.000.000
Colombia	11.000.000

	Habitantes
Perú	8.000.000
Chile	6.000.000
Cuba	5.200.000

Entre las capitales que pasan de 800 mil habitantes, son dignas de mención:

	Habitantes
Buenos Aires	3.000.000
México	1.800.000
Río de Janeiro	2.000.000
Santiago de Chile	1.200.000
Wáshington	802.000
Montevideo	850.000
Lima	800.000
Habana	800.000

La geografía militar estudia el territorio desde el punto de vista de sus líneas defensivas, ofensivas y utilizables para el estacionamiento o movimiento de los elementos de boca y guerra. Considera muy especialmente las líneas estratégicas naturales y artificiales.

Entre las primeras son dignas de consideración las cadenas montañosas, como los Andes, y las sierras que se desprenden de ésta, penetrando al interior de las repúblicas, algunas de las cuales se acercan a las costas atlánticas. Entre las corrientes de agua, vale la pena estimar en todo su valor el Amazonas, La Plata, Misisipi y San Lorenzo.

Las líneas estratégicas artificiales son de gran trascendencia para la movilización, concentración y transporte de tropas. Entre ellas se destacan los ferrocarriles que unen ambos mares, como los de Estados Unidos, México, Guatemala, Costa Rica, Panamá, Chile y Argentina; así como las otras vías de carreteras o combinadas con vías fluviales, como las de Honduras, Nicaragua, Panamá y las futuras de Colombia.

Entre los puntos estratégicos sobresalen las capitales de las repúblicas americanas y sus puertos de mayor movimiento.

De la importancia de estas líneas y puntos estratégicos hay elocuentes ejemplos en la historia militar contemporánea. Durante los eventos de la guerra ruso-japonesa, el oso moscovita perdió la partida debido a lo deficiente de la línea del Transiberiano. El transporte de las tropas duraba de 17 a 18 días con sus noches, desafiando las tempestades, las nevadas y otras causas de interrupción del tráfico.

En la actualidad, esa línea ha sido objeto de modificaciones de importancia y quizá se ha duplicado o cuadruplicado su servicio; pero, aun así, siempre tendrá en su contra a la Naturaleza, porque —según el decir de los habitantes del lugar— "en Siberia solamente manda Dios".

Todo esto desafía las viejas pretensiones rusas, simbolizadas en la fundación de Vladivostok, puerto accesible durante todo el año, amplio, profundo y abrigado, que significa "la dominación de Oriente". Idea concebida por los cosacos al cruzar el Ural en 1580, conducidos por el atamán Iermak, venciendo a los tártaros, y con la captura de su capital Sibir, de donde se deriva Siberia, nombre que dio a la región. Esa dádiva fue recibida por Iván IV, y sus sucesores continuaron el avance en 1644 hasta el Amur, conquista que redondearon en 1858, poco después de la guerra de Crimea.

La geografía militar estudia los valles, y en ese campo existen muchos de importancia, tanto en la pampa argentina y chilena, como en el encajonamiento entre volcanes del Ecuador a Bolivia, en las regiones del Apure en Venezuela, de la Meseta Central en México y de las planicies sureñas de los Estados Unidos.

Hay que recalcar la importancia del Golfo de México, del Mar Caribe, de la Bahía de California, del Mar de Bering, del Estrecho de Magallanes y del Canal de Panamá.

LA GEOGRAFÍA COMERCIAL Y ECONÓMICA

Por la geografía comercial y económica conocemos los productos vegetales y animales, y por ende el volumen de su importación y exportación.

Entre esos artículos sobresalen: café, azúcar, trigo, maíz, avena, cacao, tabaco, cebada y arroz, del reino vegetal; hierro, cobre, plomo, estaño, oro, plata, petróleo, salitre y yodo, del reino mineral; lana, carnes conservadas, queso y mantequilla, del reino animal.

Por su comercio de importación y exportación, América ha disputado a Europa el primer lugar. La importancia de su marina comercial continúa creciendo de un año a otro.

Por su historia, América registra los acontecimientos militares que dieron origen a su dominio y liberación, fuera de algunos internacionales y de luchas intestinas. Estos actos guerreros, involucrados en la historia militar desde la independencia hasta la fecha, no han sido estudiados debidamente.

La participación de la estrategia, táctica y logística, en sus aplicaciones continentales, no es para decirse en cuatro palabras. No quiere decir esto que no puedan apreciarse los lineamientos generales de una defensa cuando se dispone de tropas de las diversas armas, que pueden actuar tanto en tierra como en la superficie del mar y bajo de él, así como en la atmósfera. La multiplicidad de vías de comunicación facilita el transporte de toda clase de elementos de guerra.

Es evidente que han de dictarse algunas medidas que rezan con la unificación del mando y del armamento. Estas medidas se han tratado en las conferencias de cancilleres, y no tenemos que opinar sobre ellas.

El establecimiento de bases militares, de centros de abastecimiento, de puntos de observación, y de la acumulación de materiales estratégicos, en los cuales han de involucrarse hasta materias alimenticias, son indicaciones de carácter general que ya han de haber sido consideradas en los estados mayores de las repúblicas americanas.

II
LA POLÍTICA DE LA GUERRA

Llegamos al punto más escabroso de estas impresiones: nos referimos a la política de la guerra. Es una materia digna de consideración durante la paz, que tiene que ver con las alianzas y la acumulación de los medios defensivos y ofensivos.

Alemania se preparó durante muchos años para volver a ocupar su puesto de guerra después de la desaparición de Federico el Grande. Supo, por propia experiencia, que los laureles guerreros de aquel perito militar debían continuarse manteniendo, pero no solamente con la propaganda, sino trabajando en el campo de maniobras.

Su fracaso en las célebres batallas de Jena y Auerstädt, campaña napoleónica de 1806, le hizo comprender que debía rehacerse tanto en la cabeza como en los miembros.

Su persistencia le permitió enderezarse un poco en 1815, y su constancia en el trabajo reorganizador la llevó a triunfar en las campañas posteriores de 1864, 1866 y 1870, contra Dinamarca, Austria y Francia, respectivamente. Pero de nuevo se durmió en sus laureles y hubo de fracasar en las dos guerras mundiales. La historia de esas campañas encierra muchas enseñanzas acerca de la política de la guerra.

Las derrotas enseñan muchas veces más que las victorias. La preparación para la guerra es uno de los capítulos más importantes de la política. La previsión de los elementos defensivos y ofensivos, la acumulación de valores físicos e intelectuales, y su acomodo dentro de un organismo, es la línea seguida por el Príncipe Bismarck y el genio en las campañas napoleónicas.

En América hay figuras sobresalientes como Monroe, Lincoln, Wilson y, sobre todo, Franklin Delano Roosevelt; en México, Benito Juárez; en Centroamérica, Francisco Morazán; en la América del Sur, Simón Bolívar y José de San Martín.

De todos los estudiantes de historia americana, es bien sabida la actuación de esos hombres y de muchos otros que cooperaron en las distintas repúblicas. Por nuestra parte, queremos destacar la figura providencial de Franklin Delano Roosevelt, que supo prever y actuar en defensa de las Américas y de otros continentes.

En su discurso del 13 de diciembre de 1936, en Buenos Aires, después de mencionar la situación difícil del viejo continente, en donde se vislumbraba una guerra, y de la necesidad de evitarla —porque la guerra perjudicaba doquiera que apareciera—, decía:

"La paz viene del espíritu y debe basarse en la fe.

Al buscar la paz, quizá sea mejor empezar por proclamar altamente la fe de las Américas; la fe en la libertad y su realización, que ha demostrado ser, en medio mundo, una fortaleza inexpugnable a todo ataque."

Y en otra parte agregaba:

"Para terminar, al expresar nuestra fe en el Hemisferio Occidental, afirmamos que mantenemos y defendemos la forma democrática de gobierno representativo y constitucional.

Que por medio de esa forma de gobierno podemos ofrecer una mayor distribución de cultura, de educación, de ideas y de libre expresión del pensamiento.

Que por ese medio podemos conseguir mayor seguridad de vida para nuestros ciudadanos y mayor igualdad de oportunidad para alcanzar su prosperidad.

Que por este medio podemos fomentar mejor el comercio y el intercambio artístico y científico entre las naciones.

Que nos permite eludir la rivalidad en materia de armamentos, evitar rencores y promover la buena voluntad y la verdadera justicia.

Que por ese gobierno podemos ofrecer esperanzas de paz y de una vida de mayor abundancia para los pueblos del mundo entero.

La fe de las Américas está, pues, en el espíritu: la organización y la fraternidad de las Américas serán invulnerables mientras las naciones que las componen mantengan ese espíritu."

En el discurso del 14 de abril de 1939, Día de las Américas, dijo:

"Por ejemplo, en ocasión de una visita que hice el verano pasado a nuestro buen vecino, el Dominio del Canadá, declaré que los Estados Unidos lo defenderían si alguna vez fuera atacado de allende los mares.

Igualmente, en Lima, en diciembre de 1938, las veintiuna naciones americanas formularon una declaración conjunta al efecto de que coordinarían sus esfuerzos comunes para defender la integridad de sus instituciones contra cualquier ataque directo o indirecto."

De su magnífica pieza del 12 de octubre de 1940, Día de Colón, en Dayton, Ohio, extractamos:

"Cuando hablamos de defender el Hemisferio Occidental, no nos referimos únicamente al territorio del Norte, del Centro y de Sudamérica y a las islas adyacentes; incluimos también el derecho de usar pacíficamente ambos océanos, el Atlántico y el Pacífico. Tal ha sido nuestra política tradicional.

Hemos de ser UNO PARA TODOS Y TODOS PARA UNO.

Así se adoptó la declaración por la cual el Nuevo Mundo se propone mantener colectivamente la libertad que es base de su fuerza.

Fue la culminación de la Política del Buen Vecino, la prueba de aquella frase de Alberdi, el famoso argentino de ascendencia italiana, que al referirse a las Américas afirmó:

"EN UN GRAN SISTEMA POLÍTICO, LAS PARTES VIVEN DEL TODO Y EL TODO DE LAS PARTES."

Y por esto nos armamos, porque —repito— esta nación quiere mantener la guerra alejada de las Américas; porque todos nosotros estamos decididos a hacer todo lo posible para mantener este hemisferio en paz; porque una gran fuerza armada es el único medio práctico de realizar nuestros anhelos de paz y evitar que nos veamos envueltos en ella o arrastrados a su horror."

CAPÍTULO XIV: JOSÉ DE SAN MARTÍN (1778-1850)

I

Ha llegado a nuestras manos el folleto intitulado "El Libertador San Martín", de la escritora argentina Isabel Perfilio de Ramírez, obsequiado gentilmente por el caballero Pablo Labombarda, Director de la Biblioteca Pública adscrita al Círculo Tolosano de La Plata. Allí destaca la actuación del General San Martín en la Independencia de Argentina, Chile y Perú; bosqueja la entrevista de Guayaquil, su retiro de la política militante, copia de documentos que subrayan las causas fundamentales de su separación, y ligeras pinceladas de los últimos días que pasó a orillas del Canal de la Mancha.

La factura es buena, salvo algunos toques que conviene callar en nombre de la fraternidad continental, por lo cual vamos a sumar su información a la nuestra, para refrescar en los lectores sus noticias acerca del gran abanderado de las libertades australes.

El General José de San Martín nació en el pueblo de Yapeyú, provincia de Misiones, en 1778; se educó en un colegio militar de la Madre Patria, en donde mereció los galones de Subteniente a la edad de 15 años. En 1808 se distinguió en la batalla de Bailén y, cinco años más tarde, como General en Jefe de las tropas argentinas, derrotó a los españoles en el combate de San Lorenzo.

En la Argentina prestó servicios en varias provincias, ora en el ramo administrativo, ora en el militar. Estima que sus actividades deben ser aprovechadas en otro campo de acción; así lo escribe a don Nicolás Rodríguez en 1814, exponiéndole un plan de campaña para combatir a los realistas, perfectamente apegado a la urgencia del momento. Lo diseña con pocas palabras: tomar como base de operaciones la ciudad de Mendoza, cruzar los Andes, caer sobre las tierras bajas, afirmarse en Santiago, formar una escuadra para dominar el Pacífico, organizar una expedición con las fuerzas aliadas para invadir el Perú y asegurar en Lima la independencia sudamericana.

Para llevar a la práctica sus ideas, insiste hasta conseguir su traslado a Mendoza, región poco desarrollada, pero que, mediante el estímulo de la acción administrativa del Gobernador San Martín, al poco tiempo genera energías y con ellas elementos de boca y guerra, proporciona soldados, recibe y aloja a los emigrados chilenos que cruzan la frontera después de una campaña adversa.

Entre tanto consulta a Buenos Aires, madura planes y redondea la ejecución de su ofensiva. Conoce que las inmensas riquezas agrícolas y minerales, explotadas y por explotar, recrudecen los deseos de los iberos por conservar estas tierras, y que esas mismas fuentes de engrandecimiento son, a la vez, para los americanos, acicate para tender a la independencia.

II

Por esto reconoce que el teatro de la guerra abarca toda la América, dividiéndose y subdividiéndose en múltiples teatros y zonas de operaciones. En vista de estas consideraciones, medita sobre los extremos del plan de guerra, plan de campaña y plan de operaciones. Y comienza por el teatro más cercano, para continuar con el que está al lado, a fin de enlazarlo con los más alejados.

La primera zona de operaciones que se ofrece a su estimación es la que comprende a las Provincias Argentinas. No tiene una noción cabal de su extensión y población, pero sí que se trata de una vasta superficie enmarcada entre el Chaco Boreal y la Tierra del Fuego, los Andes y el Atlántico, regada, en su parte norte, por los caudalosos afluentes del Plata y, en su parte media e inferior, por las corrientes desprendidas de la cordillera, entre otras, por los ríos Colorado y Negro; que tiene una extensa costa accesible a embarcaciones de diferentes calados; quebrantada la economía nacional a causa del sostenimiento de fuertes núcleos de tropas para respaldar la independencia.

El conjunto ofrece una gran vulnerabilidad en puntos y líneas estratégicas, en las bases de operaciones y en las líneas de comunicación. Por el sur, el Estrecho de Magallanes, que tantos galeones españoles ha dejado pasar, bien podría ser cruzado por escuadrillas realistas que vinieran a insultar a los revolucionarios en las costas del Pacífico; del sur viene, también, la enorme cordillera andina, que proporciona hasta las alturas del Golfo de Ancud, en Chile, múltiples pasos para trasladarse de una a otra región.

Adosados a la misma costa chilena existen varios archipiélagos, que pueden servir de bases navales.

Al occidente, como al norte, se encuentran los españoles arma al brazo. La costa chilena tiene gran extensión —hoy sabemos que de más de dos mil kilómetros—, muchas corrientes de agua (más de ciento veinte) que van de oriente a occidente, atravesando una cordillera paralela a la cadena madre que viene del sur; con muchos puertos (pasos en las montañas) entre enhiestas alturas que se exhiben sobre los Andes, caminos difíciles, angostos, encajonados, verdaderos desfiladeros, y el enemigo en la cumbre y al pie de la montaña, en continuos y porfiados reconocimientos militares.

Allí se hallan los españoles ocupando seguras bases de operaciones, puntos estratégicos de primer orden y aseguradas sus líneas de comunicaciones, maniobrando sobre terreno conocido. Allí se hallan núcleos de españoles fogueados, con cierta moral militar por sus recientes triunfos sobre los independientes, invocando quizá los manes de Valdivia y Monroy; este último, principalmente, que sabe llevar un mensaje al Perú y volver a tiempo con el auxilio solicitado.

Al norte se encuentran el Bajo y Alto Perú; este último, especialmente, valladar de los argentinos cuando pretendieron acercarse a sus hogares para darle libertad. Allí están esas regiones montañosas que ostentan valles de hasta doce mil millas cuadradas, por los cuales se puede marchar en compañía de águilas y cóndores, para ir batiendo al enemigo desde el Mercedario al Sorata, del Illimani al Mistí o Arequipa, del Pico de Sahama al cinturón de veinte volcanes de la altiplanicie quiteña, y cruzar los últimos contrafuertes, penetrar por las hondonadas para arribar a la llanura bogotana y estrechar la mano a los libertadores granadinos.

Es aquí, en toda esta inmensa región, en donde el pensamiento no puede penetrar el desarrollo de los grandes acontecimientos militares. Las bases de operaciones se enlazan, las líneas y puntos estratégicos se multiplican, y una sola derrota es suficiente para trastornar la libertad de muchos pueblos. Hay, pues, que caminar mucho y batirse siempre que sea necesario, sin elementos de guerra, improvisando defensas y venciendo todas las dificultades que ofrece la Naturaleza.

Así, nos imaginamos, vislumbraba el teatro de la guerra y los variados teatros y zonas de operaciones el inmortal San Martín, atendiendo a la parte estratégica como a la parte táctica, a la guerra como a la política.

Y después de pesar el pro y el contra de la magna empresa, rechazaba las posibilidades de triunfos al estilo de Hernán Cortés y Pedro de Alvarado, Francisco Pizarro y Diego de Almagro, Fernández de Luque y Jiménez de Quesada, Benálcazar y Pedro de Valdivia, Ayolas y Hernando de Mendoza; y presiente que le son propicios los inmortales Cuauhtémoc y Tecún, Lempira y Atahualpa, Túpac Amaru y Caupolicán, los cuales infundirán nuevas energías a los indomables aborígenes de las montañas bolivianas y llanuras araucanas, para que cambien el arco por el fusil y, con armas iguales, unidos a los mestizos, criollos y zambos, combatan a las huestes españolas.

Así deben haber sido las lucubraciones de aquella potente cerebración, al tener completamente dotados a sus cuatro millares de soldados para emprender la ascensión por las faldas andinas.

III

En el mes de enero de 1817, San Martín está listo para emprender la campaña libertadora. Divide sus fuerzas en dos columnas: una va por el Paso de Uspallata o La Cumbre (12,870 pies sobre el nivel del mar, donde recientemente se inauguró el monumental Cristo de los Andes), que comunica los valles de Mendoza y Aconcagua, en cuya vía de herradura se halla el puente natural, llamado del Inca, sobre la cascada del río Cuevas, con una luz de veinte metros.

La otra columna, bajo las órdenes directas del General en Jefe, escala el Paso de Los Patos (13,200 pies de altura), al norte del Aconcagua, que pone en comunicación los valles de Putaendo y Ligua con el de San Juan.

San Martín había decidido tomar la ofensiva. Estaba en marcha y, por lo tanto, la suerte estaba echada. No obstante, su optimismo y su fe en el triunfo le permiten avanzar con tranquilidad, comunicando valor y serenidad a los soldados.

En ese estado de ánimo se encuentra en Chacabuco, con las fuerzas de Marcó del Pont, comandadas por el General Rafael Moroto. Los españoles son derrotados y, aunque posteriormente logran una victoria en Cancha Rayada, ésta queda anulada por su nueva y definitiva derrota en Maipú. Es una batalla decisiva, y por eso el General San Martín dice en su parte oficial:

"Nada existe del ejército enemigo: el que no ha sido muerto es prisionero. Ya no hay enemigo en Chile."

Pero, a pesar de esa batalla decisiva, la guerra está latente, porque todavía existen realistas en el Perú.

Asimismo, pudo pensar Bolívar después de la decisiva batalla de Boyacá: la guerra no ha terminado, porque todavía hay resistencia en el Ecuador.

Como también pudo haber repetido José de Sucre, después de la batalla decisiva de Pichincha: la campaña no ha terminado, porque todavía hay enemigo al sur, avizorando quizá los laureles de Ayacucho y la epopeya de Junín.

Es por esa idea fija en la completa expulsión de los realistas que el General San Martín reorganiza sus contingentes, los aumenta y se dirige, en unión de expertos jefes, a combatir las columnas del Virrey Pezuela. Del buen suceso de estas operaciones responde la entrada triunfal del General San Martín a la Ciudad de los Reyes, a las márgenes del Rímac, en el mes de julio de 1821.

Allí convoca un Congreso, que le otorga el título de Protector del Perú.

En su nuevo teatro de operaciones, el General San Martín procura fuerzas y pertrechos de guerra, pero no los suficientes para quebrantar la defensa española. Necesita la cooperación de tropas aguerridas que no puede extraer de la retaguardia, porque tiene que mantenerla a cubierto de reacciones y contraofensivas. Además, su base principal, la Argentina, está muy alejada.

Por eso piensa que esos refuerzos pueden venir de una base de operaciones amiga, situada al norte, pero que para cobrar esa ayuda debe adelantar la suya; por lo cual manda al General Sucre la División Santa Cruz, que coopera en la batalla de Pichincha, que liberta al Ecuador.

Posteriormente se embarca para Guayaquil, en donde, durante cuarenta días, permanece San Martín a orillas del Guayas. Allí entrevista a Bolívar, "para reclamarle —dice— los auxilios que pudiera prestar para terminar la guerra del Perú, auxilios que una justa retribución (prescindiendo de los intereses generales de América) lo exigía, por lo que el Perú tan generosamente había prestado para libertar el territorio de Colombia."

Pero de esa conferencia entre los dos libertadores americanos sólo aparece, con claridad meridiana, la separación de San Martín de los campos de la política, su marcha a Lima, en donde renuncia el empleo de Protector, y de allí, por Santiago, Mendoza y Buenos Aires, para establecerse definitivamente en Europa.

San Martín muere en el ostracismo, decepcionado de los sucesos en que le tocó actuar. Lo mismo acontece a O'Higgins, su compañero de armas, como también cupo al Libertador, aunque estos últimos tuvieron la suerte de expirar en tierras americanas.

Así murieron también, amargados en sus últimos instantes, otros libertadores de naciones, como Sucre, asesinado en las montañas ecuatorianas, y los generales Guerrero e Iturbide, en tierras mexicanas. Y más felices, tal vez, por no haber experimentado el azote de la ingratitud y plenos de orgullo porque morían por su patria, los patriotas mexicanos Hidalgo, Allende y Morelos.

Pero entre todos los magnos libertadores americanos, nos parece que el único que sale mejor librado es el inmortal Jorge Washington, y tal debe haber sido su tranquilidad de espíritu, que exclamó, momentos antes de morir:

"El viaje no me causa temor."

La posteridad se ha encargado de enaltecer los méritos de los libertadores, forjando en bronces o esculpiendo en mármoles sus egregias figuras. Iguales o semejantes manifestaciones de reconocimiento se han hecho de aquellos indómitos caciques que supieron ofrendar su vida en defensa de sus hogares durante la conquista.

Y es, obedeciendo a esos mismos dictados de la justicia nacional, que el General San Martín alcanzó su consagración con el monumento que le erigió el pueblo argentino en la ciudad de Buenos Aires, el 13 de julio de 1863, y la repatriación de sus restos en el año de 1880.

("La Época", martes 23 de agosto de 1938.)

CAPÍTULO XV: RESISTENCIA ALIADA

PRIMERA PARTE: GENERALIDADES

Siempre son sugestivos los estudios relacionados con las luchas armadas de los pueblos; y más todavía, cuando estos estudios tienden al conocimiento de los principios de la ciencia de la guerra. En este aspecto, el observador se desnuda de toda pasión sectarista y solamente trata de penetrar al fondo de los hechos para estimar las enseñanzas que se deducen de los aciertos o descalabros.

Es así como Napoleón aconseja el estudio de las campañas de los grandes capitanes, como Alejandro, Aníbal, César, el Príncipe Eugenio y Federico el Grande; es así como alemanes, ingleses, austríacos y rusos toman por modelo los procedimientos tácticos y estratégicos napoleónicos para dificultarle la victoria en las líneas de Torres Vedras, Wagram y en los campos rusos, y vencer definitivamente en las batallas de las Naciones y Waterloo.

Es así como los alemanes imitan la conversión napoleónica en la campaña de 1805 para derrotar a los franceses en 1870, campaña a su vez que sirve de acicate a los franceses para obtener el desquite en la de 1914.

Es por esto, pues, que el militar busca las fuentes de sus conocimientos, ora en los campos de Saratoga y Yorktown, en los de Boyacá y Ayacucho, en los de Maipú y Cuautla, en los de Marengo y Austerlitz, en los de Jena y Auerstedt, en los de Maratón o Cannas, Zama o los Campos Cataláunicos, en los de la Manchuria o en las estepas rusas; porque la enseñanza está en los labios del Mariscal Foch, como en los de Clausewitz, en los de von Moltke, o en los de Rommel, MacArthur, Montgomery, Timoshenko, Chiang Kai-shek, etc.

LA GUERRA ACTUAL

Es evidente que la guerra de mayores proporciones que registra la historia militar es la que se desarrolla en los tiempos actuales, en una superficie de más de cuatrocientos millones de kilómetros cuadrados, y puede combatirse en el aire, sobre la tierra y el mar, y debajo de ellos, con el aporte de casi dos mil millones de seres que pueblan el mundo, y los elementos de boca y guerra cuya cuantía depende tan sólo de la capacidad productora de los terrenos y de las fábricas puestas en acción.

El teatro de la guerra se subdivide en diversos frentes y zonas de operaciones; las masas de combatientes se distribuyen en grupos de ejércitos o pequeñas fracciones asignadas a las exploraciones o a los puestos de combate. Las armas y máquinas de guerra responden a los adelantos de la industria.

Las acciones se desarrollan en campos estudiados previamente, con años de anticipación o menos tiempo, poniendo a contribución la historia y la geografía militares, la estadística y la topografía, la fotografía y los reconocimientos, a fin de que no se escapen los detalles relativos al suelo.

En la preparación de la guerra, algunas potencias utilizaron, a su debido tiempo, la mayor parte de los recursos de que pudieron echar mano, mientras que otras no lo hicieron, confiadas en protestas pacíficas o en sus capacidades técnicas para desarrollar rápidamente todas sus fuentes de energía.

De ahí que los países que se consideraron preparados para iniciar las operaciones determinaran el lugar y la hora en que debía comenzar la guerra.

Es por esta razón que, haciendo a un lado las prácticas tradicionales, naciones como el Japón atacaron a mansalva, sin previa declaratoria de guerra, a los rusos en Chemulpo y Puerto Arturo en 1904; a los chinos en julio de 1937; y a los norteamericanos, ingleses y holandeses en diciembre de 1941.

Y Alemania se lanza sobre austríacos, checos, polacos, daneses, noruegos, yugoeslavos, griegos, belgas, holandeses y rusos; e Italia imita el procedimiento contra Albania, Grecia, Francia y otros países.

Tales agresiones no pueden ser hijas sino del espíritu de conquista que predominó en persas y medos, sumerios e hicsos, egipcios y árabes, al igual que en las tribus nómadas que se derramaron como un torrente sobre el continente europeo para apoderarse de las tierras y destruir o arruinar a los vencidos por medio del fuego, el hierro o la esclavitud.

Pasaron, pues, los tiempos caballerescos en que se invitaba al adversario a disparar primero, y es por esto que los pueblos deben prepararse y vigilar las maniobras de sus adversarios al menor resquemor diplomático.

Y es precisamente por la presencia de ánimo que han demostrado las potencias aliadas ante los ataques sorpresivos de las naciones del Eje, que es digna de admiración y estudio esa defensa; ya que, si es verdad que

"Las Fuerzas Armadas constituyen siempre el factor decisivo para respetar el honor y la integridad nacional",

afirma el señor Presidente del Perú, doctor Manuel Prado, en su último mensaje al Congreso de su patria:

"Pero la eficacia de su acción, dado el carácter técnico y la amplitud de la guerra moderna, depende también de las reservas morales, políticas, económicas, industriales y financieras del país, de donde provienen sus cuadros, sus efectivos, los enormes abastecimientos de todo orden y los recursos para afrontar los ingentes gastos que demanda la lucha.

Sin una sólida organización interior, la acción de las Fuerzas Armadas puede verse paralizada en los campos de batalla y hasta comprometer sus resultados.

La victoria depende, pues, de los que están en los frentes de combate y de los que alimentan ese frente desde el interior; y ella exige la cooperación concurrente de todas las energías de la Nación.

Pero es indispensable organizar y orientar su desarrollo desde el tiempo de paz. Todo debe estar minuciosamente previsto para asegurar la rapidez y la unidad de esfuerzo, que son condiciones esenciales del éxito."

RUSIA

Hay que buscar las bases de la defensa rusa en el potencial de energías acumulado por sus antepasados, al salir victoriosos en sus continuas luchas con la naturaleza y las razas del oeste y del este, que pretendieron reducirlos a la esclavitud o hacerlos desaparecer como factores humanos.

En la época anterior al nacimiento de Jesucristo habitaban las estepas rusas pueblos corajudos, como los escitas, que extendieron sus conquistas al sur de los mares Caspio y Negro. De ahí que fuera tradicional la guerra entre los habitantes de una y otra banda, por lo cual reyes persas como Ciro el Grande, una vez redondeados los límites de su imperio por el Indo, el Golfo Pérsico y el Mediterráneo, pensara en llevar la guerra más allá del Cáucaso, sin ningún resultado favorable; y otros, como Darío I, reanudaran las hostilidades (508 a. de J. C.) a la cabeza de contingentes de diversas nacionalidades, como lo repitiera Napoleón en 1812 y lo imitara Hitler en los tiempos actuales.

Pero esta invasión de Darío I tiene importancia especial por la iniciación de la defensiva rusa, que ha tenido su trascendencia hasta los tiempos actuales.

En efecto, Darío penetra en las estepas rusas con 700,000 hombres; pero sus adversarios no se amedrentan; antes bien, le mandan una embajada con un ave, un topo, una rana y cinco flechas, para significarle —según la interpretación de un sabio de aquellos tiempos— que, si no volaba como ave, o se ocultaba debajo de la tierra como topo, o en el agua como rana, moriría por las flechas de los escitas.

Darío cruza los ríos Don, Dniéster y Bog, y entra en Ucrania. Los escitas se retiran ordenadamente, asolando el país y atacando, con la misma rapidez que los partos a los romanos, la vanguardia, los flancos o la retaguardia de sus adversarios; haciendo una guerra de guerrillas, como más tarde Beltrán de Duguesclín lo practicara contra los ingleses en tierras de Francia, durante la Guerra de los Cien Años, y como lo ejecutan, con mejores elementos, los célebres comandos ingleses en los territorios ocupados por los alemanes.

LA ADOPCIÓN DE TAL DEFENSIVA

La adopción de tal defensiva obliga a los persas a retirarse hacia Tracia y Macedonia, para iniciar sus campañas contra los griegos, como un desquite por su fracaso con un enemigo que los había vencido sin presentar acción.

El plan empleado por los escitas fue sugerido por Memnón de Rodas, años más atrás, a Darío III (pero no lo aceptó), cuando Alejandro Magno penetraba en Asia Menor para terminar con el imperio persa, a consecuencia de las derrotas sufridas por éste en las batallas del Gránico, Isus y Arbela.

Los rusos estuvieron sometidos durante mucho tiempo a los mongoles, pero poco a poco se fueron sustra-yendo de su dominio y, al encontrarse frente a sus destinos la casa Romanoff, uno de sus primeros vástagos, Pedro I el Grande, satisfizo en parte el grito de guerra ruso:

"¡Danos agua, que tierra tenemos bastante!"

mediante la conquista de puertos en el Báltico, anhelo que completó Catalina II con la adquisición de salidas por los mares del Sur.

Pedro el Grande inició la transformación de Rusia al poner en práctica experiencias y observaciones a través de sus viajes por Holanda, Francia, Inglaterra, Austria y Alemania, y vencer la ruda oposición de Carlos XII (1697), al cabo de varios años de guerra, en la batalla de Pultava, para lo cual hubo de organizar ejército, improvisar marina y buscar dinero.

Después de la difícil situación en que se encontró Rusia, a consecuencia de los ataques de Suecia, la primera potencia del Norte de Europa, solamente experimentó nueva crisis en el siglo XIX, en su desafío con Napoleón, y en el presente siglo, a consecuencia de las grandes guerras europeas y asiáticas.

Haremos un ligero bosquejo de la campaña de 1812, para que se aprecien mejor los contornos del plan defensivo que le dio el triunfo.

La defensiva rusa en 1812

Napoleón estaba en el apogeo de su gloria. Se había iniciado en el ataque a Tolón, para continuar de manera más brillante en las campañas de Italia (1796), proseguir con éxito cada vez mayor en las de 1800, 1805, 1806 y 1809.

Sus triunfos estaban resumidos en las célebres batallas de Arcole, Marengo, Austerlitz, Jena, Auerstedt, Eylau, Friedland y Wagram.

Había reformado el mapa de Europa y formado, en la escuela de la práctica, a sus mejores comandantes de división y de cuerpo de ejército.

En la última campaña contra Rusia (1806), se había firmado la paz en Tilsit; pero esto no había acercado, realmente, a los emperadores de Francia y Rusia. Su distanciamiento se fue acentuando día por día hasta que tuvo su colapso en 1812.

Los contingentes, por parte de Francia, fueron los siguientes: 600 mil hombres. De ellos entraron al territorio ruso 300 mil infantes, 70 mil dragones, 30 mil artilleros (para manejar un millar de bocas de fuego), 20 mil no combatientes y 6 equipos de puentes y convoyes de víveres.

Los rusos disponían de cuatro ejércitos, a saber:

I Ejército del Oeste, bajo las órdenes de Barklay de Tolly, de 130 mil hombres;

II Ejército del Oeste, bajo las órdenes del Príncipe Bagratión, de 60 mil hombres;

III Ejército, bajo Tormasoff, de 40 mil hombres; y

IV Ejército de Reserva, al mando de Tchichakof, de 60 mil hombres;

otros destacamentos daban a las fuerzas rusas un total de 400 mil hombres.

PLANES DE CAMPAÑA

Napoleón procuró reunir sus tropas en la margen izquierda del Niemen, mientras llegaba el mes de junio, el más propicio para iniciar las operaciones. Y al franquear esta corriente de agua, piensa seguir su línea de operaciones a Vilna, y de aquí a Moscú, para dictar la paz en dicha ciudad.

Más tarde, desenmascarados los movimientos de ambos adversarios, quiere cortar en dos la línea rusa, delgada y extendida a lo largo de la frontera.

"Desde el punto de vista político —dice el Coronel Vial—, Napoleón se propone reconstruir el reino de Polonia; pero su verdadero punto de vista político es reducir a Rusia al estado de inferioridad en que se encontraba antes de 1807; él, por consiguiente, para su desgracia y para la nuestra, pretende la dominación mundial."

Los rusos, a su vez, quieren preparar un campo atrincherado en Drissa y una cabeza de puente en Borisoff; atraer al enemigo hacia el interior mediante una retirada lenta, combatirlo por retaguardia y flancos, devastar el país y quitar al enemigo todas las comodidades que pudiera tener en los acantonamientos.

"Y cuando Napoleón —dice Vial— esté lejos de su base y de sus refuerzos, cuando haya gastado todas sus energías y vigor, cuando el invierno llegue a prestarles su concurso, entonces Alejandro tomará la ofensiva en todas partes y echará a los franceses de su territorio."

Desarrollo de las operaciones

Napoleón anuncia la guerra en una proclama lanzada a su ejército, en su cuartel general de Thorn, en la cual afirma:

"Los destinos de Rusia van a cumplirse."

Alejandro contesta con otra proclama a sus tropas, invocando el patriotismo y la religión.

Napoleón cruza el Niemen el 24 de junio de 1812, y desde ese momento intenta separar en dos a los ejércitos I y II rusos, pero sin ningún suceso. En ocasiones se detienen las tropas rusas y obligan a las francesas a desplegarse y tomar posiciones de combate, pero acto seguido reanudan la marcha.

No obstante, estas marchas ocasionan 30 mil bajas a los franceses para el 29 de junio y un total de 150 mil en las tres etapas en que puede descomponerse la primera parte de la campaña, sin combates de importancia, a saber: del Niemen a Vilna, de Vilna a Vitebsk, y de Vitebsk a Smolensko.

Las tropas rusas empeñan algunas acciones en las alas y retaguardia, y se retiran en buen orden sobre su base de abastecimientos; entre tanto, los franceses ganan terreno, pero sin destruir las tropas del adversario, alejándose cada día más y más de sus reservas.

En la segunda fase de la campaña, la única batalla de importancia es la de Moskowa o Borodino, el 7 de septiembre, perdida por los rusos, por lo cual se retira Kutúzov, que ya ostenta el mando supremo, más allá de Moscú, y Napoleón penetra a esta ciudad el 14 de septiembre.

En la Moskowa perdieron los rusos el 37% de su efectivo y los franceses el 23%.

En Moscú, se entretiene Napoleón con falsas negociaciones de paz, pues sus enemigos solamente esperan para tomar la ofensiva la iniciación de la retirada y la llegada del invierno. Esta vuelta hacia Francia se principia, al fin, el 18 de octubre.

La retirada

Todavía en Moscú, los franceses cuentan con 100 mil hombres y 600 cañones. Las tropas se distribuyen en cuatro escalones, llevando consigo heridos, enfermos, bagajes y mucha artillería.

Los rusos siguen la retirada de las tropas francesas por retaguardia, flancos y aun procuran interceptarles el paso en varias ocasiones. Pero los aguerridos restos del Gran Ejército se abren paso, ya se trate de la Vieja Guardia, ya del invicto Mariscal Ney o del Príncipe Eugenio.

El 13 de noviembre los franceses llegan a Smolensko apenas con 36 mil hombres, para sufrir nuevas pérdidas en el paso del Beresina y reunirse, ya lejos de Rusia, a orillas del Elba, en un núcleo de 40 mil hombres.

Así, de las fuerzas que penetraron al territorio ruso, 300 mil hombres perecieron víctimas del hambre, el frío y las balas; el resto quedó prisionero.

La campaña había terminado a favor de los rusos

Las enseñanzas que se deducen del sistema defensivo llevado a fondo en este frente, como anteriormente en las líneas de Torres Vedras, Portugal, son de gran importancia. No obstante, tales enseñanzas en nada aprovecharon a Hitler, quizá por no haber penetrado el secreto de la defensa de Stalin.

El Coronel Vial expone los resultados de la defensa rusa de la manera siguiente:

"La expedición a Rusia ofrece uno de los más grandes desastres de la historia.

La guerra se había preparado con grandes gastos, con mucho cuidado y gran previsión; pero las maniobras y las batallas no dieron los resultados acostumbrados. La tenacidad de los ejércitos rusos y la extensión del país paralizaron nuestros esfuerzos. La profundidad de las líneas de operaciones, la dificultad de los aprovisionamientos, la magnitud de la empresa, parecen haber sobrepasado la medida del mismo genio de Napoleón.

Hay que observar, además, que Napoleón se dejó engañar en Moscú por negociaciones simuladas; él, que hasta entonces se había distinguido como un hábil diplomático en la guerra, no comenzó su retirada sino en los primeros días de noviembre, es decir, en una época en que el invierno llega a grandes pasos, aun en nuestros climas.

En fin, todavía hay una enseñanza más en la campaña de 1812. Ella demuestra que una guerra defensiva tiene grandes probabilidades de éxito, aun contra una potente ofensiva, cuando se le conduce con prudencia, método y firmeza; cuando no se compromete el ejército, cuando se retrocede con orden, manteniendo al enemigo lejos de sus puntos de apoyo y de sus refuerzos; cuando se está favorecido por la configuración del terreno y sostenido por el patriotismo de los habitantes. Es lo que hemos visto en un estudio anterior sobre la campaña de Portugal (1810), y es lo que se veía en España en la misma guerra y hacia la misma época."

El secreto de la resistencia de Stalin

Después de la campaña de 1812, Rusia sostuvo otras: la de Crimea, en 1854; contra Turquía, en 1878; contra el Japón, en 1904; la de 1914 y la actual contra Alemania.

Pero ha sido en esta última que se ha puesto de manifiesto su difícil situación, debido al ataque sorpresivo y a la magnitud de los elementos de boca y guerra de que hacía uso el adversario.

El secreto de la presencia de ánimo moscovita y de su capacidad de resistencia se encuentra, desde luego, en una preparación cuidadosa y metódica. Confesamos no tener mayores datos al respecto; no obstante, haremos una pequeña reseña de acuerdo con los informes que han llegado a nuestro poder.

Durante mucho tiempo se dijo que Rusia se preparaba para una guerra mundial; pero ni los curiosos norteamericanos que visitaban el país, ni los empleados de la Gestapo alemana, ni persona alguna de otra nacionalidad pudieron penetrar el secreto de la preparación que se hacía a una distancia de 1,280 kilómetros de Moscú, en el corazón de los Urales, cubriendo una superficie de 1,300 kilómetros cuadrados, región pletórica de hierro, carbón, cobre, manganeso, magnesio, bauxita, plomo, potasa, zinc, petróleo, bosques de gran extensión y miles de hectáreas de tierras apropiadas para la agricultura.

En 1932, Rusia destinó el 56 por ciento de sus ingresos a la industrialización. La magna obra se inició propiamente en 1929, y en 1932, la ciudad de Magnetogorsk, principal centro de estas actividades, contaba con 250 mil almas, costando sus construcciones una suma de dos mil millones de rublos de anteguerra. Una tercera parte de esa cantidad, es decir, 300 millones de dólares, se gastaron en el extranjero.

Durante el presente año, en los Urales, se dispone de siete centrales eléctricas, capaces de generar cuatro mil millones de kilovatios. En Perm, a 1,700 kilómetros del frente, trabaja una de las mayores fábricas de aviones. Hay, en otros lugares, fábricas cuyo número se eleva a un mínimo de veinte.

Hemos extractado los datos anteriores de un artículo publicado en la revista Barron's y suscrito por John Scott, dado a conocer en abril próximo pasado.

Pero lo que no detalla el autor es el medio o los medios de que se valieron los rusos para evitar el conocimiento de esta enorme preparación de guerra a sus vecinos más inmediatos: japoneses y alemanes.

Se dice que los obreros y personal técnico eran conducidos a los campos de trabajo y establecidos en ellos de una manera permanente. Los que se internaban no podían salir. Por otra parte, poco a poco les fueron proveyendo de todo lo que necesitaban y pudiera defenderlos de las bajas temperaturas (45 grados bajo cero) y de enfermedades como el tifus y el paludismo.

En cuanto a la defensa rusa, se ha visto que han seguido, en mayor escala, los mismos procedimientos utilizados contra Ciro el Grande, Darío I y Napoleón.

SEGUNDA PARTE: COMUNIDAD DE NACIONES BRITÁNICAS

RAZAS DOMINADORAS Y GOBIERNO

El núcleo primitivo de este conglomerado de países se denominó Albión o Albián, entre los celtas; Britania, por los romanos; Anglia, en latín; England, en inglés; Gran Bretaña e Irlanda, luego Islas Británicas, a la ampliación de todas, y más comúnmente Inglaterra, con el que se designa, generalmente, no solo la parte meridional de la isla principal, sino todo el Imperio, o sea la Comunidad de Naciones Británicas, que engloba el conjunto de pueblos fundidos en un solo ideal de libertad, cultura y justicia.

Las tierras de la Gran Bretaña fueron habitadas por diferentes razas, entre otras, las bretonas de origen céltico, danesas, noruegas, belgas y anglosajonas, que predominaron.

Los primeros visitantes fueron los fenicios y cartagineses; en seguida se presentaron los conquistadores romanos encabezados por Julio César, quien en su segunda invasión (54 a. de J. C.) desembarcó al sur de la Bahía Sandwich con cinco legiones, dos mil caballos, conducidos por ochocientas embarcaciones.

Establecidos los romanos en la parte meridional, el Emperador Adriano (121) hizo construir una muralla desde la desembocadura del Tyne hasta el golfo Solway, para ponerse a cubierto de las incursiones de los habitantes del norte, pues nunca fueron sometidos todos los pobladores.

Durante la Edad Media, las Islas Británicas comienzan a gobernarse por sí mismas, divididas en pequeños reinos. Compactan la familia británica los reyes sajones Egberto (827) y Alfredo; este último, además, funda la Universidad de Oxford y estimula la navegación.

Continúan en el gobierno reyes sajones y daneses (1013-1066); luego normandos con Guillermo el Conquistador y Esteban de Blois, entre otros (1066-1135); en seguida los Plantagenet (1154-1485); de allí la casa de los Tudor y los Estuardo, con el interregno de Oliverio Cromwell; y, al restablecerse la dinastía en 1702, pasa el gobierno a la casa de los Hannover.

No vamos a ocuparnos de la marina de guerra y mercante de Inglaterra en detalle, sino simplemente a mencionar algunas de sus crisis.

La marina mercante hizo sus primeros ensayos bajo el reinado de Alfredo el Grande, avanzó con mayor empuje en el gobierno republicano de Cromwell, para centuplicarse en el largo período de los descubrimientos y conquistas, siguiendo la trayectoria de fenicios, cartagineses, escandinavos, holandeses, franceses, españoles y portugueses.

Pero su mayor auge lo obtuvo, indudablemente, durante los últimos quince años de la Revolución Francesa, a consecuencia del bloqueo decretado por Napoleón.

La marina de guerra se sometió a una ruda prueba desde sus primeros albores. Con ella cooperaron los corsarios, que tomaron buena parte en las hostilidades. Su intervención fue de gran trascendencia en el aniquilamiento de la Armada Invencible de Felipe II, una de las escuadras más poderosas organizadas hasta entonces.

Se componía de 135 embarcaciones, 2 mil cañones, 10 mil marinos y 19 mil hombres de desembarco, de los cuales perecieron veinte millares. En esta ocasión, una tempestad ayudó a la pericia y actividad inglesas para acosar y destruir las furtivas naves. Con este triunfo, en el año de 1588, comienza el predominio de Inglaterra en los mares.

En 1798, el almirante Nelson derrota a la escuadra francesa en Abukir, acción que dificulta las comunicaciones de Bonaparte, que a la sazón se hallaba en Egipto; posteriormente, en 1805, el mismo almirante Nelson destruye completamente las escuadras unidas de Francia y España, en la célebre batalla de Trafalgar.

Esta victoria decisiva transforma a Inglaterra en la Señora de los Mares e incapacita a Napoleón para dominarla.

Fuera de estas ocasiones, en la batalla naval de Navarino, ingleses y franceses unidos destruyen a la escuadra turca en 1827, para dar la libertad a Grecia.

INGLATERRA ES INVENCIBLE

Inglaterra ha participado en muchas contiendas europeas, saliendo avante en todas ellas. Su persistencia se ha hecho palpable en la guerra de Cien Años, en la de Treinta Años, así como en las napoleónicas.

Su tenacidad le ha dado el triunfo en Crécy y en Poitiers, en Torres Vedras como en Waterloo.

En la última gran guerra europea, Inglaterra era de las potencias menos preparadas; no obstante, su ejército supo sostenerse en el ala izquierda aliada, y sus barcos ganar una victoria en Jutlandia, llevando el peso en el bloqueo de las potencias centrales.

Es indudable que la tendencia inglesa ha sido la del comercio y la industria por excelencia; por esta razón no le convenía que estallara la guerra de 1914, menos la actual; pero una vez envuelta en la lid, para ganarla, empeña todos sus valores morales y materiales.

Su preparación propiamente dicha se aceleró al iniciarse la ruptura del frente estratégico por Luxemburgo, Bélgica y Holanda, que trajo consigo la irrupción de fuerzas alemanas en territorio francés y la costosa retirada de Dunkerque.

Entonces fue cuando el primer ministro Chamberlain cedió el paso al señor ministro Winston Churchill, sobre cuyos hombros reposa confiadamente el águila de la victoria.

TERCERA PARTE: NORTEAMÉRICA: LA PROVOCACIÓN JAPONESA

La América del Norte, actualmente con más de 8 millones de kilómetros cuadrados y una población de 130 millones de habitantes, concurrió a la guerra de 1914-1918 en defensa de la libertad.

Desde la época de su independencia hasta esta parte, ha sostenido luchas armadas con Inglaterra, México, España y una de carácter civil.

En la última guerra, que costó al mundo 12 millones de hombres y más de 300 mil millones en propiedades y dinero, correspondió a los Estados Unidos la pérdida de 350 mil soldados y 35 mil millones de dólares, alrededor de 24 millones cada 24 horas durante los dos últimos años de su participación.

En la guerra actual, a la que se ha visto forzada por el ataque intempestivo de los japoneses el 7 de diciembre de 1941, a las Islas Hawai, estaba menos preparada que en la guerra anterior.

No obstante, los Estados Unidos han multiplicado sus esfuerzos, han coordinado todos sus valores y han querido tener el privilegio de ser el arsenal de las democracias para combatir a las naciones del Eje.

El descontento por el Tratado de Versalles

La guerra de 1914 a 1918, que prácticamente terminó con el Armisticio celebrado el 11 de noviembre de 1918 y, más tarde, con el Tratado de Versalles, el 21 de junio de 1919, no dejó contentas a las naciones vencidas ni a la mayoría de las vencedoras.

Entre las primeras, Alemania, porque se le había hecho responsable de la guerra, quitado sus colonias y obligado a pagar 33 mil millones de dólares como indemnización; Italia, porque no se le había dado todo lo que ella quería; algunas comarcas que formaron parte de un mosaico de naciones, por desear gobernarse independientemente; y otras, como el Japón, porque no había conseguido todo lo que deseaba, pues sus vecinos antagónicos quedaban tan fuertes como antes; Francia, porque no se consideraba suficientemente garantizada; y Estados Unidos de Norteamérica, por una especial apreciación de los hechos.

Por otra parte, el crecimiento de la población en Alemania y Japón requería territorios para el aumento de habitantes que se producía a razón de un millón anualmente.

Los negocios tendían a extenderse aprovechando la paz, y el espíritu bélico a imponerse. Al menos, así sucedió en el Japón, en donde los hombres de la banca y el comercio consideraban factible dominar el comercio chino por medios pacíficos, sin necesidad de acudir a los guerreros; pero los militares, que predominaban en el Gobierno, pensaban de otra manera.

Por estas causas puede repetirse con un gran estadista que se había ganado la guerra, pero no se había ganado la paz.

Y por ello, apenas firmado el Tratado de Versalles, comienzan los preparativos para la nueva hecatombe, no obstante el optimismo anglosajón.

CUARTA PARTE: LA GUERRA DE HOY: MÉTODO QUE DEBIERA SEGUIRSE

Para el estudio de una campaña, según la mejor obra didáctica que conocemos sobre la materia, se enumeran los países contendientes, causas de la guerra, elementos con que cuenta uno y otro, alianzas y países neutrales colindantes, teatros de guerra y de operaciones, líneas de operaciones y de comunicaciones, planes de guerra y de campaña, bases de operaciones, líneas y puntos estratégicos.

En seguida, se amplían los conocimientos estratégicos y tácticos a medida que se desarrollan las operaciones.

Intervienen, por lo tanto, de manera general, la política y la diplomacia, la geografía y la historia, la estrategia, la táctica y la logística, la economía política y la estadística, la topografía y la meteorología, y datos de carácter eminentemente práctico ligados a la agricultura, la industria, el comercio, las vías de comunicación y de transporte.

Pero es el caso que, para acaparar todos los datos de referencia y aplicarlos a un caso concreto como el actual —que abarca casi toda la superficie de la Tierra y atrae la atención, si no mantiene a la expectativa por razones de defensa a la mayoría de sus habitantes—, para entrar de lleno, repetimos, a un trabajo de tales proporciones, no poseemos la documentación necesaria —encerrada en los archivos de los estados mayores—, por lo cual nuestro intento se reducirá únicamente a comentar las operaciones realizadas y deducir las enseñanzas que envuelven.

ENSEÑANZA QUE OFRECE

Bien conocidas son las naciones que están en guerra, agrupadas bajo las denominaciones de Naciones Aliadas y Naciones del Eje; como son del dominio público los elementos que han puesto en juego en el desarrollo de la guerra en tierra, mar y aire; el proceso seguido en los planes de campaña, ora en un teatro, ora en una zona de operaciones; el mantenimiento de las bases de aprovisionamiento a grandes distancias del frente, y el de múltiples bases de operaciones a corta distancia de los frentes de combate; la obstinación en lograr objetivos militares, aun contra una imposibilidad bien delineada; la estrecha unión entre la aviación, el ejército y la armada para el desempeño de operaciones de cierta importancia; la influencia predominante que han tenido los tanques de grande, mediano y pequeño tonelaje; el rápido movimiento de la infantería al utilizar carros de motor; el acertado empleo de artillería y ametralladoras; la oportuna intervención de la caballería en las estepas rusas; el papel desempeñado por la fortificación permanente, pasajera y del campo de batalla; y, finalmente, la acción decisiva de la reina de las batallas en los ataques a la bayoneta.

En todos esos aspectos, admira el sacrificio de los contendientes en el fiel cumplimiento de las órdenes, alentados por su tenacidad y patriotismo para conjurar los factores fundamentales del triunfo.

Se arrebatan la iniciativa en cuanto tienen la superioridad

Por lo expuesto, el campo de las observaciones es amplísimo. Así, desde los comienzos de la presente campaña, se pudo notar la superioridad de las naciones del Eje para imponer su voluntad al adversario, ya que gozaban de una movilización anticipada, supremacía en tanques y aviones, y aprovisionamientos de boca y guerra.

De ahí la iniciativa en las operaciones y la facultad para usar y abusar de la ofensiva. De esta manera se explican los golpes aplastantes de los japoneses en Shanghái, Nankín y otros combates en su marcha hacia el occidente de China; las espectaculares victorias de Alemania sobre Austria, Checoslovaquia, Polonia, Dinamarca, Noruega, Bélgica, Holanda, Luxemburgo, Francia y Grecia; y las ventajas de los ataques sorpresivos del Eje sobre el Norte de África, Rusia y Estados Unidos.

En cambio, las naciones aliadas inician sus preparativos cuando han recibido los primeros reveses o con poca anticipación a que esto suceda. Gracias a que algunas de ellas, como Grecia, pudieron enderezar la situación desde el primer instante y aun tomar la ofensiva, por más que después hubieron de sucumbir ante la fuerza abrumadora de dos potencias.

A Francia le hicieron falta tanques y aviones; a Inglaterra, en un principio, además de los mismos elementos, un ejército terrestre; a Holanda, Bélgica, Dinamarca, Noruega y Polonia, previsión en diferentes grados; de ahí su poca o ninguna preparación para la resistencia.

Es indudable la ventaja que proporciona una ofensiva llevada a fondo, sobre todo apuntalada por una sorpresa en vasta escala. Pero queda demostrado que, si tales efectos tienen lugar contra países pequeños, no sucede lo mismo contra otros de mejores recursos.

Así se ha visto que las mismas prácticas han fallado contra Inglaterra, Rusia, Estados Unidos y China.

La primera todavía se halla íntegra en su batalla del Atlántico y del Mediterráneo; la segunda, en su línea de tres mil kilómetros, al través de las estepas, desde el Mar Báltico hasta los mares Caspio y Negro; y la tercera, si cedió terreno y hubo de devorar calladamente la ofensa que le fue inferida en la Bahía de las Perlas, Islas Hawai, ha manifestado entereza para rehacerse y, sobre todo, un gran patriotismo, al unificarse las opiniones en el momento del peligro; China, gracias a las acertadas disposiciones tomadas desde tiempo de paz por el insigne estratega y político, General Chiang Kai-Shek.

La historia de la presente guerra comenzó acusando triunfos y más triunfos a favor de las naciones del Eje en todos los teatros y zonas de operaciones; y la flema inglesa, al comentar cada uno de sus fracasos, encarecía resignación, sangre y lágrimas y la espera de otras desgracias, antes de que pudieran estar listos para devolver golpe por golpe y para que la presente generación tuviera su cita con el destino, como aseveraba el Presidente Roosevelt.

Al fin, las Naciones Aliadas han llegado a la superproducción y se encuentran en condiciones de tomar la ofensiva en todas partes.

De esta manera, el General MacArthur da derechazos e izquierdazos a los japoneses en el Mar del Coral, en la Isla de Guadalcanal, en Buna y en Gona, dominando en tierra, mar y aire a las fuerzas japonesas que se ponen a su alcance.

En el Norte de África se hace un espectacular desembarco de fuerzas conducidas por 500 barcos y protegidas por 350 navíos de guerra. Al grito de ¡Jerónimo!, ¡Jerónimo! descienden paracaidistas norteamericanos enviados desde las Islas Británicas, a una distancia de 750 kilómetros, para concurrir a la cita de las armadas unidas de Inglaterra y Estados Unidos.

Van los aliados a disputar en el mismo teatro en que se batieron los romanos con los cartagineses, ese Mar Mediterráneo que ha contemplado las glorias de Maratón y Salamina, y en cuyas aguas han bogado los bajeles de Alejandro y Aníbal, de César y Bonaparte...

En las estepas rusas, engañados los alemanes por la aparente debilidad de los moscovitas, se fueron introduciendo paso a paso entre las cuencas de los ríos Don y Volga, para sufrir, probablemente, el mayor de sus descalabros. En efecto, al presente los rusos han desarrollado cuatro ofensivas en su largo frente, y para esto han tenido que hacer uso, cuando menos, de una tercera parte del contingente de veinticinco millones que tienen en pie de guerra, sin perjudicar la producción de armamentos.

Inglaterra ha iniciado una ofensiva en Birmania; China pelea en un extenso frente de batalla, aplicando la masa sobre el punto débil.

ERRORES DE POLÍTICA MILITAR

Los estados mayores de las grandes naciones estudian a fondo las capacidades combativas de sus tropas y recogen todos los datos para determinar su potencia y la de sus futuros adversarios.

De esta manera están en condiciones de saber lo concerniente a sus industrias de guerra, medios económicos, contingentes de tropas.

Pero en esta ocasión parece que, si el Estado Mayor alemán apreció hasta la quinta esencia lo relativo a la mayoría de sus vecinos, se equivocó de plano con la Rusia de Stalin.

Y ese error lo impulsó quizá a lanzarse sobre dicha nación el 22 de junio de 1941, a las cuatro de la mañana, precediendo a los ataques de la infantería y la artillería, el de los aviones de picada, en una línea que se extiende desde Riga, Reval, hasta Kiev y Odesa.

Es posible que, aunque haya creído suficientemente fuerte a Rusia, después de sus rápidos triunfos —al cabo de veintisiete días en Polonia, a los trece días en Bélgica y Holanda, a las veinticuatro horas en Dinamarca y Noruega, y a las pocas semanas de lucha cruenta en Francia, sobre los campos de Macedonia, y después de su marcha triunfal al Ática y al Peloponeso—, quizá, decimos, para desquitarse de las dificultades que ofrecía la invasión a Inglaterra, se haya atrevido a pensar que todavía se encontraba bastante fuerte para aplastar al moscovita y en seguida continuar la conquista de otras naciones.

Pero al presente debe estar bien segura de su error.

Otro error de Alemania aparece en el desafío a Inglaterra, sin reflexionar que esta potencia marítima, por excelencia, jamás ha sido vencida. Basta recordar sus guerras contra los romanos, sus largas luchas con Francia, España, Holanda y países mediterráneos.

Inglaterra, como Rusia y Estados Unidos, son indomeñables por sus enormes recursos económicos, por su tenacidad, por la actividad de sus hombres de empresa, por su valor y patriotismo.

Igual error cometió el Japón al desafiar el poder chino, en momentos en que se encauzaba por derroteros de progreso y nuevas generaciones aspiraban a gobernarse por sí mismas, a sacudir el yugo extranjero y demostrar sus capacidades para la cultura en todos sus aspectos.

CAPÍTULO XVI: VIRTUDES MILITARES

CONFERENCIA LEÍDA EN LA ESCUELA DE ARTILLERÍA

Me ha preocupado, al poner manos a la obra, el definir palabras de uso corriente en la milicia, creyendo que su conocimiento, cuando posteriormente las escuchéis, os será de alguna utilidad. Y que así, cuando se os hable de un ferrocarril, evoquéis, desde luego, una máquina con su penacho gris arrastrando sobre dos cintones de acero una serie de carros; al hablaros de terrenos cultivados, penséis en los frutos; si del mar, en una gran masa de aguas. Asimismo, deseo y espero que, al hablaros de los términos de la milicia que aquí voy a ocuparme, os deis exacta cuenta del alcance de tales voces, para corresponder con prontitud a lo que se os pida al pronunciarlas.

Os presentaré ejemplos de cada una de las palabras de que trate, a fin de haceros más palpables las definiciones, y también para que procuréis imitarlos en lo posible. Persiguiendo tal fin, no podré ser tan prolijo como lo deseara, pues para ello tendría que inclinarme por encima de los hombros de la historia y sorprender todos aquellos hechos o actos que tienen íntima relación con el cumplimiento del deber, y resumen y forman el fondo, esencia de las obligaciones del soldado para con la patria, y se encuentran en los relatos de todos los que se han sacrificado en pro de nobles intereses.

ABNEGACIÓN

Alguien la define: "Renuncia de la voluntad". Otros, más explícitos: "Renunciar libremente, en aras del deber, a todos los egoísmos, a todos los intereses, a todas las pasiones y a la vida".

Siendo también, más claramente expresado: sufrir privaciones, cumplir en todo momento con el servicio y obligaciones de la mejor manera, sin murmurar, y, finalmente, estar siempre dispuesto a todo acto que ponga de relieve las cualidades de un buen soldado.

Esta virtud es de gran significación para vencer las dificultades que ofrece el estudio, almacenando con ello constancia y paciencia, lo cual trae consigo la perseverancia.

El Mariscal de Hierro Hindenburg, a quien se ha levantado una colosal estatua de madera en Berlín —monumento de gratitud, simpatía y admiración que le erige en vida el pueblo alemán, por la brillantez con que ha llevado a cabo las operaciones militares en la frontera oriental—, demostró poseer en alto grado estas cualidades, además de la de patriota, estudiando, para un caso probable de guerra entre su patria y la vieja Rusia, en su gabinete de estudio, el teatro de operaciones anteriormente mencionado.

Vamos a ver lo que se necesita, por ejemplo, al emprender una marcha, para sobreponerse a todas las debilidades de la máquina humana, y lo que pasa durante ella, conforme lo haremos en una de nuestras futuras prácticas.

Al partir, una vez formada la "columna de viaje" en las afueras de la población, tendréis libertad para hablar; platicaréis alegremente; halagará vuestra vista los paisajes que ofrece Natura al viajero; todo vuestro espíritu rebosará satisfacción.

A la mitad, y aun a la tercera parte de la jornada, alguien se retrasará; a otro le molestará el polvo del camino; a este, el sudor; al de más allá, el paisaje, el cual encontrará monótono; más de alguno se quejará de un dolor de cabeza, y la mayor parte tendrá hambre, sed; preguntará a todo el que encuentre la distancia al objetivo, mostrando alegría si la respuesta es que "falta poco", y tristeza si "falta mucho".

El cuadro puede ser más desolador a las tres cuartas partes del camino: muchos, cansados, seguirán con paso tardo a la columna, como si llevaran a cuestas enorme peso, deseando dejar a un lado mochila, fusil, zapatos y gorra. Pocas palabras se cruzarán; el hambre, la sed y la fatiga, en general, habrán acosado a los más, y no desearán sino llegar, llegar a todo trance al término de la jornada, para dejarse caer en el suelo y no levantarse sino a medias, para tomar los alimentos y cuidar de los pies, pues probablemente más de alguno se quejará de peladuras, creyendo de buena fe que al día siguiente no se levantará o no podrá dar un paso, debiendo la ambulancia encargarse de su transporte.

Pero al divisar el campamento, acantonamiento o vivac, la cosa cambia de aspecto: la animación torna a las filas; se platica, se ríe y se habla de que no está cansado (habla el amor propio, por supuesto), y se entra marchando con paso firme, la mirada altiva, el pecho saliente, en una palabra, con todo el aire marcial que caracteriza a tropas bien instruidas y disciplinadas, al oír las alegres notas del clarín.

Se ha llegado, pero todavía resta algo. Los alojamientos pueden ser al aire libre o bajo techado; mas, de cualquier modo, no presentarán mucha comodidad: habrá que dormir en el suelo, sintiendo en la espalda la caricia de menudos pedruscos; servirá de almohada un adobe, un ladrillo o una piedra; malos bichos acudirán a extraeros el jugo de la vida, la sangre que corre por vuestras venas; sumado a esto la irritación producida por la marcha, lo que contribuirá a que el sueño no llegue a cerrar vuestros párpados durante la primera noche, pudiendo suceder lo mismo durante la segunda y tercera; pero con seguridad, a la cuarta, vuestro cuerpo, acostumbrado a las incomodidades, os permitirá acomodaros en cualquier parte y dormir a pierna suelta, en el puro suelo, como si os encontrarais en un lecho de plumas.

¿A qué seguir? Básteos saber que tales penas, sufrimientos, molestias, son de carácter transitorio, y que a medida que ascendáis en la jerarquía militar las sentiréis menos; aconteciendo, por lo regular, que aquellos actos de nuestra vida en los cuales hemos sufrido demasiado, y que dejan profunda huella en el ánimo, los recordamos con placer, refiriéndolos a familiares o amigos, agregando a menudo de nuestra cosecha detalles espeluznantes, a fin de darles mayor interés.

Así lo haréis vosotros, jóvenes o viejos, cuando, alejados o no del servicio, hagáis un recuento de los diferentes episodios de vuestra vida bajo las banderas, y os consideréis orgullosos cuando digáis: "Yo estuve en tal combate encarnizado después de una marcha forzada de cincuenta horas, padeciendo lo indecible, descansando un cuarto de hora cada cuatro kilómetros, dos horas cada veinte, y nada a la vista del enemigo, durante ocho o diez días consecutivos."

En sus primeras marchas os voy a poner ejemplos de lo ejecutado por tropas aguerridas, esto es, por soldados ampliamente preparados para soportar fatigas y privaciones.

CAMPAÑAS DE ITALIA (1796-1797)

Bonaparte estaba al frente de tropas de contingente inferior a las austríacas que venían a atacarlo, por lo cual se veía obligado a hacer rápidas marchas a fin de oponer regular número de aquellas a los enemigos, y fue en uno de estos casos en que se vio obligado a ejecutar una marcha forzada con la División Massena, de la manera siguiente:

"Sale de Verona después de haber librado un combate victorioso el 13 de enero, a las 10 de la noche; camina 28 kilómetros para llegar a Rívoli, en donde combate el 14 durante todo el día y contribuye al triunfo de las tropas amigas allí establecidas. Regresa por la noche a Mantua, distante 56 kilómetros. Pasa la noche del 15 al 16 frente al enemigo, en la Favorita, concurriendo al éxito de la batalla de este nombre, dada en la mañana del 16. La división Massena había marchado y combatido cuatro días consecutivos, y por eso decía Napoleón que sus tropas habían sobrepasado la rapidez tan voceada de las legiones romanas."

CAMPAÑA DE 1870-1871

En esta campaña, el IX Cuerpo Alemán hace una marcha forzada que dura de 33 horas para la cabeza de la columna a 36 horas para la cola de la misma, recorriendo un trayecto de 82 kilómetros.

Son los ejemplos anotados notables muestras de abnegación, y que ponen de relieve de todo lo que es capaz la carne de cañón, el soldado consciente de su deber, cuando se le pide alargar los compases para avanzar, avanzar sin tregua ni descanso hasta el lugar en que su presencia es necesaria para dar el triunfo o amenguar los efectos de una derrota; y siendo ello de mayor trascendencia si se tiene en cuenta que, en momentos críticos, bajo el fuego enemigo, cuando caen compañeros a diestra y siniestra, cuando el estómago falto de alimentos protesta y la cabeza, aturdida por el retumbar de los cañones y el incesante parloteo de la fusilería, produce un ruido infernal; cuando largas noches de vigilia predisponen el cuerpo al descanso para que los nervios se tonifiquen, que es entonces cuando se necesita que el espíritu reaccione y se pospongan y releguen al olvido las debilidades humanas a la abnegación, para no ver más que la salvación de la patria, mediante el esfuerzo denodado y heroico de todos sus hijos valerosos y esforzados.

Mas, para llegar allí es preciso prepararse, formándose así las tropas aguerridas, y a este efecto dice un general romano:

"Nuestra superioridad resulta de que sabemos enseñar a soldados escogidos la guerra por principios; robustecerlos con ejercicios diarios; prever todo lo que puede suceder, las diversas clases de combate, de marchas y de campamentos."

Y el General Morand:

"Los triunfos de un ejército y las victorias definitivas quizás dependen de la costumbre que los soldados hayan adquirido de las fatigas que hay que pasar en campaña."

Agregando en otra parte:

"Es preciso que todos los ejercicios tiendan a habituar al oficial y al soldado a lo que se hace en la guerra; que tengan lugar lo mismo de noche que de día; en terrenos montuosos, ondulados, quebrados, en las laderas de las montañas, a través de pantanos y barrancos, como en un llano o en el campo de maniobras."

Tales son los medios propuestos por ilustres escritores militares para enderezar la educación del soldado en el sentido predicho.

Para terminar este punto, diré que la virtud de que nos hemos ocupado es característica de muchas de nuestras tropas, principalmente de nuestros indios gracianos.

BRAVURA

"Valentía en las personas —sinónimo de brío, intrepidez, ardimiento—", según definición de algunos diccionarios.

Es la virtud que debe poseer en grado superlativo una tropa, haciendo uso de ella de manera consciente, cuando una alta muestra de energía sea indispensable para vencer la resistencia de un adversario; cuando un fuego mortífero de aquél produzca pérdida sensible en las filas; situaciones apuradas, en las cuales, según expresión gráfica de un autor, el soldado se salva avanzando francamente, con decisión y energía, sin temor a la muerte, sin impresionarse por los que caen, hasta llegar a verse en los ojos del enemigo.

Bravamente embestían los indios quichés a las huestes de Alvarado, imitando así a los arrojados aztecas en sus luchas con las tropas de Hernán Cortés.

Muestra de bravura y tenacidad es el ataque de los japoneses al Cerro de Putiloff, defendido por los rusos durante trece veces consecutivas.

Bravo y heroico el Mariscal Ney, despedazando a sablazos con su caballería los serenos y formidables cuadros ingleses en la meseta de Saint-Jean.

En la actual guerra europea también se encuentran ejemplos notables de bravura, fuera de otros de diferente especie.

CARÁCTER, DENUEDO, ENTEREZA, DECISIÓN Y ENERGÍA

El primero: "Genio, índole, tesón, firmeza."

Y "tener carácter, es poseer energía moral, entereza, austeridad."

El segundo: ardimiento, brío, decisión, pujanza.

Entereza, la tiene el que posee carácter, que no vacila en sostener un puesto a todo trance cuando se lo ordena el deber.

Decisión: determinación, resolución que se toma en un caso dudoso.

Energía: eficacia, actividad, tesón, entereza, vigor.

Englobamos este conjunto de palabras para indicar que son cualidades indispensables para el don de mando: he ahí reducida, en pocas palabras, la importancia de su adquisición por los individuos que están llamados a comandar tropas.

El carácter pone el sello a las cosas que hacemos; es la línea de conducta que nos trazamos y nos vemos compelidos a seguir en todas ocasiones, porque en todos y cada uno de nuestros actos nos retratamos. Por eso, de una persona que hoy hace y dice una cosa y mañana obra de diferente manera, se dice que no tiene carácter.

El denuedo requiere valentía, no en sentido figurado sino real y efectivamente, tanto en la parte moral como en la física; pues muchas veces hay que comprobar con hechos los asertos de viva voz.

Martí, en cierta ocasión, dijo, con motivo de que se le criticaba porque solamente combatía a España por medio de la prensa, estas o parecidas palabras:

"Que iba a reforzar sus argumentos y anhelos en pro de la liberación de su patria, escritos con la pluma, por medio de la espada."

Y marchó incontinenti a incorporarse al ejército libertador, encontrando la muerte en el campo de batalla.

Entereza y energía, dos hermanas gemelas, cuya infiltración en las venas de tropas aguerridas ha producido benéficos resultados; ha engendrado héroes y mártires.

La decisión, de gran trascendencia: muchas veces de ella ha dependido el resultado favorable de una campaña. Los alemanes le dan gran importancia, colocándola entre la iniciativa de los que tienen mando de tropas.

Pasemos a exponer algunos ejemplos.

Un autor militar nos reseña el siguiente, de energía, tenacidad, entereza y heroísmo:

"El ejército de Kléber se retira después de un combate; un puente sobre un río es el único punto por donde el enemigo puede efectuar una persecución de consecuencias fatales para el ejército. En consecuencia, se da orden al batallón de Saone-et-Loire, al mando de Schourdain, de defender el paso, con estas palabras:

'Te vas a hacer matar con tu batallón.'

El respondió: 'Sí, mi general.'

Perdió doscientos hombres, murió en su puesto; pero se salvó la masa principal del ejército."

EJEMPLO DE TENACIDAD, ENTEREZA Y ENERGÍA

El que dio el General Fransecki, comandante de la Séptima División de Infantería en la batalla de Sadowa.

Dice un autor de Estrategia:

"Colocada en la extrema izquierda de la línea de batalla del primer ejército, en el bosque de Maslowed, y empeñada desde las siete de la mañana, esta división se encuentra desde las once a. m. en presencia de masas enemigas que se van engrosando a cada instante. Pertenecen a dos cuerpos austríacos, al segundo y cuarto, que se habían dejado arrastrar poco a poco, llevando sobre la línea 51 batallones y más de 100 piezas de artillería.

Para resistir a esta potente ofensiva no cuentan más que con sus tropas. Su centro está a punto de ceder y no tarda en ver separadas sus dos alas. Muy pronto se dividen en grupos las compañías, y los oficiales luchan por mantener la unión entre las diferentes fracciones. Algunos momentos se ven amenazados en su frente, en sus flancos y a retaguardia, logrando, no obstante, mantenerse en la parte norte del bosque.

En medio de las alternativas de éxitos y reveses, las compañías se confunden con las tropas enemigas. A nadie se atiende; se considera difícil dar una dirección única a los acontecimientos.

En todas direcciones los oficiales recogen hombres dispersos, los reúnen y los llevan a combate. Se envía a retaguardia un gran número de prisioneros austríacos; pero mayor es la afluencia de heridos prusianos que se remiten a la ambulancia.

Más de 2.000 hombres quedan fuera de combate. El General Fransecki pide refuerzos vanamente; pero él comprende la importancia de la posición y transmite al alma de los suyos la firme resolución de mantenerse en el terreno que ha costado tanta sangre hasta el último extremo.

Los jefes dan el ejemplo y la resistencia continúa.

Felizmente se aproxima el segundo ejército y alguien grita: '¡El Príncipe Real llega!', y los pocos que quedaban redoblan el esfuerzo. Pero el socorro estaba aún lejano: la Séptima División palpaba el momento más crítico. Se envía un oficial hacia las columnas del segundo ejército para reclamar un apoyo inmediato y urgente. Este oficial, para cumplir su misión, atraviesa al galope las líneas enemigas y, al fin, el cañón de las vanguardias del segundo ejército hace saber al General Fransecki que en aquellos momentos tropas de refresco van a cambiar el aspecto de los acontecimientos y a tornar en victoria el hecho de armas indeciso, en el cual ha sucumbido su gloriosa Séptima División."

Otro ejemplo

En la batalla de Waterloo, rememorada en otra parte, el General Wellington, viendo caer impávido los diferentes elementos de su resistencia, sabedor de que su salvación depende de su permanencia en el campo de batalla —pues una retirada era desastrosa, y razón de sobra tenía para ordenarla si no hubiera mediado esta circunstancia en su contra—, cifra su mayor gloria en haber tenido la suficiente presencia de ánimo para sostenerse hasta la llegada de Blücher, dando ella la victoria a los aliados.

DIGNIDAD

"Nobleza, lealtad e hidalguía en los procedimientos."

La dignidad se refleja no sólo en los hechos, sino también en las palabras. El vivir en sociedad impone ciertas reglas y principios, aprobados como buenos por la mayoría de los coasociados y que deben seguirse por los que van ingresando en su seno.

Mesurado en la expresión, protector del débil contra el fuerte, no espetar palabras malsonantes, atento, caballeroso, leal en la amistad, consecuente con su modo de sentir y pensar, son atributos de dignidad.

El polo opuesto: hablar mal de personas que no están presentes para defenderse y no tener suficiente presencia de ánimo para repetir dolosas frases frente a ellas; escribir anónimos, profesar hipocresía, falsear la verdad, callar a sabiendas de que se ha obrado mal en perjuicio de tercero —que cuando esto abarca una comunidad reviste mayores proporciones—.

Indigno es el procedimiento de una persona que abusa de la fuerza, maltrata de hecho o de palabra a otra más débil o que, por circunstancias especiales, no puede defenderse, siéndolo en el mismo grado el de una nación grande contra una chica.

Indigno e inhumano es de tropas civilizadas matar a los heridos a bayonetazos o asesinar a las mujeres, niños o ancianos, o a los que se rinden a discreción.

Digno y humano es avisar previamente el bombardeo a una plaza o fuerte, para que se escurran los no combatientes.

Digno es Bolívar al rechazar la corona de Emperador que se le ofrece, por ser contraria a los principios democráticos por los cuales había luchado.

La dignidad le impone a un ciudadano romano castigar a un bárbaro que le tira de su luenga barba, en una de las invasiones de éstos a la ciudad de Numa Pompilio, ocasionando con esto su muerte y la de muchos de sus conciudadanos.

En la guerra entre Rusia y Japón, unos soldados japoneses asesinaron algunos prisioneros rusos, después de tomar un reducto y encontrar en un blockhaus a uno de sus compañeros muerto, al parecer, de manera lenta y mediante crueles torturas. Sabido esto por el jefe del batallón respectivo, y para demostrar que un acto indigno e inhumano no justifica la represalia en el mismo sentido, castigó los excesos de esta tropa, que en el ardor de la lucha había querido vengar a un compañero muerto contra los usos corrientes entre tropas civilizadas; les castigó, decimos, ordenándoles pasar a la reserva en lugar de la vanguardia que ocupaban.

Indigno y deshonroso es para un soldado desertar, siendo mayor el delito si esto se efectúa frente al enemigo.

Un general hondureño, en campaña, para prevenir las frecuentes deserciones en su tropa, llamó a veinte o treinta de los individuos de la procedencia de los desertores y les arengó de esta manera:

"Vuestros paisanos han desertado; vosotros debéis tener también infiltrado el virus de la cobardía, y quizá penséis proceder de idéntica manera: los cobardes son indignos de permanecer en mi ejército; colocad allí esas armas y marchad a desempeñar oficios propios de mujeres."

Los arengados fueron, cabizbajos, a desempeñar las labores que se les encomendaban; pero pocas horas después se presentaron nuevamente al jefe, protestándole lealtad, pedían les devolviera sus armas, que ninguno desertaría, y además, que se les colocara en los puntos de mayor peligro.

El general, emocionado, mandó devolverles sus armas. Esto contuvo las deserciones, sin recurrir a penas mayores que prescribe el código para delitos de esa especie.

DISCIPLINA, SUBORDINACIÓN Y OBEDIENCIA

Comenzamos repitiendo lo que dijimos en el encabezamiento de un artículo, escrito a vuela pluma para una Revista Militar:

"Alguien nos ha dicho que el asunto de que vamos a tratar es demasiado trillado, y quizá muchas otras personas, al leer el mote de estas líneas, digan o piensen lo mismo, prejuzgando, además, que nada nuevo podremos agregar. Es verdad una y otra cosa; pero estando convencidos de que todo lo relacionado con la salud del ejército, lo útil, lo indispensable para el desarrollo fecundo de ese gran organismo, nunca será inoportuno decirlo una, cien y mil veces si es preciso, para que se grabe de manera indeleble en la mente de los llamados o escogidos para la defensa de la patria..."

Y hoy, como ayer, pensamos que es de altísima importancia tratar de este asunto, por ser el nervio que dirigirá y mantendrá muy alto el buen nombre de un centro de cultura como es nuestra Escuela de Artillería.

La disciplina la define un autor:

"Doctrina, instrucción de alguna persona, especialmente en lo moral. Regla, orden y método en el modo de vivir. Subordinación, obediencia, acatamiento. Proviene del griego: ser enseñado."

Subordinación: "Sujeción a la orden y dominio de otro."

Obediencia: "Sujeción y subordinación a la voluntad superior."

Esa doctrina, esa regla, ese orden y método en el modo de vivir, tanto individualmente como formando entidades, que constituye la disciplina, hay que recordarlo muy bien y no olvidarlo en ninguna circunstancia.

Si se requiere la disciplina en la parte civil, con mayor razón en la militar, a fin de que el conjunto no se resienta de un buen funcionamiento.

Vamos a hacerlo más palpable: el que se ocupa en una oficina de hacer las labores propias de ella, entra a determinada hora, clasifica sus papeles para saber dónde encontrar el que necesite, despacha los negocios que tiene a su cargo a medida que se van presentando o según su importancia; si tiene empleados, a cada uno distribuye diariamente lo que le concierne, procurando aprovechar bien su tiempo mediante una distribución apropiada. Y así oiréis hablar de hombres que traen a cuestas muchas ocupaciones, y personas que ignoran los provechosos efectos de la disciplina no se explican cómo hacen para que les alcance el tiempo.

Los reglamentos, leyes, métodos, etc., etc., para la instrucción de tropas obedecen al mismo principio, tanto como al objeto de la uniformidad en los procedimientos.

La disciplina es recíproca entre el superior y el inferior; por lo tanto, uno y otro están en el deber de conservarla, de practicarla.

La subordinación, que significa sujeción al dominio de otro, es colaboradora indispensable de la disciplina; es brazo y fuerza de aquélla, coadyuvando, con la obediencia, a la ejecución de las órdenes impartidas.

Es la disciplina la que ha producido los mejores ejércitos al través de todos los tiempos, haciéndose notar en aquellas naciones que han ejercido alguna hegemonía. Roma, en los tiempos antiguos, y muchos otros Estados en los modernos, comprueban de manera fehaciente nuestros asertos.

La obediencia puede ser pasiva o activa, inteligente o ciega. Según opiniones en boga, debemos entender que siempre debe darse la primacía a la primera, y solamente ejercitar la otra cuando se está autorizado por el superior.

Porque aceptar la segunda sin restricciones es lo mismo que autorizar la discusión de órdenes que no todos están capacitados para hacer; es dar pábulo para su reforma, ya que, para que ello pudiera ser de manera congruente, sería preciso que el que tratara de verificarlo se colocara en el mismo punto de vista que el que las ha emitido.

Resultará a menudo que será una orden descabellada, pero que su pronta ejecución puede impedir que sus resultados sean fatales. Pero si, en lugar de ejecutarla al pie de la letra, se le da una ejecución tardía o siguiendo otros derroteros que los indicados en ella —más apropiados tal vez, pero en los cuales el factor tiempo, de valor inapreciable en apuradas circunstancias, es mayor—, entonces quizá se expone a un resultado negativo, cargándose, además, con el peso de la responsabilidad.

Los casos en que la obediencia queda bajo la potestad de la iniciativa se pueden marcar, desde luego, cuando se está muy alejado del centro directivo y, por lo tanto, éste no puede darse exacta cuenta de los acontecimientos; o que, aun estando presente, haya olvidado detalles, los cuales, antes de dar el debido cumplimiento a las órdenes prescritas, es deber del inferior hacérselos notar.

A este efecto, Napoleón se expresa en los siguientes términos:

"Una orden militar no exige una obediencia pasiva sino cuando es dada por un superior que, hallándose presente en el lugar en que debe ejecutarse, tiene conocimiento del estado de las cosas, puede escuchar las objeciones y dar explicaciones al encargado de ejecutarlas."

El General Blondel, refiriéndose a la disciplina, dice:

"Para que un ejército sea fuerte es necesario que esté unido; para que exista unidad, es preciso que sea obediente, enérgico y abnegado. Sólo así se asegura la comunidad de esfuerzos que lo hace potente y puede sostenerse a la altura de su misión, tanto en paz como en guerra."

Y concluye:

"Que no se diga que la obediencia rebaja el carácter. Lo contrario es lo verdadero. La obediencia militar es una grandeza, pues ella se impone por la abnegación, y la abnegación se eleva, si es preciso, hasta el sacrificio de la vida."

OBEDIENCIA

"Así, un buen militar debe, ante todo, obediencia a sus superiores, confianza a sus órdenes, voluntad decidida para ejecutarlas: obediencia de hecho y de palabra, sin detenerse a pensar, sin vacilaciones, sin timidez; obediencia hasta la abnegación; pues es necesario abstenerse de su modo de sentir y pensar para poner toda su fuerza y voluntad al servicio de otra inteligencia y otra voluntad."

"En nuestra noble y fiera carrera no hay duda: la obediencia absoluta es un dogma. Por sobresaliente que sea la inteligencia del francés, por ardiente que sea su imaginación, por grande que sea su vanidad, general, oficial o soldado, no es más que un instrumento; no hay que averiguar si su jefe es infalible, no hay más que obedecer, pues al razonar se puede engañar; es necesario obedecer, pues en la guerra la vacilación es siempre funesta; con una maniobra atrevida, aun mala, pero ejecutada con decisión, sostenida con vigor, se sorprende al enemigo, se le desconcierta y se obtiene un éxito, ya que el vencedor es el primero que se sorprende.

Es, sobre todo, en una nación ardiente, como la nuestra, que sobre el campo de batalla hay que temer la vacilación; ella mata el gran elemento de éxito de nuestras armas.

Es necesario obedecer porque la fuerza del ejército estriba en su unidad, y desde que discute está desunido. En fin, es necesario obedecer en su interés propio: cualesquiera que sean las circunstancias, se considera uno irreprochable cuando puede decir: yo he obedecido."

Los efectos que produce la disciplina en un pueblo belicoso, llegando a domarse la tensión nerviosa, los vemos de manera patente en la actual guerra de Europa.

En efecto, la campaña emprendida por los franceses para poner de relieve los yerros que habían influido en la derrota del 70, estudiando sus causas para que se evitara, en un futuro rompimiento, todo lo que se opusiera al éxito final.

Y la presente lucha ha demostrado que no trabajaron en balde los patriotas que iniciaron tan laudable campaña. El pueblo francés contiene sus ardores bélicos para no estorbar los oficios de la diplomacia en pro de la paz, y una vez decretada la guerra continúa guardando religioso silencio y una actitud digna para no entorpecer los preparativos de la defensa, lo cual es, también, una prueba fehaciente de que la escuela de la desgracia sirve para educar a los pueblos en los deberes que tienen que cumplir para con la patria.

En resumen: la disciplina debe ser eminentemente pasiva, pero colocada bajo el control de la iniciativa (véase Iniciativa). Tener en cuenta, además, que existe un perfecto enlace entre disciplina, subordinación y obediencia, siendo esta dependencia como una cadena cuyos eslabones no pueden desprenderse sin perjuicio del conjunto.

Un autor español dice al respecto lo siguiente:

"La disciplina comienza por el general y sigue hasta el último soldado; la subordinación principia en el soldado y termina en el general; la primera va de arriba a abajo, la segunda de abajo a arriba."

Y en otra parte agrega:

"Claro está que la disciplina no se manda, no es de momento, no se crea en un instante.

Si una tropa numerosa hace fuego como un solo hombre a la voz de su jefe; si en medio de una lluvia de proyectiles enemigos maniobra con regularidad matemática; si pasa hambre y sed; si duerme a la intemperie; si, en fin, soporta sin murmurar aquellas penalidades y sufrimientos casi innatos a una campaña, no por esto podemos afirmar que aquellas tropas estén perfectamente disciplinadas.

Lo estarán cuando, atentas al enemigo, sufran hambre teniendo a dos pasos provisiones de víveres; sed, mientras hay a su alcance caudalosos ríos de cristalinas aguas o árboles cubiertos de sazonados frutos; cuando descansen sobre cenagoso suelo teniendo detrás magníficas viviendas. Sin embargo, todo lo aceptan con ánimo levantado y con el ideal de patria en sus corazones, y no se preocupan sino de vencer a todo trance o morir con honor."

ESPÍRITU DE CUERPO, ESPÍRITU MILITAR Y ESPÍRITU GUERRERO

El espíritu de cuerpo consiste en la unión, hermandad, aprecio entrañable y sincero cariño que debe existir entre individuos llamados a defender los intereses de una nación.

El espíritu militar es el que se infunde a las tropas mediante la instrucción apropiada.

El espíritu guerrero lo posee una nación belicosa: es innato.

El espíritu de cuerpo debe tratar de desarrollarse ampliamente, porque de la estrecha unión de los elementos puede obtenerse un resultado aceptable para el éxito final de una campaña, y aun evitarse una guerra si el adversario se da cuenta de que la masa de individuos que tendrá enfrente chocará contra él como un solo hombre.

La anarquía que introduce la falta de unidad o de ayuda mutua está perfectamente constatada en la desgraciada campaña que los franceses tuvieron que sostener en 1870 contra los alemanes. Las batallas de Wisembourg y Spickeren, perdidas por una y otra causa, por la falta de cooperación de un cuerpo que se encontraba en las inmediaciones, y otras varias, ponen de manifiesto lo que arriba asentamos.

El espíritu guerrero entre nuestros indios aparece perfectamente nítido antes y durante la conquista: bastaba que sonara el cuerno de alarma para que se presentara cada individuo armado de su arco y flecha, dispuesto a acometer al enemigo.

El espíritu militar se obtiene siguiendo las prescripciones reglamentarias para difundir los conocimientos consiguientes, y mediante tales requisitos se acostumbra al individuo a su oficio; practicándolo hasta la saciedad, se penetra del detalle más insignificante, y al lograrlo, llega a ser el organismo en que descansan las libertades de las naciones.

El espíritu militar se obtiene siguiendo las prescripciones reglamentarias para difundir los conocimientos consiguientes y, mediante tales requisitos, se acostumbra al individuo a su oficio; y practicándolo hasta la saciedad, se penetra del detalle más insignificante, y al lograrlo, llega a ser el organismo en que descansan las libertades de las naciones.

El espíritu de cuerpo es tan necesario en los pequeños organismos como en los de gran volumen, siendo los centros militares en donde ha de tener mayor importancia su cultivo en vasta escala, y esto no sólo entre los individuos de un mismo cuerpo, sino que ha de hacerse extensivo a todos los cuerpos militares y aun más allá, hasta aquellos que tengan alguna relación con éstos.

En cuanto a la preeminencia que ha de tener el espíritu militar sobre el guerrero, es incuestionable; pero no por ello se ha de descuidar el desarrollo del segundo.

EDUCACIÓN, ILUSTRACIÓN E INSTRUCCIÓN

La primera significa: "Enseñanza, asimilación y práctica de moralidad, urbanidad y cortesía."

La segunda: "Dar luz al entendimiento. Aclarar un punto o materia. Adornar un impreso con láminas o grabados."

La tercera: "Orden, mandato, conjunto de reglas."

La educación es necesaria en todos los actos de la vida social, y para el militar, más que para cualquier otra persona, su práctica es de indiscutible importancia, ya que doquiera que aparece un uniforme las miradas se fijan en él, comentándose hasta la más pequeña falta que comete el individuo que lo porta.

El buen trato, hasta para con aquellas personas que nos repugnen, es impuesto por la educación. Pero es, sobre todo, al ocupar un puesto público, cuando hay que desplegar más bondad, extremar la cortesía para satisfacer, aunque sea con palabras suaves, peticiones que llegan cual torrente salido de su curso natural. En tales ocasiones se debe proceder con mesura, sobre todo cuando se comprende que una persona, al solicitar una cosa, lo hace urgida por la necesidad.

La franqueza debe ser característica de una persona educada; hacer a un lado subterfugios, decir claramente la verdad y, cuando haya de mostrarse que existe falsedad en lo que un interlocutor nos manifieste, procurar decirlo con palabras cultas para no molestar la susceptibilidad del solicitante.

Los que tienen infiltrados los principios de la más sana educación no los olvidan, aunque se encuentren en situaciones difíciles, muchas veces al borde de la tumba. Tal nos lo demuestra María Antonieta: subía pausadamente las gradas del patíbulo, cuando, al sentar la planta en el último escalón, comprimió inadvertidamente un pie del verdugo, y volviéndose inmediatamente del lado de éste, se excusó de haberle inferido semejante daño. Tal proceder es hartamente elocuente para que necesite comentarios.

En los tiempos modernos, en que la ciencia ha ido adquiriendo mayor desarrollo, no se comprende que exista un militar que no tenga conocimientos de ella en todo lo que se relaciona con su profesión. Esto, considerado desde un alto grado de ilustración; pero aunque no llegáramos hasta ahí, sino simplemente que sea de esa manera para satisfacer a una empresa que es de gran resonancia para la vitalidad del país, como es la que se refiere a su defensa, a su vida como entidad, como Estado, como conglomerado de individuos que, alojados bajo el mismo techo, tienen el deber de luchar denodadamente para el logro de sacrosantos fines. Vamos a patentizar la conveniencia de lo que dejamos asentado.

Pongamos por caso un artesano que ejerce el oficio de albañil.

¿Qué necesita este obrero para llenar su cometido de manera que satisfaga a sus clientes y le forme una reputación para obtener siempre buen y lucrativo trabajo? Señalemos sus atribuciones: el albañil aprende las proporciones en que se debe mezclar la cal y arena, cemento, arena y piedra con el agua; a manejar la cuchara, la escuadra, el nivel, la plomada, la vara y el metro; a poner la piedra o ladrillo para formar hiladas, a fin de que el aparejamiento satisfaga las leyes de estabilidad y resistencia de materiales, y, en fin, otras muchas cosas concernientes al oficio; además, lo que no les corresponde hacer y es lo relativo a presupuestos, calculando, naturalmente, algunos de entre ellos por métodos rudimentarios en que tanto pueden ganar como perder.

Pero, de cualquier modo que sea, procuran saber lo más que les es dable en nuestro ambiente, viéndose el empeño que ponen por progresar y hacer las cosas conforme las reglas del arte.

Y si tales cosas hace y se exigen a un obrero, con mayor razón se ha de pedir a un militar, en quien la patria fija todas sus esperanzas en momentos de peligro. Sí, hay que aprender el oficio para llenar las funciones de buen soldado. Esto quiere decir que se impone hacer a un lado toda clase de ideas reñidas con el perfeccionamiento a que ha de tenderse en pro de la comunidad, siendo las de progreso las que han de guiar todos nuestros pasos y servir de norte a todos y cada uno de nuestros actos.

HEROÍSMO

Son héroes los que miran frente a frente el espantajo de la muerte sin que sus nervios experimenten la menor alteración, sacrificándose en momentos en que es preciso, en holocausto de la patria.

El héroe es mártir, es genio fecundo en dar su sangre en bien de las causas que lo han impulsado a colocarse bajo la bandera de la nación, que siempre han de ser sagradas.

Héroe es el soldado tico Santa María, que teniendo por mira solamente el cumplimiento del deber, no escatima su sangre para acudir al pronto cumplimiento de la orden, poniendo una mina al pie de un edificio cuya posesión era indispensable para el ejército del General Morazán.

En la guerra ruso-japonesa se trata de cumplir la misión difícil de cortar unas alambradas para facilitar la toma de una posición en donde el enemigo se ha hecho fuerte. El general encargado de esta empresa comprende que los que tomen parte en ella están condenados a morir, y por lo tanto, deseando economizar víctimas, se presenta delante de la compañía, les explica la misión que han de llevar a cabo, diciéndoles luego que los va a sortear para que aquellos a quienes toque marchen a dar el debido cumplimiento a la orden; pero ellos se oponen, manifestando que todos están dispuestos al sacrificio, y por más reflexiones que hace el general a aquellos valientes para que desistan, no es posible hacerlos convenir, y tiene que aceptar la heroica resolución de aquellos abnegados patriotas.

Los marinos que prefieren volar sus barcos antes que entregarlos al enemigo son verdaderos héroes; los que se lanzan por los aires en aeroplanos o zepelines son otros tantos héroes.

El heroísmo es la escuela de los patriotas, de los gigantes del deber, de los seres preparados para pasar a los campos de la historia, cubiertos con el manto de la fama. El heroísmo es patrimonio de los convencidos de la bondad de las causas que defienden, porque cuando faltan tales requisitos, es inútil pretender que se luche con la bravura y energía indispensables para conquistar los lauros de la victoria y los atributos de los mártires.

HONOR MILITAR

Encontramos el siguiente significado:

"Sentimiento moral que nos lleva al exacto cumplimiento de nuestros deberes para con nosotros y nuestros semejantes. Acción, demostración exterior por las cuales se da a conocer la veneración, respeto y estimación que uno ha adquirido entre los demás por su dignidad o por su mérito. Honor significa también dignidad."

El honor es algo que debe ir unido al militar, como el vestido al cuerpo, y del cual nunca, jamás, se ha de separar, porque desde que suceda tal cosa quedará completamente nulificado y su nombre no puede figurar más rodeado de la aureola de dignidad que ha de acompañar a todo militar.

Cuántas veces acontece que un ser débil, consciente de su debilidad, al verse atacado por otro más fuerte, trate de defenderse procurándolo a todo trance, aun a sabiendas de que a la postre será aplastado por aquél, únicamente por no desdecir de su nombre y dejar bien sentados los principios de dignidad que le han infundido.

Y lo que pasa entre individuos se repite en mayor escala entre las naciones, cuando una chica es atacada por una grande y empuña las armas para defender su autonomía o cualquier ultraje que le fuese hecho; o cuando, aun siendo de igual potencia, ha sido sorprendida por su adversaria y ha sufrido descalabro tras descalabro y no le queda más remedio que continuar la lucha para salvar su honor, el honor de las armas.

A esto se refieren las palabras de Francisco I, al escribir a su madre después de la batalla de Pavía: "Todo se ha perdido, menos el honor."

La nación francesa continúa la campaña en 1870, después de los desastres de Sedán y Metz, solamente por salvar el honor militar, pudiendo citarse otros muchos casos en que solamente a satisfacer este requisito ha obedecido la continuación de una lucha desproporcionada.

Así también, cuando una tropa ha defendido con encarnizamiento una plaza fuerte, cumpliendo con todos sus deberes militares, cuyo heroísmo y abnegación producen admiración y respeto en las filas enemigas, y acepta desocupar la plaza por no ser posible continuar la defensa, se le concede salir de ella con los honores de la guerra, a saber: con bandera desplegada, batiendo marcha, con sus armas y demás arreos militares.

Massena, en la campaña de 1800, defendía Génova, teniendo orden de sostenerse en su puesto hasta el último extremo. Así lo hizo, saliendo de la población en diferentes ocasiones a batir al enemigo fuera del circuito en que tenía organizada la defensa principal, intentando, desde un principio, romper el cerco; lo cual no fue posible por el abrumador número de tropas adversarias que tuvo siempre enfrente.

Y, al acabársele las provisiones de boca, echó mano de los correajes de las tropas de artillería y caballería y de toda clase de ganado de que disponía; y cuando había llenado su misión, esto es, cuando las tropas de Bonaparte estaban en Italia, entregó la plaza, saliendo de ella con todos los honores de la guerra.

Debe citarse, entre las defensas de plazas fuertes en los tiempos modernos, la de Plewna en la guerra Ruso-Turca y la de Belfort en la Franco-Alemana.

Al tratarse de una capitulación, el general no ha de estipular condiciones especiales para sí ni para ninguno de sus oficiales; todos —generales, oficiales y tropa— deberán correr la misma suerte, siendo éste el verdadero espíritu de compañerismo que ha de implantarse en todas las jerarquías, pues solamente así se puede exigir el exacto cumplimiento de todos los mandatos de las leyes militares.

Un hecho altamente significativo y que indica el verdadero camino que debe seguir el militar para borrar toda apariencia de debilidad en el cumplimiento de sus obligaciones, es el ejemplo dado por el General González Ortega, al rendirse incondicionalmente a los franceses en Puebla, cuando ya no podía continuar defendiéndose, con oficiales y tropas, una vez que había destruido armas y elementos de guerra que, de cualquier modo, podían ser utilizados por el enemigo.

No cumplió de la misma manera el General Bazaine, en Metz, al rendirse a los alemanes con varios cuerpos de ejército y pertrechos de guerra.

A los encargados de la defensa de plazas fuertes y que se han rendido al enemigo, una vez firmada la paz, se les somete a un Consejo de Guerra para averiguar las causas que motivaron su proceder. Esto es muy conveniente para desvanecer las sospechas de culpabilidad que pudiera haber, o para dejar caer el peso de la justicia sobre los que hayan procedido contra los dictados de las leyes del honor militar.

Así, pues, nunca debe considerar un militar que ha hecho lo bastante para dejar a salvo el honor militar, extremando la defensa del puesto que se le haya encomendado hasta que sea materialmente imposible sostenerse, y es entonces cuando, si no puede escapar al enemigo y se ve forzado a entregarse, ha de recordar el modo de proceder del General González Ortega en Puebla.

INICIATIVA

"La ejecución de las órdenes debe hacerse de manera inteligente, pues en las órdenes no se pueden prever todas las circunstancias, y entre más elevado es el mando son más cortas, y se deja amplio campo a la iniciativa."

Siempre se especifica la sujeción a las órdenes recibidas; pero si las circunstancias han cambiado al recibo de aquéllas, queda bajo el dominio de la iniciativa la modificación que debe hacerse. A tales razones obedece el que los encargados de la transmisión de las órdenes pongan en antecedentes al que la recibe de los motivos que tuvo el superior para darlas en tal o cual sentido.

La víspera de la batalla de Marengo, Napoleón, por un mal reconocimiento verificado por un oficial en las riberas del Bormida, frente a Alejandría, supone que el General Melas pretende escapársele hacia Génova, por haberle cortado su línea de comunicaciones con Austria, y envía a Dessaix por la carretera de Novi a hacer un reconocimiento, y aun él mismo se prepara a marchar en esa dirección.

Pero al amanecer del 14 de junio de 1800, sus tropas de vanguardia son atacadas por columnas austríacas y se entabla el combate, sosteniéndose Bonaparte hasta después de mediodía, a pesar de tener menos tropas que el enemigo.

Mas a las dos de la tarde se inicia la retirada, que cesa hasta la llegada apresurada de Dessaix, el cual, por diferentes motivos y principalmente por acudir al cañón, había vuelto grupas. Se restablece la batalla con este rasgo de iniciativa altamente recomendable y una reforma de órdenes recibidas que tuvo completo éxito.

Los alemanes le dan mucha importancia a la iniciativa, y la han practicado de manera amplia en las campañas de 1866, 1870 y 1871, lo mismo que en la actual guerra.

No obstante, debe estarse prevenido contra un exceso de iniciativa y no reformar órdenes terminantes que se hayan dado, porque desde el momento en que tal cosa se hace, el jefe tiene una gran responsabilidad, y si no obtiene éxito, se expone a ser juzgado por un Consejo de Guerra.

En los ejércitos bien organizados, en que cada individuo sabe el papel que le corresponde desempeñar, se deja amplio campo a la iniciativa, porque detallar hasta lo más insignificante es altamente contraproducente, ya que, como se ha dicho en otra parte, no se pueden prever todas las circunstancias, y por lo tanto, al presentarse un caso diferente a los que se hubieran señalado, el encargado de cumplir una orden no sabría qué hacer.

PATRIOTISMO

"Significa amor a la Patria."

Vosotros sabéis lo que es tener una madre que os ha llevado en su seno, que goza con vuestras alegrías, llora y sufre con vuestros pesares y tristezas; que anhela los más caros anhelos para que os forméis, para que, cuando os encontréis solos en el campo de batalla de la vida, podáis luchar y vencer las dificultades que se opongan a vuestra existencia.

Así como esa madre, ansiosa porque obtengáis un medio de vida y que se fatiga y preocupa en el sentido indicado, es la Patria, que es la prolongación del hogar y representa todas las familias que habitan en una región.

Y si a la madre que nos da el ser tenemos el deber ineludible de amar, de adorar, de servirle, de ayudarle, de sacrificarnos, si es preciso, por su bienestar, a la otra también debemos iguales deberes, empeños y sacrificios.

El patriotismo exige acallar los sentimientos egoístas que acuden a nuestra mente, siendo ello consecuencia de la comunidad de ideales e intereses que nos ligan con los coasociados. Y así como para cumplir con los deberes del hogar chico se requiere ser buen hijo, buen hermano, buen esposo o buen padre, para llenar los correspondientes al Hogar Grande tenemos que cumplir con los deberes de amistad y de ciudadano.

Existe una ingente necesidad de trabajar con tesón para formar los cimientos de una educación vigorosa que venga a echar por tierra viejos resabios, porque un pueblo no puede salir del marasmo que lo aniquila sino cuando tiene plena conciencia de sus deberes y derechos; cuando mira en lontananza los factores que responden a su progreso, formándolos en gracioso conjunto, y se abalanza a atraparlos; cuando marcha automáticamente por las luminosas sendas de la civilización y sus hijos piensan al unísono en el porvenir de la región que habitan.

Patriotas de Centroamérica han sido los padres de nuestra independencia: nuestros queridos indios que lucharon contra los españoles durante la conquista —entre otros, Lempira, Nicarao, Urraca, los jefes Quichés y Galel—; Morazán, Cabañas, los Barrios, los jefes de Estado que contribuyeron a desenraizar del suelo nicaragüense a las huestes de Walker.

Patriotas de diferentes nacionalidades que lucharon por la libertad de los pueblos, como Washington, Bolívar, San Martín, Sucre y Garibaldi.

VALOR, VOLUNTAD

Entre las acepciones de la primera palabra, encontramos la siguiente, para el caso de que tratamos: "Ánimo y aliento que desprecia el miedo."

La segunda: "Decisión consciente. Actitud de querer y poder hacer el bien. Designio, inclinación, propósito."

Algunos preceptistas han considerado varias clases de valores; pero nosotros consideramos solamente dos: el natural del individuo y el adquirido mediante la educación y el firme propósito del cumplimiento del deber.

Hay personas que sienten una gran fuerza interior que les impele a cometer actos que no son comunes, con suma tranquilidad, como si ejecutaran una cosa muy natural.

Otras, por el contrario, abrigan, por idiosincrasia, ideas de temor, y esto les obliga a proceder con aparente debilidad; pero mediante una educación apropiada y ejercitamiento de la voluntad, logran sobreponerse a sus nervios y proceder como si existiera en ellas un valor innato.

Tanto en la primera forma como en la segunda se puede llegar a la ceguera, tomando actitudes con peligro de la vida, lo que se llama valor temerario. Paralelamente a éste existe el valor reflexivo, mediante el cual, a pesar de que se aprecia en toda su magnitud el peligro a que nos exponemos, se marcha hacia adelante, sabedor de que se hace en cumplimiento de algo superior que nos impele a ello.

Ejemplos de valor, tanto en un sentido como en el otro, encontramos en la historia; pero debemos dar preferencia al segundo, para que podamos darnos cuenta de cuándo es indispensable el sacrificio en cumplimiento de una misión que se nos exige.

Es de gran importancia el valor, y no solo en asuntos militares tiene empleo, sino en muchos actos de la vida.

En una ocasión se encontraba comiendo una tropa de agrimensores en un bosque de Virginia, cuando de pronto oyeron un espantoso grito, seguido de otros en el mismo sentido. Los agrimensores se dirigieron hacia donde resonaban las voces y vieron a una mujer que, sujeta por varios hombres, hacia ellos —pero de porte y estatura varoniles— exclamó:

"¡Oh, señor! Seguramente haréis algo por mí. Decid a estos mis compañeros que me suelten. ¡Mi hijo, mi pobre hijo, se está ahogando y me impiden que vaya a salvarlo!"

Uno de los que la sujetaban contestó:

"Fuera locura. Se echaría al río y la rápida corriente la arrastraría en un momento."

El joven aludido se quita la chaqueta, corre al río, se dirige al sitio en que aparecían las ropas del niño, recoge el cuerpo endeble y, después de una lucha espantosa sostenida con la corriente que tiende a arrastrarlo, logra volver sano y salvo con su preciosa carga a la orilla del río.

"Aquel valiente joven era JORGE WASHINGTON."

Y más adelante, nos proporciona un ejemplo de valor que impone el cumplimiento del deber:

"En la campaña de Crimea, de ingleses, franceses y turcos contra los rusos, el jefe del batallón inglés número 93, al ver venir contra ellos, en la batalla de Balaklava, una furiosa carga de caballería, les gritó:

—¡Mantenerse firmes! ¡Que cada cual muera en su puesto!

—Así lo haremos —contestaron los soldados."

Muchos perecieron en su lugar por disciplina, pues muy pocos podían contemplar impávidos el rápido avance de una serie de escuadrones de caballería con la melena al aire y el sable levantado para destrozarlos.

El valor en un general torna muchas veces en victoria una derrota casi segura de sus tropas, en momentos en que éstas buscan ánimo en sus oficiales, pues el suyo flaquea.

César, en una de sus batallas en España, cuyo resultado parecía indeciso e inclinarse más bien del lado de sus enemigos, se lanza furioso en medio del combate con su lanza y escudo para animar a sus tropas, y esta decisión le da el éxito.

Digno de mencionarse es el acto de Napoleón en Lodi, aunque algunos historiadores aseguran que no fue él, sino Augereau. Sea de ello lo que fuere, el caso es el siguiente:

Al ver que las tropas retroceden en el puente de Lodi, toma la bandera, se lanza sobre el puente a la cabeza de sus granaderos. Los austríacos hicieron un fuego terrible, cegando vidas francesas, pero aquella masa no cejaba en su avance; los artilleros dejaron sus piezas y los fusileros pusieron pies en polvorosa.

Los franceses cruzaron, pero en una vuelta ofensiva de los contrarios, el general fue nuevamente repelido; sus tropas caen a un lado del camino, en medio del lodo, y queda, sin advertirlo los austríacos, entre sus filas.

Mas los franceses se dan cuenta, cobran nuevo brío y tornan a la carga, sacando del campo enemigo a su general.

La voluntad es una de las facultades de mayor trascendencia en la vida de una persona. Ella resume la decisión, perseverancia, audacia, instintos, pasiones, deseos y carácter. Constreñirse a adquirirla es hacerse hombre, lo que significa un elemento apto para la lucha; a quien no afligen contratiempos de ninguna especie.

Marden dice: "Vale menos el talento que la fuerza de voluntad; la mala suerte no existe."

Y de Milton, después de referir que terminó su inmortal poema El Paraíso Perdido estando ciego: "Rara vez han favorecido las circunstancias a hombres eminentes, sino que hubieron de abrirse paso al través de toda clase de impedimentos y obstáculos."

Goethe afirma: "Quien tiene firme voluntad modela el mundo según le place."

Y como en corroboración de esto, nos refiere Marden lo que sigue:

En 1837, el Canciller Kent, de Nueva York, dio un convite en obsequio de las personas más distinguidas del país. Entre los invitados estaba un joven francés de aspecto melancólico y taciturno, y el Profesor Morse, quien insinuó a su amigo, el estadista Gallatin, que se fijara en la hermosa frente del extranjero, que denotaba poderoso talento.

Gallatin respondió:

—Ya le conozco. En verdad que tiene hermosa cabeza, pero es algo fantasioso, pues nada menos que se le ha metido en la mollera ser Emperador de Francia. ¿Ha oído usted mayor absurdo?

Y aquel "fantasioso", que albergaba en su mente un absurdo, fue Emperador de los Franceses en el año de 1851: era Napoleón III.

Los hombres que acarician un ideal y estudian todos los medios para lograrlo, por imposible que parezca, al fin lo ven coronado por el éxito.

Juan Jacobo Rousseau ha confesado que, para escribir sus obras —que ejercieron una gran influencia en la Revolución Francesa—, tuvo que luchar mucho: pasaba muchas noches modelando una frase hasta conseguir la forma que deseaba.

Platón, el ilustre filósofo griego, batalló días enteros para poner definitivamente la primera frase de su obra La República, cuando toda ella estaba terminada.

Por medio de la voluntad vencieron el miedo grandes capitanes como Turena, Federico y Wellington, que, según confesión propia, lo sintieron muchas veces en sus primeras batallas.

En la batalla de Waterloo, dice Marden, dos oficiales franceses recibieron la orden de adelantarse a cargar contra fuerzas superiores. Uno de ellos, al notar en el otro muestras de miedo, le dijo:

—Me parece que estáis temblando.

—Sí, tiemblo —contestó el aludido—, pero si vos temblarais la mitad de lo que yo, ya hubierais huido.

El mismo nos cuenta el siguiente suceso:

"Cuando Nelson era niño, lo encontró un pariente vagabundeando lejos de su casa y le dijo:

—¿No has tenido miedo de ir tan lejos?

Nelson contestó: —¿Miedo? No sé qué es.

Pensar que una cosa no es posible, es hacerla imposible. El valor es victoria; la timidez, derrota."

Se dice comúnmente que en la guerra la muerte persigue a los cobardes y respeta a los valientes. Lafayette lanza su caballo sobre la boca de un cañón con que le apuntan, y el cañón no dispara.

Cuántas veces Napoleón vio rebotar a sus pies granadas, y mientras sus ayudantes se inmutaban, él permanecía tranquilo, siendo proverbial su frase: "La bala que me ha de matar no se ha fundido aún."

La fuerza de voluntad, que educa nuestros nervios y nos hace permanecer impávidos o dominarnos para cumplir con el deber, es, pues, cualidad preciosa que ha de poseer un soldado.

Vamos a ver lo que se necesita, por ejemplo, para acomodar el espíritu de reflexión.

Lo único que se necesita, dice Yoritomo Tashi, es la concentración, denominada por algunos el eje de la energía. Esta se consigue mediante los ensayos siguientes:

Primero.—Ante todo, sentarse en una silla de manera bastante cómoda, para que una sensación de comodidad física no turbe el espíritu con las impresiones de una molestia.

Segundo.—Dirigir todo el esfuerzo de que se sea capaz a sostener la decisión de permanecer completamente inmóvil durante cinco minutos al principio, diez y aun quince después.

Tercero.—Renovar tal ejercicio con frecuencia, hasta que los diez minutos de inmovilidad se obtengan sin fatiga y sin tensión nerviosa.

Cuarto.—Cuando este esfuerzo físico haya terminado por ser familiar, entregarse al asunto objeto de la meditación, concentrando el pensamiento en él exclusivamente.

"Todo esto que, a primera vista, pudiera parecer infantil, no se halla, sin embargo, al alcance de todos."

Diez minutos de inmovilidad completa es ya un esfuerzo que muy escasas personas son capaces de realizar; pero diez minutos de meditación sobre un mismo asunto, sin que nada logre desviar de él el espíritu, únicamente son posibles a los adeptos de la energía, familiarizados con el poder del recogimiento y del aislamiento moral, merced a experiencias precedentes.

CONCLUSIONES FINALES

Hemos tratado los diferentes puntos que forman el cuerpo de la presente conferencia de una manera general, sin darles la amplitud debida, porque, elaborada en medio de las labores cotidianas, de índole diferente, no era posible proceder de otra manera, pensando para lo de adelante escribir algo más extenso y documentado que el presente trabajo.

En los ejemplos que se traen a colación sobre diferentes materias, no se han podido deslindar los parentescos entre una y otra virtud, porque la misma naturaleza del asunto no lo ha permitido.

Hay que tener en cuenta que todas las virtudes mencionadas —y otras que se nos quedan en el tintero— son indispensables para un militar que trata siempre de cumplir con su deber, aunque existen algunas, como el honor y la disciplina, que se sobreponen a otras por muchas razones.

Para tener un amplio conocimiento sobre las virtudes militares, es preciso consultar la historia, la cual registra con cuidadoso esmero las páginas brillantes de los hombres que se han distinguido al través de todos los tiempos, así como los procesos y sentencias de los que han echado borrón tras borrón sobre el buen nombre de sus pueblos, con su conducta escandalosa e inconveniente en pro de los intereses de los mismos.

(Tegucigalpa.—Escuela de Artillería.—1915)

Personal de la Academia Militar de 1917.

CAPÍTULO XVII: HOMENAJE DEL EJÉRCITO AL GENERAL MORAZÁN

I

Vengo, en representación del Ejército de la República, a tributar un recuerdo al General Francisco Morazán.

Hace 128 años que vino al mundo este ilustre hondureño, que tuvo participación en los asuntos centroamericanos en el período de gestación federal. Tomó parte en 33 acciones de armas, saliendo victorioso en 29, y de las restantes, dos retiradas gloriosas y dos derrotas de sus tropas, cuando no estaba él presente.

Presidente de Centro América durante dos períodos consecutivos; Jefe de Estado en Honduras, El Salvador y Costa Rica; Benemérito en algunos Estados. Dueño de generales simpatías a través de un largo período de su vida política.

Un hijo del pueblo; curioso en sus mocedades y deseoso de instruirse, luchó por conseguirlo en el radio de acción que le permitían sus amistades; escritor distinguido; de plática agradable, de buena presencia; de maneras cultas y caballerosas, criterio y juicio claros; valiente y sereno en el peligro; contemporizador hasta el exceso; de gran linaje, amante ferviente de Centro América y sostenedor incansable de la unidad nacional.

Consecuente con su partido hasta la saciedad; pulcro en el vestir; los vencidos tienen con él amplias garantías, y los heridos del enemigo merecen su especial atención; magnánimo y bueno, y sano de alma y cuerpo.

Conocedor a fondo de las capacidades militares de sus adversarios, se aprovecha de ello para derrotarlos haciendo filigranas; aplica la estratagema con tal sentido práctico que siempre obtiene el éxito que desea; se apega a las circunstancias para la resolución de los problemas político-militares, sin pretender ir nunca contra lo imposible; sensato en sus resoluciones, pronto para ejecutar, aplica la maniobra apropiada y ajusta sus marchas a las necesidades de la guerra; grande e infatigable cabalgador, a pesar de las penalidades de una campaña interminable, nunca se le ve flaquear; por el contrario, el fatigoso trabajo redobla sus energías y le mantiene siempre listo para obrar en el momento oportuno.

Amigo de la libertad de imprenta, de la instrucción, de las reformas avanzadas; es, en fin, el General Francisco Morazán, un hombre superior a su tiempo; la montaña enhiesta que desafía las tempestades; el diamante, la verdad, el progreso, la encarnación de un ideal, el hombre predestinado para echar los cimientos de una gran Nación, defenderla contra las incursiones de extranjeros enemigos y, por todas estas condiciones, inmerecido para un medio que se ahogaba en las intrigas lugareñas, incapaz de sobreponerse a las pequeñeces humanas, y llamado, por ende, a ahogar al titán a quien le hacía falta el aire para respirar en el laberinto centroamericano.

II

Desde tres puntos de vista se puede estudiar al General Francisco Morazán: como político, como reformador y como militar. Nosotros lo bosquejaremos en este último aspecto.

Un estudio detallado sobre las campañas de Morazán daría mucha luz a nuestros hombres de guerra, pues al presente no se han desmenuzado las enseñanzas que dejó, ni se ha intentado nada por el interés histórico-militar.

La dificultad de un abrevadero para obtener los datos preciosos que nos hubieran guiado para efectuar un trabajo interesante, nos impide estudiar sus campañas, y por eso, sólo haremos algunas observaciones acerca de sus procedimientos tácticos, estratégicos, empleo y uso de las diferentes armas.

Por párrafos de las memorias del ilustre guerrero, entendemos que las tropas marchaban divididas en dos cuerpos, llamándose al uno vanguardia y al otro grueso o cuerpo principal; pero cuando el núcleo de tropas era considerable, entonces enviaban por delante una fracción, compuesta de la mitad o tercera parte, avanzada a algunas jornadas, para explorar o reconocer el campo o teatro de operaciones.

En el combate, estas tropas se desplegaban en tiradores (guerrillas), y quedaba una reserva general para acudir al punto en donde flaqueara la defensa, o a aquel donde fuera preciso dar el golpe de gracia al adversario.

La seguridad a inmediaciones del enemigo y en estacionamiento se conseguía con el establecimiento de grandes guardias, sirviendo éstas, muchas veces, para hacer ataques demostrativos o simulados, y llamar así la atención, atrayendo las fuerzas del enemigo al lugar contrario al del ataque.

Las fuerzas de Morazán, antes de entrar en campaña, recibían instrucción, se preparaban y aguerrían. Esta preparación previa, el cariño que dispensaban al jefe y la competencia nunca desmentida de éste, eran una garantía de buen éxito. Las tropas hacían marchas forzadas cuando el caso lo requería.

Dentro del campo de la táctica era un verdadero perito en la materia. Sabía disponer el combate, daba instrucciones precisas y los resultados respondían a sus previsiones.

Empleó la estratagema con magníficos resultados en la primera toma de Guatemala y en El Espíritu Santo.

No era partidario de los asaltos a viva fuerza, sino cuando el caso lo requería.

Sus dispositivos estratégicos, para la defensa de las poblaciones civiles contra el ímpetu salvaje de Carrera, la distribución conveniente de los destacamentos y divisiones volantes, bien enlazados y ajustados al terreno, demuestran una vasta concepción.

Siempre que obtenía una victoria, procuraba redondearla por medio de la persecución y aniquilamiento del enemigo.

Mediante una intuición poderosa, sabía aprovecharse de las líneas interiores en Gualcho como en El Espíritu Santo, en San Salvador como en Guatemala.

Sabía elegir tanto una posición táctica como estratégica; conocía la fortificación y la aplicaba, buscando el personal apropiado al efecto.

Disponía de las diferentes armas y sabía asignarle a cada una su papel: infantería, caballería, artillería e ingenieros.

Los infantes, bajo su experto mando, parecían veteranos a los pocos días de estar en las filas. Los alentaba cuando flaqueaban en el combate, se preocupaba por su alimentación y salud lejos de aquél, los mimaba y cuidaba cuando estaban heridos, y era el primero en darles el ejemplo de arrojo en los momentos difíciles.

Esta infantería se lució doquiera le tocó batirse.

Fue heroica en Amatitlán, al mando del Coronel Manuel A. López, en donde cincuenta derrotan a ochocientos, y al terminar la refriega vuelven a principiar con igual suerte, contra la mitad del número anterior.

Fue heroica en grado máximo en San José de Costa Rica, en donde ochenta, entre texiguats y salvadoreños, hacen una resistencia firme, durante ochenta y ocho horas consecutivas, a más de cinco mil hombres hambrientos y sedientos de su carne y de su sangre.

El infante federal es el símbolo del valor, del honor y de la gloria.

La caballería triunfa en Las Charcas, carga furiosamente en la capital guatemalteca y en la salvadoreña; avezada al peligro, fuerte y astuta, esgrime la lanza con agilidad y destroza e infunde el pánico doquiera se presenta.

La artillería presta útiles servicios en los diferentes combates en que toma parte; pero sobresale en la primera toma de Guatemala.

El fusil de chispa, la lanza y el cañón de avancarga desempeñan un papel poderoso en las manos de las fuerzas federales, bajo la dirección de soldados invictos como Morazán, Cabañas, Raoul, Saget, Barrios, Carballo, Benítez y cientos de esforzados patriotas que quisieron mantener la unidad nacional.

Funciona el Estado Mayor del Ejército y el divisionario. Las instrucciones que se dan para la primera toma de Guatemala ponen de manifiesto un profundo conocimiento del arte de la guerra, lo mismo que las prescritas para el memorable combate del 23 de julio en San Salvador.

Se comprende que no es un solo hombre quien lleva el peso de la guerra, sino que hay dignos colaboradores que marchan al unísono con el pensamiento del Jefe. Se adivina la unidad de mando y la distribución apropiada de funciones.

III

Esbozada en la primera parte la figura del ilustre imán de la guerra y dados a conocer algunos puntos salientes durante los dieciséis años de lucha agitada que le tocaron en suerte, en la segunda parte vamos a terminar haciendo algunas consideraciones generales.

El teatro de la guerra, prácticamente, de 1826 a 1842, abarcaba toda la República de Centro América. Los teatros y zonas de operaciones quedaban, naturalmente, en las diferentes secciones de la República Federal, acodadas a las montañas; los puntos estratégicos los componían las capitales de los Estados, teniendo principal importancia Guatemala y San Salvador, donde estuvieron asentados los Poderes Supremos de la República.

El ejército federal era pequeño, relativamente, para poder dominar tan vasto territorio. El despertar a la libertad, con el resurgimiento de ambiciones desmedidas; las luchas de partido; la creación de medios de acción político-económico; en fin, el enjambre de dificultades que se ofrecían como un presente del Averno, no eran para ser dilucidadas sino por el cerebro de un genio. Pero ese genio no podía luchar contra la traición y el desbarajuste de la conciencia de seres sin fe ni ley, sin visiones y sin ideales, y hubo de convenir con la Providencia que era preciso se derramara mucha sangre centroamericana para restablecer el equilibrio, sacrificándose, en primer término, en aras de la redención.

¿Hasta cuándo terminará tan terrible expiación? ¿Cuándo dejaremos de matarnos, hermanos con hermanos? ¿Hasta cuándo cesará de regarse la tierra con sangre y lágrimas, lágrimas y sangre que ocasionan nuestro aniquilamiento? ¡Solamente el tiempo podrá responder con acierto!

Entretanto, conviene deducir las enseñanzas que dejan esos sangrientos sucesos, y para esto, tamizar los combates más notables como: Gualcho, Guatemala, San Salvador, El Espíritu Santo, San Pedro Perulapán y San José de Costa Rica; e imitar al hombre que, para mantener sus prestigios, no prodiga ascensos; sostiene la disciplina de sus tropas; no permite el robo ni el atropello a la población civil; poseedor de un alto espíritu humanitario; sostiene sus principios con abnegación, energía y constancia; no entiende sino de una política franca, a plena luz; del que sabe cumplir con su deber, cueste lo que cueste, y morir protestando su amor a la Patria.

Tegucigalpa, octubre 3 de 1920.

LA FORTIFICACIÓN PASAJERA EN LA GUERRA MODERNA: LAS TRINCHERAS

En los primeros días de la guerra europea, cuando el empuje avasallador de los alemanes hacía caer las plazas de Bélgica cual castillos de naipes, bajo la influencia de varita mágica; cuando el enemigo, rompiendo valladares de hombres, arrollando obstáculos, cruzaba la frontera francesa, semejando una carga de caballería furiosa y terrible; cuando la fiebre de destrucción rompía con todos los preceptos de la civilización moderna; cuando la pujante fuerza de un adversario preparado con mucha anticipación en los campos de maniobras, para enfrentar difíciles situaciones, barría, aniquilaba, destrozaba, pulverizaba todo cuanto se oponía a su paso mediante la aplicación de la maza sobre un gran frente, se dijo y se repitió hasta el cansancio que era llegada la hora en que los cañones se sobreponían a todas las armas y medios de defensa, y que ningún tropiezo se podría oponer para impedir el avance de un adversario osado y pletórico de magníficos medios ofensivos.

Así, según las primeras impresiones, parecía que la fortificación permanente y la pasajera habían desaparecido del escenario de las luchas modernas; pero los mismos acontecimientos nos demostraron, pocos días después, que eran falsas todas las deducciones que se habían hecho al calor de los primeros y sorprendentes triunfos alemanes.

En efecto, el punto de partida para un cambio en el derrotero de las apreciaciones fue la derrota del Marne, mediante la cual las fuerzas batidas tuvieron que retroceder hasta los lugares atrincherados y señalados de antemano como las barreras que se opondrían a las persecuciones de los aliados.

La fortificación se ha salvado por el desastre del Marne.

El criterio acerca de los medios defensivos y ofensivos en la guerra moderna cambió de frente violentamente. A la dinámica sucedió la estática. Se estacionaron las fuerzas adversarias frente a frente y comenzó a entrar en juego la fortificación pasajera, la fortificación del momento, hasta dejar plenamente redondeado el tipo de lo que se ha denominado "guerra de trincheras".

El continuo bregar entre franceses, belgas e ingleses contra los austro-alemanes se ha localizado en las trincheras, confortadas con los adelantos modernos. En ellas se establecen depósitos de municiones para infantería, bombas de mano, enfermerías, víveres, dormitorios y abrigos en general para las tropas; allí se encuentran las máquinas de guerra de todos los tiempos, desde la catapulta hasta el poderoso cañón de cureña fija; de allí se manda la muerte por medio de la bala o el gas asfixiante; son los puntos de partida para la construcción de minas que han de volar al enemigo, que en varias ocasiones no se encuentra sino a cincuenta metros de distancia; es allí, en fin, en donde el alma acostumbrada al peligro contempla de pie a la muerte, sin que un solo músculo de la cara del individuo experimente la menor contracción.

Los actuales campos de batalla en Europa simulan plazas fuertes, representadas por cada uno de los ejércitos adversarios; se usan, como para el ataque de aquellas, líneas de trincheras paralelas unidas por medio de otras en zigzag, para trasladarse de unas a otras completamente a cubierto de las vistas enemigas; los parapetos cubiertos con sacos terreros, dejando aspilleras para ejecutar el tiro, precaución que se toma además de poseerse los periscopios; por delante de las trincheras se colocan defensas accesorias: caballos de frisa, pozos de lobo, estacadas, alambradas, etc., etc.

Es evidente el progreso de las armas de infantería, caballería y artillería, aviación, servicios de administración, sanidad y Estado Mayor; pero hay que convenir en que, si es verdad que la ayuda recíproca entre las diferentes armas y servicios de la guerra moderna es de colosales proporciones, la que ha prestado la fortificación debe colocarse en primer lugar, porque es ella la que, convenientemente adaptada al terreno, ha hecho posible la prolongación de una lucha gigantesca, en medio de los más poderosos medios ofensivos.

Tegucigalpa, diciembre de 1917.

(Boletín del Ministerio de Guerra y Marina)

PLÁTICAS MILITARES

Agonía de la humanidad. — Vuelos gigantescos del arte y ciencia de la guerra. — La ciencia triunfa dejando a su paso regueros de sangre.

La ciencia militar hace experiencias. Tiene los elementos en los hombres y sus industrias. Siega cabezas para demostrar la infalibilidad de sus métodos de destrucción, basados en principios altamente científicos; produce grandes correntadas de patriotismo, ocasiona la locura del aniquilamiento mutuo de los seres humanos; siembra odios, la envidia se pone de pie y, ante el grandioso espectáculo de la guerra, esgrime la guadaña con maestría.

¿Qué importa que el alma se estremezca de espanto en ciertos momentos, si vuelta la reacción se encenderá la lucha nuevamente y proseguirá el rodar de cabezas? Se cumple una ley fatal: el desaparecimiento de los débiles para el glorioso resurgimiento de los fuertes en medio de encrespadas olas homicidas.

El fin de la guerra es la destrucción del adversario. Atila, Juana de Arco o el que pretendió barrer el paso en las Termópilas al ejército de Jerjes, se encuentran en el mismo plano: vencer o morir, caer a las profundidades del no ser o levantarse por encima de las nubes, estrujando, rompiendo cráneos.

La guerra, que ofrece sus brillantes coloridos a la historia, se presenta como una necesidad para la vida. Eso significa en nuestras luchas civiles; eso significa en todos los pueblos. De allí que debemos preocuparnos por aprender a luchar, para salir airosos en este pugilato por la existencia.

La humanidad no sucumbirá en estos atléticos combates. Pedazos de su masa quedarán dispersos en este bregar portentoso, pero la ciencia que ha cooperado al descuajamiento de pueblos ayudará a los restos de su cuerpo para levantarse altiva y soberbia sobre los escombros y hacer más grata la vida a los que escapen de la hecatombe.

AUTOMEJORAMIENTO

El trabajo dignifica al hombre. Las leyes divinas y humanas exigen que se rinda tributo al trabajo; el alma del progreso se cristaliza en él.

Todo ser pensante está llamado a desempeñar una misión en la vida. Quien no la desempeñe en pro de sus intereses propios y comunales, se traiciona y traiciona a sus coterráneos.

La ley del triunfo se puede representar por una recta que, trazada desde el origen de las coordenadas (energías y tiempos), sostiene la proporcionalidad entre abscisas y ordenadas, y caracteriza al individuo que marcha firme y decidido hacia la meta deseada, sin contar peripecias ni esperas, porque no han servido sino para avivar la llama de su fuego interior.

La ley de los fracasos nos la representamos por una línea quebrada, sin más proporcionalidad que en tramos cortísimos que no merecen estudiarse, sino cuando lleva dentro del alma un inquebrantable propósito de vencer.

Las fuerzas generadoras de las energías acumuladas en nuestro interior se agitan, y son como las moléculas eléctricas que se encuentran esparcidas en el espacio y que, al juntarse en masas de alguna consideración, producen fenómenos de altísima resonancia.

Armado el individuo para la lucha, puede convertirse en hombre de acción: única fórmula solucionadora de ideales de progreso, pues todo conjunto de pensamientos en el campo de la teoría, sin el corolario de la acción, ocasiona malbaratamiento de energías, embotamiento y nulificación de los elementos locomotivos.

Grande es el poder de la palabra; pero más grande y fructífero es el de los hechos, con la majestuosa y elocuente sencillez de resultados palpables. La ejecución sigue al pensamiento, y así se le dignifica. Quien quiera avanzar, debe emplear el presente y jamás el futuro: entre "ejecutaré" y "ejecuto", entre "mañana" y "hoy", existe un número de casos posibles siempre inferior a la certeza.

La congruente solución de problemas graves va precedida de dolorosa gestación, por lo cual debe observarse, meditar, desmenuzar las cosas para verlas bajo todos sus aspectos, pues solamente así se forjan las piezas para la brújula del éxito.

Tendamos a nuestro mejoramiento; seamos hombres de acción; lancémonos atrevidamente a los campos de la práctica y cubramos nuestras determinaciones con el mágico manto de la energía, para escalar las altas cimas del progreso que tanto hemos menester.

ENSEÑANZA MILITAR QUE DEBE IMPARTIRSE EN LAS ESCUELAS PRIMARIAS Y SECUNDARIAS

Se tiene una idea errada entre el elemento civil respecto a la magnitud de los conocimientos militares que deben enseñarse a los de aquel gremio. Comúnmente se dice que se da a un grupo de individuos "instrucción militar", cuando lo que se hace es enseñarles prácticamente movimientos, formaciones y evoluciones de alguno de los reglamentos tácticos.

La palabra instrucción militar es más vasta: por sí sola significa un caudal de conocimientos de gran magnitud que no cualquiera puede poseer, ni aun en caso afirmativo traspasar en unas cuantas sesiones orales, por más objetiva y práctica que se dé.

A nuestro entender, como los estudiantes de los diferentes centros no deben estar relevados de prestar servicios militares y tarde o temprano han de darlos en una u otra forma, conviene que poco a poco se vayan ilustrando acerca de las obligaciones del soldado.

En este concepto, la enseñanza militar que se les imparta ha de abarcar un regular número de materias, de las cuales, aunque sólo se les pusiera por delante lo más sobresaliente, sería suficiente para que estuvieran más tarde en condiciones de enterarse de ellas por completo, cuando así lo desearan o tuvieran verdadera necesidad de echar mano de aquellos conocimientos.

Así, las materias en que convendría instruirlos serían: Ordenanza, Código Militar, Ley Orgánica, Reglamentos Tácticos de las diferentes Armas, Reglamentos del Servicio Militar Obligatorio, Reglamento de Tiro, Armas Portátiles, Historia Militar, Higiene Militar, Fortificación Pasajera, Puentes de Madera y Topografía.

Estas materias, intercaladas entre las demás de sus estudios civiles, podrían estar a cargo de un oficial por cada curso en las Escuelas y Colegios de Segunda Enseñanza, bastando un oficial para cada una de las primarias.

El número de materias que presentamos parece muy grande, pero en verdad, reducidos los programas únicamente a nociones, no lo es. Naturalmente, hay trabajos que tendrían que llevarse a fondo, como las prácticas de tiro y aquellas que, como la Fortificación, Topografía y Puentes, debieran verse prácticamente para un aprendizaje.

Si el Estado lograra desprenderse de las atenciones de los Colegios de Segunda Enseñanza dejándolas bajo el cuidado de particulares o sociedades organizadas, otorgándoles tan sólo una subvención, podría dedicarse a fortalecer la Instrucción Primaria, las Escuelas Normales y todas aquellas de carácter práctico por excelencia.

Si el Estado se desligara de tales atenciones —decimos—, podría concentrar sus recursos a establecer debidamente los demás centros, organizándolos de acuerdo con los cánones militares, forjando así, bajo una base firme, los escudos de la defensa nacional, los motores de su futuro progreso y bienestar.

Quizá se tema a la disciplina militar, pero sin razón. A saber, ésta, en esencia, no es sino una manifestación de fina educación, de cronométrica exactitud en el cumplimiento de deberes y obligaciones, para lo cual se hace la presión necesaria.

La disciplina premia y castiga, establece distinciones entre los buenos y malos; es el termómetro para juzgar a un individuo o a un grupo de asociaciones con fines determinados, teniendo a éste o a aquéllos en buen concepto según que sean o no disciplinados.

Probablemente, al organizar las escuelas civiles bajo un régimen militar, convendría establecer los estudios por semestres, porque los estudiantes, entre nosotros, no tienen noción del valor del tiempo que pierden, y reduciéndoles el período en que tendrían que presentar sus pruebas, se les obligaría, mediante experiencias dolorosas, a que aprendieran lo que aquél significa.

CUERPOS DE ZAPADORES

Los cuerpos de zapadores prestan importantes servicios a las tropas de diferentes armas: remueven los obstáculos que se oponen al paso de la artillería rodada, construyen puentes con los recursos del lugar o establecen los reglamentarios que llevan para el paso de la artillería, caballería e infantería sobre pequeñas barrancas y aun sobre las más caudalosas corrientes.

Bajo el fuego enemigo, y protegidos por tropas de infantería, construyen trincheras y abrigos de diferentes clases para el avance de estas tropas. Trabajadores incansables, se preocupan constantemente por disminuir fatigas y pérdidas a las tropas amigas, siempre listos para prestar su contingente en paz o en guerra.

La historia de las tropas de zapadores es de abnegación y valentía. Allí están los puentes construidos sobre el Berezina para salvar los últimos restos del gran ejército napoleónico; los construidos sobre el Danubio por los rusos (campaña de 1877-1878) para continuar el arrollamiento de los turcos; y el establecido por Bonaparte sobre el

Adigio (campaña de 1796 en Italia) para dar el golpe final a los austríacos en la célebre batalla de Arcole. Muchos más ponen muy alto el nombre de estos soldados que manejan tan bien el fusil como la pala.

La creación de uno o aun siquiera de estos cuerpos prestaría grandes utilidades. Además de ser tropas que estarían disponibles para cualquier servicio de carácter militar, se podrían emplear en: reparación y apertura de vías de comunicación; construcción de puentes de madera y reparación de similares; levantamientos topográficos para la confección del mapa de la República; trabajos ligeros de introducción de aguas; transporte de material de guerra.

Al establecer en las poblaciones bombas de incendio en las Direcciones de Policía, ellos podrían encargarse de su manejo, pudiendo empleárseles, en general, en todas aquellas faenas que tuvieran relación con su profesión característica de zapadores.

Desde luego, se pondrían al frente de estos cuerpos a ingenieros; se crearía un servicio militar especial por un período de dos años. Retribuyendo bien al personal y ofreciéndole garantías de quedar libres de todo servicio durante la paz, creemos que se garantizaría el éxito de los trabajos.

El Batallón de Zapadores puede pagarse con los gastos que anualmente se dedican a la reparación y apertura de carreteras. En tiempo de paz recibiría instrucciones del Ministerio de Fomento para la reparación o apertura de ciertas vías, quedando en tiempo de guerra únicamente bajo la dependencia del ministerio respectivo.

Al trasladarse de un lugar a otro, bastaría señalarle el tiempo en que debería transportarse para que esto le significara la magnitud de los trabajos que sería preciso emprender en el trayecto.

Así, al recibir la orden, por ejemplo, de marchar para Comayagua y llegar a aquella ciudad después de tres meses, estacionándose en tres o cuatro puntos del camino, indicaría que emprendiera reparaciones de importancia, continuara la apertura de la carretera, estableciera puentes, alcantarillas y, en general, mejorara el tráfico, fuera de que de antemano estaría entendido que tenía la obligación de componer todo desperfecto que encontrara sobre cualquier camino que pasara y siempre que se lo permitiera el tiempo disponible para su traslación de una a otra ciudad.

Para organizar en debida forma el Batallón de Zapadores, sería preciso proveerlo de todos los aparatos de ingeniería que tuviera menester y herramientas; pero estos gastos no serían onerosos y, por otra parte, se irían haciendo poco a poco.

A continuación, presentamos un proyecto de presupuesto anual:

BATALLÓN DE ZAPADORES — PRESUPUESTO ANUAL

Batallón de Zapadores

Plana Mayor

		DEVENGAN	
		Por mes	Por año
1	Coronel .... $	300.00	$ 3.600.00
1	Teniente Coronel	200.00	2.400.00
1	Mayor	150.00	1.800.00
1	Mayor Médico	150.00	1.800.00
1	Capitán Ayudante	100.00	1.200.00
1	Subteniente Subayudante	75.00	900.00
1	Teniente Guardalmacén, Proveedor y Jefe de Equipajes	90.00	1.080.00
2	Sargentos 1ros. Escribientes, a $ 60.00 cada uno	120.00	1.440.00
1	Sargento 2º Armero	42.00	504.00
1	Cabo Talabartero	37.50	450.00
1	Cabo de banda	37.50	450.00
			$ 15.624.00

4 Compañías, cada una con:

1	Capitán	100.00	$ 1.200.00
1	Teniente	90.00	1.080.00
2	Subtenientes, a $ 75.00 cada uno	150.00	1.800.00
1	Sargento 1º	45.00	540.00
3	Sargentos 2os., a $ 41.10 cada uno ...	123.30	1.479.60
12	Cabos, a $ 47.50 cada uno	450.00	5.400.00
120	Soldados ($ 1.12 diarios) $ 33.60 cada una	4.032.00	48.384.00
4	Cornetas (o dos cornetas y dos tambores), a $ 33.60 cada uno	134.40	1.612.80
			$ 61.496.40

4 Compañías, a $ 61.496.40 cada una		$ 245.985.60
1 Plana Mayor		16.524.00
Costo anual del Batallón de Zapadores		$ 261.609.60

Según datos de la Memoria de Fomento (1915-1916)

191

Se invirtieron en ese año $229,021.69 en la Carretera del Sur y $128,259.25 en la del Norte, o sea un total de $357,250.94; de manera que, formando el Batallón de Zapadores sostenido exclusivamente por Fomento y destinando una Compañía a los trabajos de la Carretera del Norte y tres a la del Sur, se tendría una economía, por de pronto, de $95,641.34.

Pero pongamos que no se elevara sino a $50,000.00, sería una economía no despreciable, sobre todo en períodos de crisis como el actual.

Nada hay factible cuando se principia por estudiar los inconvenientes de un proyecto con la idea de encontrar argumentos para oponerse a su verificación; entonces no es posible que se progrese. No hay ningún negocio o empresa de cualquier índole que no presente ventajas y desventajas; pero cuando se tiene la firme voluntad de hacer algo digno de provecho, sobre todo cuando se trata de una Nación, se han de estudiar los asuntos que llevan en sí un progreso efectivo, para romper el bloque de la inercia.

(Revista "La Semana". — Tegucigalpa, 1915)

DISCURSO PRONUNCIADO EN LA INAUGURACIÓN DE LA ACADEMIA MILITAR POR EL DIRECTOR, INGENIERO MIGUEL A. RAMOS

Señor Presidente:

Señor Ministro de la Guerra:

Señores:

Profesan los países civilizados principios que están acordes con la división del trabajo, convencidos de que es la mejor garantía para obtener un rendimiento máximo, pues sorprendidos día a día los secretos a la ciencia y encontradas nuevas aplicaciones a los factores de progreso, se va haciendo tan amplio el campo para el pugilato de las energías humanas, que no es posible a la molécula hombre, considerado como un infinitesimal de los seres humanos, llenar el vasto programa que pueda satisfacer a una comunidad.

Y aunque el genio, ser privilegiado, traspasando el límite de las comunes inteligencias, lance al espacio, aprovechando la fuerza viva del potencial que anida en su cerebro, un invento, un descubrimiento de trascendentalísima importancia, no es él solo capaz de explotarlo y descubrir sus infinitas aplicaciones, debiendo dejar esto bajo el control de un conglomerado de personas que, asociando pensamiento y voluntad, obtengan al cabo del tiempo el resultado apetecido.

Y este fenómeno, que se repite en todos los órdenes de la actividad humana, se repite también en el caso concreto de la defensa de una nación, al tratar de garantizar su libertad, su independencia y colocarla sobre un alto pedestal donde nadie pueda hacer bambolear sus instituciones, preocupándose, al efecto, por crear elementos que, inteligentemente dirigidos, obren con pujanza sobre el punto de aplicación.

Se llega así al Ejército, sostén de la paz en el interior y, en el exterior, vigilante celoso del honor nacional; comprobándose con el proceso de los hechos, al través de los siglos, que los períodos de anarquía en los pueblos han corrido parejas con el desquiciamiento de las piezas de la admirable máquina que constituye la fuerza armada.

La ciencia de las matemáticas ha venido formándose poco a poco, mediante esfuerzos sucesivos. Iguales pasos ha seguido la de la guerra, aunque ésta cuente un número menor de principios fijos, yaciendo los más en los campos de la experiencia; pues siendo ella, como es, la resultante de fuerzas de distinta intensidad y longitud, aplicadas sobre el eje de las energías humanas, se dificulta su conocimiento exacto por no poderse determinar la magnitud de algunas componentes, como las del orden sociológico, así como la de aquellas que tienen ingerencia en el campo de las matemáticas, en sus abstracciones mecánico-analíticas o en las aplicaciones del cálculo a las probabilidades.

Desde Alejandro el Grande hasta Aníbal, de César a Gustavo Adolfo, de Federico a Napoleón, de las guerras de 1866 y 1870 a la Ruso-Japonesa, se han venido estableciendo los jalones de la ciencia de la guerra, ocupándose de traducir sus principios al lenguaje vulgar, entre otras personalidades: Jomini, von Moltke, von Schellendorff y von der Goltz.

El perfeccionamiento de los medios de destrucción y la manera de emplearlos y operar sobre el terreno, estudiado hasta en sus menores detalles, ha dado por resultado la hecatombe que hoy aflige al mundo entero.

Verificado el choque entre las resultantes de las componentes de las fuerzas físicas e intelectuales —como si dijéramos la acción y la reacción— hemos contemplado el aplastamiento de pueblos, y con los millares de calorías producidas ¡poco ha faltado para que ardiera el orbe entero!

La observación de estos hechos nos impele a ponernos en guardia y, en consecuencia, proceder a la organización de nuestros medios de defensa, forjando moldes que satisfagan esta necesidad.

Se observa entre nosotros que un Gobernante, inspirado en ideas de progreso, pone la primera piedra de un edificio; pero al extinguirse la primera impresión, ni él ni los que le suceden se preocupan por construir la obra proyectada.

Igual procedimiento se ha visto con respecto a nuestros institutos militares, aunque en éstos se ha logrado poner varias hiladas; mas nunca se consiguió sentar sobre base firme y duradera los establecimientos de esta clase, no obstante que se insistió una y otra vez.

Pero en la actualidad privan ideas de rectificación, y no se piensa en seguir desgastando inútilmente las energías y despilfarrando las rentas públicas, procurando aminorar los efectos de precedentes poco edificantes para el buen nombre del país.

En todas las naciones europeas existen, desde hace muchos lustros, escuelas militares, atendiendo a su mejora conforme a los dictados de la experiencia. También en la mayor parte de las repúblicas americanas se encuentran establecimientos de índole análoga, siendo las más importantes las de Estados Unidos de Norteamérica, México, Argentina, Brasil, Uruguay, Perú, Chile, El Salvador y Guatemala.

Convencidos de que no vamos en prosecución de un ideal por espíritu de imitación, sino urgidos por ingentes necesidades del Ejército, contraemos grandes responsabilidades para con la Patria, teniendo por ello el imprescindible deber de trabajar tesoneramente, para que la Academia Militar surta los mejores resultados.

El Plan de Estudios que regirá en la Academia Militar está calcado en los diferentes servicios que se encomendarán a los futuros oficiales. Tiene, evidentemente, sus deficiencias; pero no podía adaptarse en mejores condiciones. El trabajo para el educando será altamente intensivo, por lo cual se hará indispensable proceder, como se ha verificado ya, a hacer una selección de los individuos que ingresen, escogiéndolos entre aquellos que tengan más aptitudes, tanto en el orden intelectual como en el físico.

La experiencia ha demostrado que el espíritu de novedad que atrae a un público a un escenario cualquiera es un factor que ejerce poderosa influencia entre los aspirantes a la carrera de las armas, quienes, haciendo caso omiso de las condiciones que se les imponen, siempre que su cumplimiento esté muy lejano, bregan afanosamente hasta que logran su admisión; pero una vez que se sienten cogidos entre las redes de la disciplina militar, reniegan de su nuevo estado y recomienzan la lucha por un desalojamiento en sentido inverso.

Por lo tanto, se requieren dotes psicológicas para no dar entrada sino a aquellos en los cuales se compruebe verdadera vocación por la carrera militar.

Si se logra solucionar todas estas dificultades y se aplican en toda su pureza los principios e ideas que se tienen sobre el particular, adquirirán los educandos el hábito del trabajo, iniciativa y criterio sobre los asuntos militares; se abstendrán de aspirar del medio ambiente los vapores que pudieran envenenar su personalidad moral, dando como producto una influencia de fuerzas que satisfará ampliamente las aspiraciones del actual Gobernante, justificándose la fundación de la Academia Militar en medio de las mayores dificultades económicas.

Por lo tanto, de lo dicho anteriormente se desprende que la creación de la Academia Militar que hoy inauguramos es una verdadera necesidad para el país, puesto que de ella surgirán los oficiales de las diversas armas combatientes que integrarán en lo porvenir el verdadero Ejército, hijo de la ciencia, de la disciplina, del honor militar y que, por sobre todas las cosas, tiene como verdadero culto el amor inmenso e inextinguible hacia la Patria.

1° de febrero de 1917.

CAPÍTULO XVIII: EL SERVICIO EN FILAS

SUGERENCIAS DE UN INGENIERO MILITAR
I

Da su opinión sobre el asunto el Sr. Miguel A. Ramos:

Se ventila actualmente en el seno del Soberano Congreso Nacional un proyecto de reformas a nuestra Ley Orgánica Militar, introducido por nuestro apreciable amigo el Doctor Venancio Callejas, que tiende, bien visto, a la supresión del servicio en filas... porque no de otra manera puede denominarse al propósito capital que lo guía para tener bajo las banderas a individuos por un período de tres meses; período apenas susceptible para desengañar al recluta en la instrucción que lleva su nombre, soltándolo en el preciso momento en que pudiera empezar la instrucción colectiva que le capacitaría para el servicio de guarnición.

Con tal proyecto no se inicia a los ciudadanos en sus deberes militares para en tiempo de paz, y mucho menos se les capacita para desempeñar sus funciones en el de guerra; y hay que recordar que no siempre con soldados bisoños se puede ganar una batalla de Gualcho.

Don Manuel Azaña, en sus Estudios sobre política militar, dice:

"Dos ideas capitales presidían la política militar francesa cuando se esforzaba por acercarse al tipo militar de la nación armada: es inútil y a veces perjudicial retener en filas al soldado cuando ya nada tiene que aprender; nadie puede defender a su país en la guerra, si no se ha adiestrado durante la paz".

Principios que bien pudieran aplicarse en nuestro país para armonizar los intereses encontrados sobre la duración del servicio en filas.

El gran Jaurès, defensor del servicio de dos años en Francia, asimilando la organización del sistema suizo; y el coronel Theodore Roosevelt, abogando por el implantamiento de uno semejante en tierra yanqui, indican un camino digno de ser imitado por naciones que, como Bolivia, Paraguay y Honduras, deben tener muy en cuenta su posición geográfica para la defensa de su contorno poligonal.

Roosevelt, con la llaneza y claridad de estilo que lo caracteriza, dice:

"En Suiza, durante los dos o tres últimos años del período que entre nosotros corresponde a la educación superior, el joven es perfectamente sometido a un concienzudo estudio de los rudimentos de la milicia, disciplina y tiro al blanco. Cuando se gradúa, se le envía al ejército durante unos cuatro o seis meses para que reciba una instrucción igual a la que necesitaría en el caso de una guerra.

Después de eso, sirve ocho días en el año, y además, a menudo se une a sus compañeros para ejercitarse al tiro al blanco. Guarda consigo su rifle y equipo en su propio hogar, y a él le toca mantenerlos en buen estado. La eficiencia es el santo y seña de Suiza, más que nada por lo que respecta a su ejército. Al romperse las hostilidades en esta guerra terrible, Suiza pudo movilizar sus fuerzas sobre la frontera de su territorio, situado entre Francia y Alemania, con tanta rapidez como la empleada por cualquiera de los combatientes poderosos, ¡y nadie cruzó sus fronteras!".

Los tratadistas sobre filosofía de la guerra distinguen los problemas que corresponden a la técnica y los que competen a la política militar, estableciendo en todo caso las relaciones entre una y otra, y las necesidades de que la segunda fortalezca a la primera.

Y es por eso que nos hemos apresurado a estudiar el importante problema que se ha traído al tapete en los últimos cinco meses del presente año económico; apresuramiento que, suponemos, tendrán también muchos de los caballeros cadetes, amantes del estudio y del progreso de la Institución Armada.

Por la obra de que hablamos más antes, del señor Azaña, conocemos el proceso de la política militar francesa durante una cierta época de su historia; y por otros autores algo conocemos de otros países, y especialmente de los centroamericanos.

La tendencia en Honduras ha sido en el sentido del avance iniciado por Marco Aurelio Soto y sostenido con vigor, entre otros gobiernos posteriores, por el General Sierra; notándose durante la época del Doctor Bertrand un gran ensanche y un franco anhelo por enaltecer la carrera de las armas.

Prosiguió esta tendencia en el período siguiente; descendió a su mínima expresión con el antimilitarismo del Doctor Paz Barahona, para llegar a nuestros días con la tendencia bien marcada de darle el jaque mate al ejército por el interés malamente llamado político, pues tal pretensión representa, en un todo, una idea muy errónea de dicha disciplina.

Es bien sabido entre nosotros que la mayor parte de las leyes militares, comenzando por la soberana, distinguida y vieja Ordenanza, no se han puesto ni quieren ponerse en práctica.

Durante mucho tiempo quedó esbozado el sorteo en la ley de referencia, como quedó contorneado el servicio de campaña, sin que nadie se preocupara por llevar sus principios al terreno de la práctica.

No hacen falta leyes, por el contrario, sobran; lo que falta es quien las cumpla, mediante la cooperación inteligente de un núcleo de oficiales de guerra debidamente seleccionados.

Hablando con franqueza, declaramos que en el proyecto del Doctor Callejas existen algunas disposiciones buenas, pero que si pasa, quedarán como una manifestación de sus esfuerzos en pro de la colectividad, mas sin ninguna ventaja de carácter práctico.

Continuaremos ocupándonos en este asunto.

31 de enero.

II

La reforma —se dice— que trata de hacerse a nuestra Ley Orgánica Militar, tiende a favorecer al pueblo en general; pero si tal es la intención, sus resultados no corresponderían a estas esperanzas, como tendremos oportunidad de comprobarlo.

Hemos tomado como punto de partida el servicio de tres meses que se propone por una sola vez en la vida del ciudadano y en tiempo de paz, porque es el más sobresaliente de la reforma.

Al efecto, procuramos recabar datos sobre los acápites siguientes:

Contingente de ciudadanos inscritos anualmente por cumplir la edad de 21 años;

Desventajas que ocasionan los reemplazos trimestrales a la agricultura;

Gastos que ocasionan al Estado la incorporación y baja de reclutas;

Aumento en la provisión y, por lo tanto, en el gasto de uniformes y algunas prendas de equipo;

Deficiencia en la instrucción militar y civil del recluta;

Y finalmente, consideraciones generales.

Al iniciar nuestra labor topamos de manos a boca con la dificultad de no encontrar el primer dato para la resolución del problema, esto es, el relativo a la inscripción anual de los milicianos que cumplen la edad de 21 años, pues apenas podemos anotar de las Memorias de Guerra los hechos siguientes:

Año   Inscritos por cumplir 21 años

1923   3,896 milicianos

1926   2,720 milicianos

Y naturalmente, con estos datos incompletos no puede llegarse a ninguna conclusión estadística; pero prometemos volver a ocuparnos de él cuando lo obtengamos.

Creemos que un gran porcentaje de los milicianos comprendidos entre 21 y 30 años han hecho su servicio en filas, por la costumbre existente en los pueblos de mandar a hacer plaza, siempre que se les pide por los Comandantes Departamentales, a los recién afiliados.

Sin embargo, ya tratamos de comprobar esta creencia, y al conseguir el dato lo daremos a la publicidad.

Dentro del primer acápite cabe, muy bien, determinar el contingente del Ejército Permanente, y eso hemos hecho buscando los antecedentes de las memorias del año de 1921 a la fecha, y copiamos a continuación los resultados de nuestra investigación, lo mismo que los datos relativos al ejército que en las memorias se incluye con el nombre de Primera y Segunda Categoría y Guardia Nacional.

AÑOS	PERMANENTE		EJERCITO ACTIVO Y RESERVA			Guardia	Total de 1ª
	Oficiales	Tropa	Oficiales	1ª Cat.	2ª Cat.	Nnal.	y 2ª Cats.
1921-1922	358	2.254	4.171	39.375	22.925	....	62.310
1922-1923	357	2.679	3.960	36.532	17.354	....	54.086
1923-1924	...	....	....	......	......	....	....
1924-1925	...	....	....	......	......	....	....
1925-1926	375	2.279	....	......	......	....	....
1926-1927	352	2.360	....	......	......	....	....
1927-1928	360	2.410	....	29.610	16.453	2.926	48.989
1928-1929	348	2.297	....	32.251	17.418	6.391	56.060
1929-1930	349	2.012	....	45.978	22.139	6.219	74.336
1930-1931	...	2.000	....	......	......	....	....

Podemos considerar, por lo tanto, como un mínimum del Ejército Permanente, dos mil soldados, que se tomarían de los que acabaran de cumplir 21 años, para el efecto de que hicieran la primera y única plaza de tres meses en su vida; pero a esta fuerza habría que agregar otras dependientes de Gobernación y Hacienda, para obtener el verdadero número de individuos de la edad de 21 años que se necesitarían.

Entonces podemos ordenarlas así:

Soldados del Ejército Permanente **2,000**

Soldados para Inspectores de Policía y Hacienda, y custodia de presidios: **277**

Resguardos y Aduanas, e Inspectores de Hacienda y Policía: **277**

Total: **2,554**

Llegamos así a la cifra de dos mil quinientos cincuenta y cuatro soldados indispensables para cubrir el servicio, sin contar, todavía, fuerzas extraordinarias que siempre existen al par de la permanente, y sin contar, finalmente, con los trescientos ochenta y siete agentes de policía —muchos de ellos enganchados en la edad en que deben estar en las propias filas del Ejército—.

Ya haremos uso, etc.

2 de febrero.

III

Según el proyecto, el sorteo para cubrir el servicio de plaza se hará el primero de junio de cada año, en las cabeceras departamentales, en acto público presidido por el Comandante de Armas y anunciado con treinta días de anticipación; y el primer período de tres meses de servicio principiará el primero de agosto, de manera uniforme en toda la República, y cada nuevo relevo se continuará haciendo simultáneamente al principio de cada trimestre, o sea, el primero de noviembre, de febrero y de mayo de cada año.

Con esta disposición se cree proteger a la agricultura, sin pensar en que los individuos que ingresan a filas el primero de agosto, si sembraron, no podrán recoger sus cosechas; sucediéndoles igual cosa a sus relevos del primero de noviembre, si se dedicaron a las postreras.

Y como se acostumbra talar el monte en marzo y quemar en abril para sembrar al caer los primeros aguaceros, los incorporados el primero de febrero no tendrán oportunidad para verificarlo, y por ende resultarán perjudicados; como lo serán, también, los que ingresen al Ejército el primero de mayo, pues si talaron y quemaron, no tendrán tiempo para sembrar, y al terminar su servicio, el último de julio, nada tendrán que cosechar.

Esto demuestra lo inadecuado de la forma en que se piensa espaciar los reemplazos.

Por lo expuesto, se ve el positivo perjuicio que sufrirá la agricultura con los cuatro reemplazos anuales, sin contar las dificultades que se presentarían para cumplir con ese precepto, aun en el supuesto de que hubiere personal suficiente para ello; pues estamos seguros de que en muchos pueblos los sindicados no esperarían el turno, tomando con mucha anticipación las de Villadiego para burlar a las autoridades.

Si se estableciera el servicio de tres meses, se gastaría una fuerte cantidad en viáticos para la incorporación y baja de los soldados, pues la Ley de Sueldos y Haberes, en la parte conducente, dice:

"Artículo 6° — Los individuos de tropa llamados a prestar servicio militar fuera de su domicilio recibirán, como viático para su ingreso en filas y para su regreso al hogar después de terminado dicho servicio, el equivalente de su sueldo legal por cada día de marcha; y tendrán derecho, en ambos casos, a pasaje franco y transporte de equipajes restringidos a su persona, en la forma prescrita para los oficiales de toda categoría.

Los viáticos autorizados por el presente artículo no privan, al que los recibe, del derecho a percibir el sueldo ordinario."

Así reza el artículo, y nadie puede privar a un miliciano que marcha a incorporarse al lugar de concentración, para efecto del servicio de plaza o cualquier otro motivo, sin violar este requisito legal, el cual, por demás, es de rigurosa justicia.

Por otra parte, la duración del servicio, de acuerdo con la Ley Orgánica vigente, da derecho a una gratificación; de manera que tanto este gasto como el anterior se aumentarían grandemente tan sólo por cuadruplicar el número de relevos.

Si se disminuye el tiempo de permanencia del soldado en filas, es natural suponer aumento en la provisión de uniformes y aun en el de algunas prendas que rezan con el equipo.

Para formarnos concepto de este gasto, no debemos fijarnos en las irregularidades que se han cometido o se cometen, pues si existen guarniciones en donde se da un uniforme mensual a cada soldado, o uno cada dos, tres, seis u ocho meses; o se adjudica al entrante el uniforme del saliente, o no se da al que ingresa prenda alguna para cubrir sus vergüenzas durante su permanencia en las filas —si se toma en cuenta todo esto, decimos— es claro que no llegaríamos a determinar el número de uniformes que necesita el soldado.

Pero si consideramos que el soldado trabaja diariamente al recibir su instrucción, dentro o fuera del cuartel; si ejecuta marchas, hace gimnasia, se amaestra en obras de fortificación, en esgrima de la bayoneta, en el tiro al blanco y en muchas otras faenas de la vida militar que ocasionan desgaste al vestuario, estaremos de acuerdo en que se necesita, cuando menos, un par de uniformes por trimestre, sin perjuicio de uno de gala para las grandes ceremonias.

Recordemos, también, que todavía no gozan todas las guarniciones de forniuras o cartucheras, sino del antieconómico salveque, con una duración máxima de tres meses, como la que podría señalarse al calzado en las plazas donde se les provea de él; y solamente podrían llegar al año de servicio las polainas de loneta.

Se nos ha dado un precio mínimo del uniforme, el cual es de siete pesos, cantidad que, unida a los gastos de las otras prendas, daría una suma prudencial de diez pesos por cabeza; de manera que puede considerarse lo que costaría al Estado el continuo cambio de estas prendas, resultando, en definitiva, un verdadero elefante blanco.

Según el Reglamento para la Instrucción y Maniobras de la Infantería, la instrucción del recluta se desarrolla en seis períodos, dividiéndose en la forma siguiente:

Instrucción de Infantería	Individual	1er. período	2 semanas
		2do. período	6 "
	Colectiva	1er. período (La Escuadra) ...	4 semanas
		2do. período (La Sección)	4 "
		3er. período (La Compañía) ..	4 "
		4o. período (El Batallón)	6 "
		Total	26 semanas

Por lo expuesto, se ve que la INSTRUCCIÓN INDIVIDUAL del recluta dura OCHO SEMANAS, y si a ésta solamente se le agregan cuatro semanas más y se le despacha a su casa, quiere decir que el individuo sale sin haber terminado su instrucción y, por lo tanto, resulta inútil su permanencia en filas, ya que no puede prestar ni el servicio de guardia, puesto que no tiene la preparación necesaria de conformidad con la Ordenanza, ni sabe de evoluciones y ejercicios en la SECCIÓN, y menos en la COMPAÑÍA y BATALLÓN, fenómeno que solamente en Honduras podría contemplarse.

Y si la instrucción netamente militar se resentiría por la falta de tiempo, ¿qué no sería de la concerniente a la civil que quisiera imbuírsele?

Sería mucho peor, eso es indudable y no requiere comentarios.

Continuaremos en el próximo número.

3 de febrero.

IV
"No puede ser laudable aquella ley que, bajo un poco de comodidad, esconde muchos defectos."
— Maquiavelo, Breviario de un hombre de Estado.

El proyecto de la ley de los tres meses es antieconómico, por el aumento de viáticos, habilitaciones, gratificaciones, uniformes, salveques, etc.; es una rémora para la instrucción y educación militar, impidiendo, por el corto tiempo, que se pueda enseñar a leer, escribir las cuatro reglas, nociones de geografía e historia y rudimentos de instrucción cívica a hombres en pleno desarrollo.

Ocasionaría molestias a los pueblos, pues además de la nerviosidad por el simple reclutamiento, se agregaría el hecho de la interrupción periódica de las faenas campestres. El sorteo obligaría a emigrar a los ciudadanos, pues pocos esperarían llegar tranquilamente al momento de incorporarse, dificultad solamente atenuable con el tiempo.

Fuera de esto, la proposición del servicio trimestral es un fenómeno que solamente emerge en suelo hondureño, pues en ninguna otra parte del globo terráqueo encontramos ideales semejantes: tendencias revestidas de tanta gravedad, cuanto que existen tantas causas de exención en las leyes de agricultura y ganadería, municipales, de correos, de telégrafos, concesiones y contratas de todo género, además de las propias de la Ley Orgánica, se buscan motivos para dar nuevas, y aun —si se quiere— otorgar amnistías por delitos militares.

Las conquistas de la civilización, apreciadas en todos los aspectos de la vida, se han manifestado también en el arte militar y en el arte de la guerra durante la lucha mundial recién pasada; y si muchos países pequeños de la vieja Europa conservan su independencia, soberanía y alta estimación de naciones, es porque practicaron a su debido tiempo los principios de la política militar, involucrados en la frase escueta de mantener la pólvora seca, sin atentar nunca contra las leyes de los contactos geográficos, ni desarmarse y amontonar ignorancia, sino, por el contrario, entereza, constancia, previsión, dinero y sabiduría en sus disposiciones.

La política militar explica las causas de la derrota de Austria en 1866, como las que motivaron la de Francia en 1870; de España en 1895; la de Rusia en 1904; la de Inglaterra al pretender dominar a los boers; acontecimientos que han lastimado hondamente a diversos pueblos europeos, así como sucesos semejantes se han contemplado en América: ora en México, en el Perú, ora en Paraguay, ora en Colombia y aun en Centro América, demostrando siempre que la técnica y la política han de caminar estrechamente unidas, pues por encima de toda preocupación personal ha de estar la general, por la salud y bienestar de la patria.

LA LEY DE LOS TRES MESES

En vista de trabajos perentorios y de no haber obtenido todavía los datos para insistir sobre la duración del servicio en filas, pensamos dedicarnos en el presente artículo a estudiar, en su conjunto, las diversas fases de la ley que llamamos de los tres meses.

Aceptamos sin reserva la reforma del artículo 8°, la adición al artículo 12, la nueva redacción del artículo 14, y la enmienda al 17, pero cambiándole, en vez de tres meses para la Infantería, las palabras de un año para la Infantería y suprimiendo el último párrafo de dicho artículo.

Estimamos que el 19 debe reformarse así:

Artículo 19. — La obligación del servicio militar es de carácter personal e ineludible.

El 141 no tiene razón de ser.

En la adición para el capítulo 12 se cambiará la palabra trimestre por año. El último artículo de la adición que se propone debe suprimirse.

Los artículos sobre Penalidad, que forman capítulo aparte, tomados del Reglamento para el Servicio Militar Obligatorio, estamos de acuerdo en que se incluyan en las reformas.

Rechazamos los artículos puestos bajo el título Organización de las Milicias, excepto el último, por corresponder al 108 del Reglamento del Servicio Militar.

Como dijimos en otra parte, la instrucción del recluta abarca un período de VEINTISÉIS SEMANAS, esto es, desde la iniciación del recluta hasta su encuadramiento en el BATALLÓN, experiencia mínima que debe exigirse entre nosotros para dar por terminada la instrucción en tiempo de paz.

Lo anterior significa que el recluta permanece en tal condición durante seis meses y, solamente al cabo de este tiempo, está capacitado para comenzar su servicio en filas.

Además, la prestación del servicio durante un año podría garantizar al ciudadano que no sería llamado nuevamente a filas en tiempo de paz, ventaja difícil de llenar con el período de seis meses que se establece.

Por otra parte, un año de trabajo dentro de los cuarteles redundaría en beneficio para el miliciano, pues dominaría la instrucción que le corresponde en el ramo militar, aprendería las materias indispensables de la primaria, podría economizar algunos dineros y, sobre todo, estaría en condiciones de poder desempeñar funciones de Comandante de Cantón.

Creemos, sin embargo, que el servicio del año de plaza no convence a la mayoría de los hondureños, debido a la propaganda en contrario desde hace varias décadas y, por lo tanto, consideramos inútil insistir; mas, si no podemos llegar al año, quedémonos, cuando menos, con los seis meses, promedio entre el fatal de los tres y el de los doce meses, bastante próximo a las necesidades del Ejército.

La ley de los tres meses borra de una plumada el Capítulo XI del Reglamento del Servicio Militar Obligatorio, intitulado Prácticas Militares, al declarar:

"Art.... Quedan abolidos los ejercicios doctrinales...",

dando este penúltimo machetazo después de establecer las bases para el servicio de los tres meses, a sabiendas de que dicho tiempo no garantiza ninguna enseñanza militar ni civil.

La principal observación que se ha hecho a la ineficacia de los ejercicios doctrinales en ciertos días del año es la de que solamente sirven para solear al soldado, mediante el pase de una lista que se hace interminable; pero esa falta es de los encargados de cumplir la ley, pues bien claro indica el artículo 68 del Servicio Militar lo que debe hacerse, diciendo:

Art. 68. — El tiempo destinado a los ejercicios doctrinales se distribuirá en la forma siguiente: media hora para la organización de las unidades y fracciones; una hora para ejercicios y marchas; media hora para el manejo del arma; y una hora para lectura de Ordenanza, Código y Moral Militar.

Cuando se hagan prácticas de tiro, se destinarán dos horas y media para ello.

Eso dice el mencionado artículo; de manera que si los encargados de cumplirlo no han hecho sino fastidiar a los milicianos, ellos son los directamente responsables del desprestigio de las llamadas paradas, y no la ley que las creó.

En el último Reglamento sobre el servicio militar se quiso eslabonar los ejercicios doctrinales con las maniobras que prevé el artículo 67, para completar la instrucción de los soldados; pero si se destroza la cadena, rompiendo dos de sus eslabones, no podremos creer nunca que se quiera el bien de Honduras, sino todo lo contrario.

Está bien que se machaque contra la inacción de las autoridades superiores e inferiores porque no se preocupan por mejorar la condición intelectual, moral y física del soldado; pero de allí a quitar los medios para que se haga, por elementos comprensivos, cuando tengan oportunidad de ejecutarlo, hay una gran diferencia.

Reflexione el ponente y reflexionen los señores diputados sobre las observaciones anotadas, y crean que las hemos hecho con la mayor buena fe y solamente teniendo en mira la futura defensa del país.

Aplaudimos el artículo incluido en el Capítulo Penalidad, que dice:

"Art.... El Jefe de un cuerpo militar que haga aparecer en las planillas que deban pagarse individuos que no están de alta, o que indebidamente deje de pagarles sus sueldos a los que están, sufrirá la pena de una multa igual al duplo de lo que hubiere cobrado o retenido ilegalmente, perdiendo, además, el empleo que desempeña."

Aplaudimos, sí; pero no quiere decir que comulguemos con la creencia de que se ha tapado la puerta de escape de las celebérrimas plazas supuestas. El problema de las plazas supuestas lo quiso combatir con entereza el doctor Jerónimo J. Reina, y aunque algo consiguió, no pudo extirparlo, y lo mismo intentamos en la medida de nuestras fuerzas, pero siempre con éxito mediano.

El hecho es difícil cuando se presenta bajo la forma de estudiante ansioso de coronar una carrera y que no tiene más medios para conseguirlo sino una ayuda en dicha forma, esto es, una placita. Conocemos el asunto desde la administración de Bertrand a la fecha, y hasta ahora, que sepamos, no ha habido ningún gobierno que se haya escapado de conceder dichos favores, llegando en ciertos casos a la no despreciable cifra de setenta placitas, dizque con el pretexto de que eran para estudiantes pobres.

Entendemos que el único medio que existe en los departamentos, y muy especialmente en los de la Costa Norte, para combatir el vicio de las plazas supuestas, es el de seleccionar la oficialidad y retribuirla de acuerdo con las necesidades locales; pues pensar en penas que no habrá quien las aplique, es como aprender alemán estudiando árabe.

Sentimos que el doctor Callejas se haya molestado por el uso que hicimos de la palabra "política militar", que aparece en nuestro primer artículo, quizá en el único párrafo en donde no le agregamos el mote de militar, pues es en este sentido que la empleamos, sin que queramos salirnos por la tangente. En los demás artículos habrá visto la misma idea madre de la política militar.

Conocemos la extensión que se da a la política de la guerra en la Estrategia de Jomini, en el Arte de la Guerra de Borreguero, en los Factores del Triunfo de don Juan de Castro, en la Dirección de la Guerra por el Barón de Goltz, término mencionado por Almirante y aun por Estevanez, y comprendido bajo la forma de política militar, aplicado a un estudio que hace don Manuel Azaña, relativo a lo que en este sentido se ha hecho en Francia en un período de cincuenta años.

Estas obras se encuentran en la Biblioteca Nacional y pueden consultarse. Y aunque se asuste mi estimado amigo don Venancio Callejas, le diremos que ojalá hiciera política militar, pues es altamente beneficiosa al país en general y a los oficiales en particular.

Advertimos que no queremos entrar en discusiones sobre el proyecto de reformas a la Ley Orgánica Militar presentado al Congreso por el doctor Callejas. No nos apresuramos a dar nuestra opinión sobre el asunto, sino por el temor que hemos tenido de que se pongan en práctica las ideas de reducción del servicio militar, ya que en ello parecen estar de acuerdo algunos, porque consideramos que sería un salto atrás para la Institución Armada.

Opinión que comparten los oficiales generales y superiores Leonidas Pineda, Abel Villacorta, Manuel A. Zelaya, Salvador Alvarado, Roque J. Rodríguez, Tomás Elvir y otros oficiales de guerra, etc.

Finalmente, continuaremos escribiendo —aunque sin aires de polémica—, luego del pequeño lapso que dedicamos a una pena de familia.

Respondiendo para Hacienda y para Gobernación

Dice el doctor Callejas, en su último artículo:

"Ni por sus fueros, ni por sus leyes, ni por sus funciones, pertenecen al Ejército los cuerpos armados dependientes de los Ministerios de Gobernación y Hacienda, y me sorprende sobremanera que un técnico como el coronel Ramos incurra en el error de confundirlos..."

En el párrafo respectivo decíamos:

"Pero a esta fuerza habría que agregar otras dependientes de Gobernación y Hacienda, para obtener el verdadero número de individuos de la edad de 21 años que se necesitarían."

La razón es obvia: los reemplazos para los inspectores de Policía y Hacienda, y de Hacienda y Policía, de conformidad con la práctica acostumbrada, son proporcionados por los Comandantes Departamentales, a solicitud de parte, y los señores Comandantes habrán de autorizar únicamente el alta de aquellos individuos que no hayan hecho plaza; y en esas condiciones se encuentran los filiados, o sean los recién inscritos por haber llegado a la edad de 21 años.

Si se quiere una razón más lejana, está la disposición del artículo 162 de la Ley Orgánica Militar, y la razón natural de que ninguna otra autoridad está autorizada para reclutar, pues todos los individuos del Ejército, desde la edad de 21 a 50 años, dependen del Ramo de Guerra, si no están exceptuados legalmente; en definitiva, la dependencia clásica de dichos ramos.

La bandera de los tres meses para nuestro servicio militar

En nuestro último artículo publicado en El Sol prometimos continuar escribiendo sobre tópicos militares, aunque sin el carácter de polémica, y hoy empezamos a cumplirlo.

Quisimos desembarazar el tema de todo rozamiento con la política en general, porque no debe tenerlo; y por las peculiaridades del proyecto, se descarta automáticamente la influencia de la política militar, no restando en síntesis sino su importancia técnica.

Insistimos: no se le dé tinte político a secas, porque ninguno de los partidos de mayor volumen apoya ni rechaza las reformas militares de una manera unánime.

Se descarta automáticamente la intervención de la política militar, porque el proyecto más bien adversa cualquier tendencia de avance, retrotrayéndonos a una situación muy inferior a la de nuestras vecinas de allende las fronteras.

Lo advertimos por las economías que quieren imponerse en la instrucción del soldado hondureño, preocupación absolutamente contraria a la demarcada, por ejemplo, en los reglamentos tácticos salvadoreño y guatemalteco.

Veamos lo que prescribe el primero, correspondiente al año de 1925. Al referirse a la marcha anual de la instrucción, dice:

"El primer período de la instrucción durará cuatro meses y comprenderá toda la instrucción individual y la del combatiente.

La instrucción de la Sección durará dos meses, y la instrucción de la Compañía dos meses más.

En el transcurso del tercer mes de instrucción, el capitán asigna a cada recluta un papel en el grupo y le entrega un arma especial de combate.

Desde este momento, cada grupo se entrenará intensamente en su papel propio, concluyendo en esta forma la instrucción del grupo de combate. Se comenzarán los primeros ejercicios de combate de la Sección, constituyendo dos o tres grupos, a fin de mostrar la aplicación del combate del grupo encuadrado en la Sección.

Al fin del cuarto mes deberán ya estar entrenados los reclutas.

Desde los principios del quinto mes se perfeccionará, en las Compañías ordinarias y en las Compañías de ametralladoras, la instrucción adquirida durante el primer período.

Se seleccionan los soldados escogidos y se continúan los ejercicios del grupo en enlace con los otros grupos, pasando a continuación a los ejercicios de combate de las unidades superiores al grupo, hasta el Regimiento."

El Reglamento Táctico para las Tropas de Infantería (1920) de Guatemala, dice:

La instrucción del soldado debe ser completa en seis meses.

Se divide en dos períodos: el primero de tres meses, el segundo de tres meses.

PRIMER PERÍODO

1.º — Primer mes. Instrucción colectiva hasta la Escuela de Sección, inclusa.

Primera parte. — Instrucción individual:

Escuela del soldado sin armas y con armas.

Instrucción individual del tiro.

Educación física (Desarrollo físico, lanzamiento de granadas, esgrima a la bayoneta).

Instrucción teórica:

Ordenanza y Código Militar en lo que se refiere al soldado.

Nomenclatura y cuidado de las armas.

Clases de lectura, escritura y aritmética.

Segunda parte. — Instrucción colectiva:

Del grupo de tiradores, del grupo de granaderos, de la patrulla.

Escuela de Sección.

Elementos de trabajos de campaña para el soldado, el grupo de tiradores, la sección, la ametralladora y la sección de ametralladoras.

Instrucción de los señaleros y observadores.

Instrucción teórica:

Ordenanza en lo que se refiere al servicio de plaza y al servicio de campaña.

Código Militar.

Clases de geografía e historia de la República de Guatemala.

Al fin de este período el soldado está listo para asegurar el servicio de plaza y entrar en la organización de campaña. Se puede considerar como movilizable.

SEGUNDO PERÍODO — 3 meses

Se divide en dos partes:

1.° — Primer mes. Estudio de los movimientos elementales.

2.° — Dos meses. Estudio de las evoluciones.

Primera parte. — Escuela de la Compañía, del Batallón y de la Brigada.

Se da en los campos de maniobras, terrenos de ejercicios, etc.

Segunda parte. — Parte cada una de estas unidades.

En el campo raso: Servicio en campaña (marchas, estacionamientos, seguridad).

En las trincheras: Principios de organización del terreno.

Servicio de seguridad.

Formaciones para el combate en el ataque y la defensa.

Maniobras de conjunto con las demás armas.

Por lo expuesto se comprenderá la importancia concedida a la instrucción de las tropas en las hermanas repúblicas de El Salvador y Guatemala.

En la primera, como se habrá notado, se dedica un período de seis meses a la instrucción, desde la iniciación del recluta hasta el final de las evoluciones con la Compañía; y, en Guatemala, igual período se reglamenta para la instrucción hasta de las unidades estratégicas.

Nos consta que tanto en una como en otra hermana república, oficiales distinguidos, ansiosos de mejorar sus conocimientos, viven entregados a investigaciones acerca de las novedades que aparecen en países europeos, americanos y japoneses, para implantarlas en sus respectivos medios; y estamos seguros que, si hubieran encontrado un medio para economizar el tiempo dedicado a la instrucción de las tropas, lo habrían estudiado de buen grado, sin menoscabar en nada el volumen de conocimientos correspondientes a cada soldado.

Pues no dudamos que puedan hacerse valiosas economías en la instrucción, así como se puede economizar en la alimentación, aunque siempre en perjuicio del organismo humano; pero entendemos que ha de recurrirse a esto sólo en el caso de extrema unción.

NOTA: El servicio dura un año en el arma de infantería y dos años en artillería en la República de Guatemala, de acuerdo con reformas posteriores a 1920, según nuestros últimos informes.

Respecto a El Salvador, servimos también como noticia de última hora la siguiente:

Regimiento de Infantería

San Salvador, 14 de febrero de 1931

Señor General e Ingeniero Miguel A. Ramos, Tegucigalpa:

"Servicio obligatorio es por un año, tiempo relativamente corto para la instrucción y preparación militar, hoy por hoy, tan contenciosas.

Para la lectura y escritura se destinan tres horas diarias, y sólo así se han podido obtener resultados satisfactorios.

Salúdolo afectuosamente.

— José Tomás Calderón."

OBSERVACIONES A LA REFORMA DE NUESTRA LEY ORGÁNICA MILITAR

I: CONSIDERACIONES GENERALES

A mi juicio, deben sostenerse las prescripciones legales, sin tendencias a reforma, porque solamente ensayándolas es que se puede comprobar si son adecuadas o no.

(Memoria de Guerra y Marina, 1922-1923.)

Es necesario aprovechar el tiempo en que los individuos de tropa no se hallen en el servicio o estén en la facción, para enseñarles —además de las materias que les conciernen como individuos del Ejército— todo lo que sea posible, a fin de hacer de ellos ciudadanos conscientes y hombres capaces de manejar su suerte y la de sus familias, y de contribuir al bien y engrandecimiento nacionales.

Decía el Ministerio de Guerra y Marina en circular del 6 de junio de 1904:

"Persiguiendo el logro de tan atinados propósitos, se ordenaba la apertura de escuelas de letras, para enseñar lectura y escritura simultáneas, nociones de aritmética y la práctica de alguno o algunos cultivos apropiados al lugar."

El entusiasmo ministerial raya en lo sublime en otra circular remitida veintisiete días después, al bosquejar el método de enseñanza, criterio de avance cristalizado en la Ordenanza desde el artículo 1259 al 1271, reafirmado en el 141 de la L.O.M., que amplía y pone en evidencia el Reglamento de Infantería mediante un plan de estudios y señalamiento de tiempo para su desarrollo.

Fuera de esto, se dictan disposiciones pertinentes sobre los mismos extremos, y se tiende francamente a la entronización de la enseñanza militar como complemento de la formación cívica del soldado hondureño.

No obstante tan buenas intenciones, sostenidas al calor de varias décadas, los últimos resultados no son satisfactorios por varias causas, entre otras: falta de control en las escuelas de las guarniciones, movimiento inusitado de altas y bajas, y recargo hasta por diez días del servicio de guardia que pesa sobre el soldado.

Y si con seis meses de plaza no se consigue regular la enseñanza primaria en los cuarteles, ¿qué será de ella con el pretendido de tres meses? Se dirá que el buen éxito depende de escoger un personal idóneo. Es posible, pero no sabemos quién pueda remediar ese mal.

Por lo expuesto, creemos no hay necesidad de mentar la enseñanza primaria en las reformas iniciadas contra la Ley Orgánica Militar, pues nada agregaría a la extensa literatura al respecto, siendo —como hemos insinuado— la deficiencia de aplicación no de forma, sino de fondo.

II: ASPECTOS GEOGRÁFICOS

La doctrina antimilitarista que aconseja reducir el tiempo del servicio en filas perjudica, de rechazo, a la infiltración de la enseñanza primaria en el cerebro del soldado; y como no se nos ha comprendido cuando dijimos que las reformas contra la Ley Orgánica significan un salto atrás, nos vemos obligados a explicar dicha afirmación.

La Ley de Organización Militar, decretada en Tegucigalpa a los 27 días del mes de agosto de 1881, consigna la necesidad de instruir al Ejército que no se halle en servicio activo, destinando al efecto los primeros domingos de cada mes, sin perjuicio de prácticas extraordinarias; y una previsión de mayor o igual relieve señala la conveniencia de reunir el activo y la reserva durante ocho días del mes de diciembre para ejecutar evoluciones y practicar servicio de campaña.

"Los ejercicios doctrinales durarán por lo menos dos horas, pudiendo aumentarse a tres", decía el Reglamento para el Servicio Militar Obligatorio que desarrolla la ley antes mencionada.

Esta disposición era cumplida al pie de la letra en los pueblos por milicianos que bajaban voluntariamente de las montañas y aldeas para bailar el ejercicio, con fusiles de madera —expresión familiar que se refiere a las evoluciones y maniobras en orden cerrado y abierto—.

La normalización de esos ejercicios se conseguía sin presiones ni molestias, e igual conformidad se lograba por el desempeño de la plaza de tres meses decretada por Soto, o la de un año autorizada por ley de 30 de noviembre de 1888, en la administración del general Bográn, sin hasta entonces que el espíritu libertario penetrara en las filas e hiciera del soldado un amateur de la política criolla, con la ilusión de escapar a las cargas que le impone su condición de hombre y su calidad de ciudadano.

La necesidad de instruir al Ejército fue la causa madre para decretar la fundación de la Escuela de Cabos y Sargentos en septiembre de 1893, como razones semejantes se invocaron para la reglamentación y sostenimiento del Cuerpo y Escuela de Artillería en la administración del Dr. Bonilla; e igual tendencia de mejoramiento originó el nacimiento de la Escuela Militar, en 1904, y en seguida las Escuelas de Artillería y Academia Militar que les han sucedido en el decurso del tiempo, así como escuelas de menor significación en algunos puertos o cabeceras departamentales.

En todo lo anterior se ve la persistencia de cumplir con los preceptos de una doctrina militar que aconseja la constancia en el esfuerzo para vencer, tal cual lo hicieron los japoneses asaltando catorce veces consecutivas el cerro de Putiloff, en la Manchuria; ora se llamen los encargados de esa tesonera labor Sotero Barahona, José María y Jerónimo J. Reina, Dionisio Gutiérrez o Máximo B. Rosales, pues en todos ellos se encuentra médula de interés por el ramo; y esas tendencias y preocupaciones continúan transmitiéndose, a veces con toda su intensidad y otras en dosis infinitesimales.

Se observa también que los altos y bajos de la política ocasionan avances o regresiones lamentables, como se nota en la curva normal de la duración del tiempo de servicios; pues si surge de una estabilización de tres meses en tiempo de Soto, a un año en tiempo de Bográn, para volver al punto de partida en las administraciones posrevolución del 94, ascender a doce meses después de la catástrofe de 1904, para abatirse nuevamente a los tres meses y subir hasta los seis meses en la administración Bertrand; o iguales percances sufren las escuelas de guerra; todo ello significa que estamos en plena evolución y todavía no hay poder suficiente para fijar las ideas en la política militar, al igual que en la económica, agrícola, industrial, comercial o de vías de comunicación, etcétera.

Cuando afirmamos, por lo tanto, que las reformas contra la Ley Orgánica Militar auspician una regresión, significamos que se nos quiere llevar más allá de la administración de don Marco Aurelio Soto; y no exageramos, porque en el proyecto se pretende la supresión de los ejercicios doctrinales, de las maniobras anuales que, para hacerse, solamente falta que se erogue una cantidad apropiada en el Presupuesto; maniobras que considera indispensables en sus primeros artículos el Reglamento del Servicio de Campaña y aconseja la técnica.

III ASPECTOS HISTÓRICOS

Existe en Honduras un concepto muy erróneo del papel y aceptación de los ejércitos permanentes creados en Europa al calor de las necesidades que tuvieron los reyes para buscar medios defensivos contra los señores feudales, sistema más o menos bien encarrilado desde principios del siglo XVI.

Y esto, no obstante que la Ordenanza, desde el artículo 143, dice literalmente:

"Al recluta que llegare a una compañía se destinará a una escuadra, y un cabo le enseñará a vestirse con propiedad y a cuidar sus armas, enterándole de la subordinación que, desde el momento en que se alistó, debe observar exactamente."

Desde este artículo —decimos— hasta el 450, lo mismo que del 1,259 al 1,721, se trata de establecer las bases del ejército permanente; y aunque ha habido tentativas para ensayar el sistema creando cuerpos especiales, ni se ha tenido persistencia ni una visión clara del asunto.

Dentro de las fronteras patrias se llama Ejército Permanente al que se halla metido dentro del Presupuesto General de Gastos, pues técnicamente no lo son los oficiales, menos los soldados.

La condición de permanente implica un servicio a largo plazo, desde luego que la adquisición de los diversos grados de la escala jerárquica para los oficiales de guerra constituye una carrera profesional patrocinada por el Estado; y las ventajas que se otorgan al personal de la tropa se refieren también a individuos que no llegan ocasionalmente, sino con el fin de cumplir con un deber.

Todo el encadenamiento de la ley —desde el ingreso en las filas hasta la manera de separarse por licencias económicas, temporales, absolutas o ilimitadas; la manera de hacer el servicio; los retiros, ascensos, pensiones, etc.— y mil detalles más, no son para un personal que no calienta el asiento en el cuartel, sino, por el contrario, para aquél que, si cosecha ventajas, es precisamente por sacrificarse en bien de la comunidad.

Es corriente la aseveración de que no necesitamos ejército en el verdadero sentido de la palabra, porque en caso de guerra iríamos todos a defender el país; tal vez, contestamos, como fueron los cruzados a recuperar Tierra Santa y se sacrificaron nuestros antepasados en Zapotitlán, Olintepec, Otumba, Coyocutena, Cajamarca, etc., lo que confirma el mismo concepto expresado por Borreguero al decir:

"Los ejércitos constituidos por levantamiento general, sin la base del ejército permanente, no suelen servir más que para la defensa irregular del territorio, teniendo el entusiasmo, práctica de tiro y conocimiento del terreno demostrados por los habitantes del Transvaal y del Orange al luchar contra la deficiente organización inglesa; no concurriendo estas circunstancias, ocurrirá lo que a los cuerpos móviles organizados en Francia en 1870-71, que, a pesar del valor personal de sus individuos, no dieron buenos resultados en la lucha con tropas regulares."

Y es porque aquí no hay experiencia del funcionamiento del arma de artillería, como no se tenía noticia de la importancia de la ametralladora antes de Namasigüe; porque no hay nociones acerca del empleo de la caballería, y mucho menos de la acción destructora de los tanques y la enloquecedora de los gases asfixiantes, cerca o lejos de la presencia de centenares de aviones.

De manera que, por no saber medir la importancia de esos factores, se piensa en rebajitas en la instrucción, en rebajitas del contingente anual, quizá en rebajitas del sueldo, en vez de pensar en el alza para satisfacer necesidades perentorias del soldado.

La idea de rebajar el contingente de fuerzas adscritas a Guerra, pasando resguardos militares a Gobernación, ya fue ensayada con resultado malo, según lo asegura la Memoria de Guerra correspondiente al año económico de 1922-1923, aconsejando la misma, más bien, la creación de una policía militar.

Y como por exceso de trabajo no podremos continuar ocupándonos de este asunto, queremos decir las últimas palabras:

Si se ataca la duración del tiempo de servicios en Honduras, por el hecho de la falta de cuarteles —y si se quiere, también, por no disponer de un personal capacitado para la instrucción y educación del soldado—, la reforma debe tender a construir esos cuarteles y establecer suficiente número de escuelas para formar oficiales y clases; y así se procederá con acierto.

Tegucigalpa, febrero 23 de 1931.

(Artículos publicados en "El Sol")

CAPÍTULO XIX: DÍA DE LAS AMÉRICAS, 14 DE ABRIL DE 1942

I
Consideraciones generales

Cuando se trata de la elaboración de un trabajo de cierta importancia, es indispensable formar un plan con la debida anticipación para su desarrollo metódico; y es el caso en el presente, sobre todo cuando la América está empeñada en la defensa de sus instituciones, territorio y hogares, asemejándose en todo a una lucha por una segunda independencia.

Pero si ese es el hecho escueto, nosotros no contamos con el tiempo y capacidades indispensables, por lo cual apenas tocaremos el tema en sus lineamientos generales, en relación con la geografía, la historia, algunas fases de su cultura y ligeras consideraciones acerca de la defensa continental.

Antes de entrar en materia, deseamos explicar —usando las mismas palabras de una publicación de la Unión Panamericana— lo siguiente:

"El significado del Día de las Américas"

"El Día de las Américas, conmemorado cada año el 14 de abril, tiene por objeto recordar los vínculos políticos, económicos y espirituales que unen a las 21 repúblicas del Continente Americano.

El Día de las Américas se conmemora el 14 de abril porque en esa fecha del año de 1890, la Primera Conferencia Internacional Americana, reunida en la ciudad de Washington, aprobó una resolución bajo la cual se creó la Oficina Comercial de las Repúblicas Americanas, que se conoce con el nombre de Unión Panamericana.

Para seleccionar esa fecha se tuvo también en cuenta otra razón: el día cae en la época del año en que la mayoría de las escuelas del Continente Americano —cuyo interés especial se trata de estimular— están abiertas."

"El origen de la celebración del Día de las Américas debe buscarse en la sesión verificada en mayo de 1930 por el Consejo Directivo de la Unión Panamericana.

Este cuerpo se compone de los representantes diplomáticos de las veinte repúblicas latinoamericanas acreditadas en Washington y del Secretario de Estado de los Estados Unidos de Norteamérica, el cual actúa como presidente.

En aquella reunión, el Excmo. señor Embajador del Brasil presentó la siguiente resolución, que fue unánimemente aprobada por el Consejo:

EL CONSEJO DIRECTIVO DE LA UNIÓN PANAMERICANA,

"Considerando que sería conveniente recomendar la designación de la fecha que se considere en todas las repúblicas de América como Día de las Américas, y que éste se establezca como símbolo conmemorativo de la soberanía que asumieron las naciones americanas y de la unión voluntaria de todas en una comunidad continental;

Considerando que el 14 de abril es la fecha que señala la adopción de la resolución que creó la Unión Panamericana,

RESUELVE:

Recomendar a los Gobiernos de los países miembros de la Unión Panamericana designar como Día de las Américas o Día Panamericano el 14 de abril, y enarbolar en esa fecha la bandera nacional."

"Correspondiendo entusiastamente a esta recomendación, los Presidentes de cada una de las veintiuna repúblicas que integran la Unión Panamericana proclamaron el Día de las Américas.

El 14 de abril de 1931, el Día de las Américas fue conmemorado por primera vez en todo el Continente Americano.

Desde entonces, la celebración de ese día ha ido revistiendo cada año mayor solemnidad y se ha ido haciendo más continental, como lo demuestra el creciente número de pedidos por material informativo que la Unión Panamericana recibe de todos los países de América."

II
Aspectos geográficos

La superficie de las 21 repúblicas americanas se eleva a 30 millones de kilómetros cuadrados, con 253 millones de habitantes, aproximadamente.

Goza de climas fríos en los extremos Sur y Norte, al igual que en las elevadas cumbres de las montañas; de carácter tropical en la parte media y templado en el resto.

La Cordillera de los Andes se extiende a lo largo del Continente, bifurcándose en algunos países, con una longitud en la América del Sur de 7.500 kilómetros y una anchura que varía entre 90 y 300 kilómetros.

A lo largo de la cordillera se encuentra un centenar de volcanes, principiando con el Mackinley, en Alaska, de más de seis mil metros sobre el nivel del mar; para continuar con destacadas cimas mexicanas, entre otras, el Popocatépetl y el Pico de Orizaba; para seguir hacia el Sur con la no despreciable cifra de 25 volcanes en el país vecino, tales como el Santa María y el Acatenango; luego pasar a la República de El Salvador, para registrar 17 volcanes, entre otros, el Santa Ana, San Vicente y San Miguel; el Cosigüina en Nicaragua, frente al Conchagua del Estado cuscatleco, centinela del Golfo de Fonseca; luego otros en Costa Rica, de no menor altura; para descubrir el Tolima en Colombia, traspasar la frontera ecuatoriana y ascender a la mesa quiteña para encontrarse con el Pichincha, y más al Sur el Cotopaxi; registrando algunas más de no menor importancia en el Perú, para descubrir el Sorata de Bolivia y terminar, finalmente, en la cumbre más alta de la cordillera, denominada Aconcagua, en la república chilena y cerca de la frontera argentina.

Esta serie de volcanes limita, por el Oriente, el llamado Cinturón de Fuego del Pacífico, cuyo extremo opuesto, al Occidente, toca con los asiáticos y, por el Sur, con Nueva Guinea, Nueva Zelanda y otras islas menores.

La cordillera de los Andes es una línea estratégica natural de primer orden, como lo son los sistemas fluviales que se desprenden de ella, entre otros, el del Amazonas, Río de la Plata, Misisipi, Magdalena y Orinoco, cuyas cuencas geográficas, unidas a las de otros sistemas de importancia semejante a las de los últimos mencionados, pueden calcularse, aproximadamente, en 30 millones de kilómetros cuadrados.

Lo que en algunos países europeos se llaman estepas o praderas, en la América del Sur llevan el nombre de pampas y llanuras; y en el resto del Continente, llanuras y sabanas.

Principalmente, entre los países colindantes en el Río de la Plata (en sus afluentes y confluentes) se encuentra una zona muy característica: la región chaqueña, cuya vegetación predominante es de matorrales, poblada, no obstante, por acacias, quebrachos, palmeras e higueras chinubas.

La pampa, región en donde el eco está desterrado, es una vasta extensión sin grandes árboles, pues los pocos que se hallan no se desarrollan por la falta de aguas lluvias durante seis meses del año.

Aparecen, pues, pampas en Argentina, Chile, Perú y Brasil; llanuras en Venezuela y Colombia, al igual que entre el Atlántico y los Apalaches, y entre éstos y las montañas Rocallosas, en los Estados Unidos de Norteamérica.

La pampa argentina, campo en donde se forjan caudillos al estilo de Facundo y don Juan Manuel de Rosas, embellecida por las canciones puestas en boca del Martín Fierro, está cruzada de carreteras y ferrocarriles, cultivada con cereales —trigo y maíz, especialmente—, y poblada con ganados de diferentes clases.

Las llanuras del Apure, en Venezuela, contemplan a los centauros de Páez en las campañas de independencia. Y tanto esas pampas, como las llanuras aquende y allende el Canal de Panamá, pueden servir como campos de maniobras para tropas de las diferentes armas y como lugares de ubicación para campos de aterrizaje.

Entre las aguas acumuladas en tierra firme, se hacen notar las de los Grandes Lagos, entre Estados Unidos y Canadá, con una superficie de un cuarto de millón de kilómetros cuadrados; el Gran Lago Salado, que bien responde a su nombre, en los Estados Unidos; el Lago Titicaca, entre Perú y Bolivia, con ocho mil kilómetros cuadrados a una altura de cuatro mil metros sobre el nivel del mar; el Nahuel Huapi, de singular belleza en Argentina; el Maracaibo, en Venezuela, con el aspecto de una espaciosa bahía y un canal de entrada de pequeña anchura; y el Gran Lago de Nicaragua, futura vía de comunicación interoceánica entre el Pacífico y el Atlántico.

Todos esos enormes depósitos de agua —con otros muchos de menor superficie, distribuidos en las 21 repúblicas democráticas— pueden servir como bases de operaciones y concentración, excepto quizá un lago de fuego, único en el mundo, que existe en las islas de Hawái, para los hidroaviones adscritos a la defensa continental.

Entre las maravillas del mundo figuran las cataratas americanas, como las del Niágara, cantadas por José María Heredia, cuya caída afecta la forma de un arco, con una longitud de mil doscientos metros aproximadamente, aseverándose que durante algunos crudos inviernos se congela el agua de la cascada, transformándose dicho arco en una magnífica bóveda de hielo.

Las otras cascadas de renombre son: las del Iguazú, entre Brasil y Argentina; las de Sete Quedas, entre Brasil y Paraguay; las del Salto de Lajas, en Chile; y la del Tequendama, en Colombia. Muchas de ellas producen luz y fuerza motriz, prestando con ello servicios de importancia para el alumbrado y las industrias.

De los océanos que rodean las Américas, merecen especial mención el Pacífico y el Atlántico. El primero fue descubierto por Blasco Núñez de Balboa el 25 de septiembre de 1513, llamándole Mar del Sur; el cual, cruzado en buen tiempo por Magallanes en 1520, recibió por ello el nombre que conserva en la actualidad. Tiene una superficie de 180 millones de kilómetros cuadrados, o sea, el doble de la que corresponde al Atlántico. Este último debe su nombre a estar localizado en el lugar que los antiguos consideraban que existía el Continente de la Atlántida.

Las islas del Pacífico, como las Hawái, son la llave de la defensa del continente por el Norte, así como las Galápagos en la parte media. Por el lado del Atlántico hay una serie de islas que constituyen la primera línea de defensa continental, formada por las grandes y pequeñas Antillas, ya que sirven de base para operaciones marítimas y aéreas.

Y el Estrecho de Magallanes es la llave de ambos océanos.

III
Aspectos históricos

Diversas teorías e hipótesis se han externado acerca de los principales pobladores del continente americano, suponiendo unos que vinieron de Asia por el Estrecho de Bering, otros de la Oceanía, otros de Europa y los menos de África; pero nosotros los sorprendemos en el preciso momento en que Rodrigo de Triana grita a sus compañeros de aventuras:

"¡Tierra! ¡Tierra! ¡Tierra!"

Grito repetido con alborozo por los tripulantes de las tres naves, porque significaba el término de sus preocupaciones y daba la razón a la constancia del Almirante Cristóbal Colón, el 12 de octubre de 1492.

Tampoco podemos detenernos en los innumerables idiomas que, a decir del agustino recoleto Fray P. Fabo, ascendían a un total de 425, pequeña fracción de los 2 mil idiomas y 5 mil dialectos de todo el mundo.

Mas sí podemos aseverar que los conquistadores españoles encontraron en México, Centro y Sudamérica los restos fehacientes de una vasta cultura, como lo atestiguan las ruinas de Palenque (Chiapas), Chichén Itzá, Uxmal, Mayapán (Yucatán), en la República de México; Quiriguá, en Guatemala; Copán, en Honduras; y las del Cuzco y Machu Picchu, en el Perú.

Ese estado decadente de los imperios azteca, quiché, cachiquel y el de los incas, explica la fácil conquista de Hernán Cortés, Pedro de Alvarado, Cristóbal de Olid, Sebastián de Benalcázar, Diego de Almagro, Francisco Pizarro, Pedro de Valdivia, Jiménez de Quesada, Pedro de Mendoza... y tantos más, cuyos efectos apenas podían ser contrarrestados por los frailes Fray Bartolomé de las Casas y Junípero Serra, entre otros abanderados del cristianismo.

Terminada la conquista, se inicia la organización de los dominios mediante la creación de virreinatos, como los de Nueva España, Nueva Granada, del Perú y de la Plata, con otras entidades dependientes directamente de España.

Los nuevos poseedores de tierras del Nuevo Mundo se preocuparon por introducir materias primas para su alimentación y luego cultivarlas en el mismo suelo, exportando a su vez los productos autóctonos que desempeñaron gran papel en la industria y en la medicina.

Con ellos se iban ricos botines de oro y plata, extraídos de los veneros de Potosí en Bolivia, de los yacimientos del Bajo Perú, del

Brasil, de México y de Honduras; y, no obstante ese chorro incesante de metales preciosos durante cuatrocientos años, todavía existen riquezas mineras de gran cuantía, al grado de considerarse países como México y Bolivia que ocupan el primer lugar en el mundo en la producción de plata y estaño, respectivamente; Estados Unidos, México, Venezuela, Colombia y Argentina, que explotan grandes cantidades de petróleo, sin que falten diamantes, esmeraldas, perlas y zafiros en distintas porciones del continente.

Paso a paso llegaron estos países a su mayoría de edad, hasta considerarse aptos para manejar sus negocios por sí mismos, tal como lo declararon los Estados Unidos el 4 de julio de 1776, y lo confirmaron en la batalla decisiva de Yorktown tres años después; Haití, en 1804, y poco después Santo Domingo; luego México, el 16 de septiembre de 1810; Centroamérica, el 15 de septiembre de 1821; Venezuela y Colombia, después de porfiada lucha, confirmaron su independencia en las batallas de Boyacá y Carabobo; así como el Ecuador selló la suya en la batalla de Pichincha; Perú y Bolivia, en las de Junín y Ayacucho; Chile, en la de Maipú; Argentina, la declaró el 25 de mayo de 1810; y el Brasil, en 1822.

Por lo cual puede asegurarse que para el año de 1825 cesan por completo las luchas por la independencia en tierra firme; y, a principios del presente siglo, en 1902, con la liberación de Cuba, termina la ocupación española en las tierras de ultramar.

IV
Problema de la vida independiente de los pueblos americanos

Más de un pueblo, quizá, se asombró de haberse atrevido a cortar sus ligamentos con la Madre Patria, y otros advirtieron, tal vez, una incapacidad latente para el ejercicio del mando y la administración de los negocios de la comunidad, quebrantados por una batalla que había durado largos años y la costumbre de la vida del campamento y del vivac, muy ajena a la tranquilidad del hogar. Así hubo sus tropiezos en la marcha evolutiva, se quebró la fe en los ensayos de monarquía, extemporáneas, iniciadas por Santos Louverture, el Napoleón Negro, continuadas por Iturbide y don Pedro del Brasil, la de Maximiliano al terminar sus ilusiones en el Cerro de las Campanas, Querétaro, al grito estridente de Lerdo de Tejada: ¡AHORA O NUNCA! Y en segundo término, la serie de dictaduras que florecen en México como en Guatemala, en Venezuela como en Argentina, en Bolivia como en Paraguay, en Cuba como en el Ecuador, para no citar sino los casos sobresalientes.

Las luchas intestinas se precipitan en la vorágine de la anarquía, y aun en repúblicas que hoy gozan de positivos prestigios en el concierto de las naciones civilizadas, sumándose a estos desastres interiores algunas guerras internacionales que contribuyen con sus extraordinarios tributos de sangre a desquiciar la máquina económica y financiera de las nuevas democracias... No obstante, tales desperfectos en la máquina del progreso y civilización americana, cada una de sus entidades procura enderezar la proa de sus intereses por los senderos de la conveniencia comunal de todos los panamericanos. A esta obra se dedican con especial energía los hombres símbolos como Washington y Lincoln, Morelos y Benito Juárez, Morazán y Justo Rufino Barrios, el Padre Delgado y Juan Rafael Mora, Bolívar y Santander, Eloy Alfaro y Lamar, O'Higgins y Rivadavia, Artigas y Duarte, Martí y San Martín...

V
Vías de comunicación

Las vías de comunicación pueden ser: terrestres, fluviales, marítimas y aéreas. Entre las primeras se hallan ferrocarriles y carreteras. La América cuenta con más de 600 mil kilómetros de vías férreas, ocupando por ello el primer lugar entre los demás continentes. La construcción de carreteras se ha intensificado en los últimos años, a consecuencia de las facilidades que ofrece el transporte por medio de automóviles, autobuses y camiones, que ascienden a una cifra mínima de 30 millones.

Así se estiman las líneas estratégicas artificiales que cruzan el continente de Norte a Sur, como de Oriente a Poniente; y por esto se anota el caso curioso de que una de las líneas estratégicas artificiales de actualidad, para la defensa del Istmo Centroamericano, es la línea férrea que, partiendo del puerto salvadoreño de La Unión, cruza Guatemala, México, y puede terminar en Alaska o Canadá.

Es la línea estratégica terrestre de mayor valor militar que la inconclusa Carretera Interamericana.

Las vías fluviales son muchas y de muy buena clase, especialmente en las corrientes de agua de mayor volumen: así en el Mar del Plata como en el Mediterráneo de América (el Amazonas), en el Orinoco como en el Misisipi, en el Magdalena como en el Coatzacoalcos.

Las comunicaciones marítimas comprenden el comercio exterior y el de cabotaje. El exterior está servido por compañías americanas y extranjeras, prestando un servicio eficiente en tiempos normales; pero en los anormales, cargado el transporte exclusivamente a las compañías panamericanas, teniendo que sortear los peligros de la guerra submarina —y quizá la aérea—, el comercio sufre interrupciones muy sensibles.

Por lo cual merece una atención especial, tanto por las marinas de guerra de los países americanos como por las aviaciones de la misma clase.

El comercio de cabotaje se hace entre los puertos menores de cada país; se desarrolla normalmente en todo tiempo y presta grandes servicios a sus respectivas comunidades.

Las comunicaciones por vía aérea han tenido gran desarrollo en los últimos años. En poco tiempo se han organizado compañías para la conducción de pasajeros, carga y correspondencia, hasta cubrir una zona internacional de más de 60 mil millas, con itinerarios fijos y sin percances durante largos períodos de tiempo.

"La América Latina, hasta hace poco, contaba con más líneas de aviación y más kilómetros que los Estados Unidos y Europa, y en ella se estableció la primera línea comercial del mundo."

Otro medio de comunicación, de una trascendencia sin igual, es el cablegráfico, radio-telegráfico, radio-telefónico y, dentro de poco, la radio-televisión.

Por medio de las radiodifusoras, esparcidas a través del continente, se está al día de todas las noticias que interesan a la confederación de pueblos americanos, y se ha visto su eficiencia al tratar de radiodifundir conferencias, actos gubernamentales e informaciones de interés general, al ponerse en cadena las estaciones de las repúblicas americanas.

De esta manera escuchamos el timbre de voz del Presidente Roosevelt, como la voz del Presidente J. Antonio Ríos; la de los delegados a la Conferencia de Río de Janeiro, como la cordialidad patentizada en discursos y manifestaciones entre México y los Estados Unidos de Norteamérica, en el homenaje que la Unión Panamericana hizo al Excmo. Sr. Ministro de Relaciones Exteriores de la República de México, Dr. Ezequiel Padilla.

Es por todo lo expuesto que aseveramos, con inusitada alegría, que las radiodifusoras continentales han acercado a las repúblicas democráticas mucho más que las conferencias panamericanas y demás procedimientos de acercamiento usados en épocas pasadas.

Los medios de comunicación de que acabamos de hablar permiten el uso de las líneas interiores para el ataque y defensa de las distintas parcelas americanas.

VI
Características culturales

En el Nuevo Mundo ha florecido la literatura desde Nezahualcóyotl hasta nuestros días, aunque muchos de nuestros valores no puedan parangonarse con los clásicos de Grecia y Roma, pero sí contamos con ejemplares de valía.

Al presente no podemos aspirar a tener un puesto preeminente en la epopeya; pues si en este género sobresalen la Ilíada y la Odisea, la Eneida y la Divina Comedia, el Paraíso Perdido y la Cristíada, la Jerusalén Libertada y la Mesíada, no quedan muchos puntos abajo la historia de la gesta araucana, cantada brillantemente por don Alonso de Ercilla, y el relato del descubrimiento de América expuesto en La Colombina del presbítero Esteban Muñoz Donoso.

Tampoco nos consideramos muy atrasados en el género novelesco, a pesar de nuestra juventud, pues bien podemos exhibir los nombres gloriosos de Mariano Azuela, autor de Los de abajo; Ricardo Güiraldes, que cosechó sus triunfos con Don Segundo Sombra; Rómulo Gallegos, que brilla con Doña Bárbara; José Eustasio Rivera, autor de La vorágine; Sinclair Lewis, que conquistó el Premio Nobel por sus obras; y, la última que ganó el primer lugar en un concurso de novelas americanas, El mundo es ancho y ajeno, del insigne escritor peruano Ciro Alegría.

También contamos con historiadores de altura, tales como Irving, Prescott y Ticknor; Justo Sierra y José Milla; Santiago I. Barberena y Rómulo E. Durón; José Gámez y Manuel M. de Peralta; José Manuel Groot y los García Calderón; Bartolomé Mitre y Barros Arana; y un sinnúmero de hombres que han sobresalido no sólo en este género, sino en otros muchos de carácter científico o literario.

Entre los poetas se destacan, de Norte a Sur: Longfellow, Amado Nervo, José María de Heredia, Julián del Casal y José Martí; José Batres Montúfar, Vicente Acosta, Juan Ramón Molina, Rubén Darío y Santiago Argüello; Rogelio Sotela y Rafael Cardona; los Calcaño y los Henríquez Ureña; José Asunción Silva, Julio Arboleda, Rafael Pombo, Julio Flores y Guillermo Valencia; José Joaquín Olmedo y José Santos Chocano; José Hernández, Rafael Obligado, Olegario Andrade y Andrés Bello; Juan Zorrilla de San Martín, José Mármol, entre otros.

Entre los escritores dedicados a géneros especiales se distinguen don Ricardo Palma, padre de Tradiciones peruanas, y don Aurelio Díaz Meza, de Leyendas y episodios chilenos.

En el género oratorio aparecen los nombres más ilustres, entre otros: Washington, Jefferson y Franklin; Ignacio Manuel Altamirano, José Madriz, Simón Bolívar, Mariano Baptista ("El Príncipe de la Tribuna Boliviana"); Nicolás Avellaneda, José Manuel Estrada, Pedro Bustamante, Carlos María Ramírez, Carlos Manuel de Céspedes y José Martí.

Finalmente, entre los hombres de ciencia cuyos nombres han traspasado las fronteras continentales, bien podemos mencionar a Rufino José Cuervo, Miguel Antonio Caro, Andrés Bello, Domingo Sarmiento, Benjamín Franklin, Alberto Membreño, José Flores, Manuel Domínguez, Rafael María Baralt, Cecilio Acosta, José María Samper, José Manuel Marroquín, José Montalvo, Francisco y Ventura García Calderón, Ricardo Rojas, José Enrique Rodó, Manuel Gondra, José Victoriano Lastarria, y el sabio hondureño José Cecilio del Valle.

VII
Peculiaridades regionales

Al recordar que las tierras americanas gozan de magníficos paisajes, no hemos querido perder la oportunidad de transcribir el que se relaciona con la patria de recios caciques centroamericanos que supieron defender palmo a palmo la tierra en donde habían nacido.

Y encontramos muy a propósito la descripción que hace el escritor guatemalteco don Antonio Batres Jáuregui, que dice así:

"En toda la América Central hay panoramas sublimes, deliciosos y encantadores.

Los volcanes que arrojan lava, como pirámides colosales de este suelo plutónico; las montañas empinadas, agrestes, de flancos casi perpendiculares, de simas obscuras, apenas perceptibles por la cinta argentada del manso río que, en el fondo, serpentea; las mesetas extensas, circuidas por cerros remotos cuyas caprichosas crestas circunscriben el cielo arrebolado cual encaje musulmán, o encaje arabesco, en raso reluciente de turquí.

Las llanuras de su costa no tienen lo silencioso de la pampa, ni lo estéril del páramo; por el contrario, exhiben árboles soberbios de copas altísimas, aves canoras de plumas abigarradas, palmas que susurran al compás de las ondas marinas, como para contener el ímpetu altanero de las olas que se pierden entre las conchas pintadas de las cálidas orillas.

Los bosques edénicos, en donde la mezcla de bejucos, troncos, arbustos, brotes y colosales hojas apenas dejan paso al ciervo, al puma, al jabalí y a tantos otros cuadrúpedos que en esas soledades viven; las ceibas, el cocotero, el cedro, el volador y los incontables árboles que sirven de nido a las guacamayas y a los pavos, forman un conjunto que sólo en los trópicos puede admirarse.

El misterioso quetzal, ave sagrada que lleva por cauda alfanjes de esmeralda, es peculiar de nuestro suelo."

VII
La defensa continental

Es en medio de esta vegetación lujuriosa, de colorido semejante en toda la América, que viven los chagras (goajíros, sabaneros, payos, pencos, rancheros, gauchos y aun los célebres cowboys); en donde hacen sus aprestos guerreros Búfalo Bill, Facundo, Martín Fierro; se divierten entonando corridos, canciones y rumbas, vidalitas, tristes, y saboreando los sones, los jarabes y los tangos, haciendo palpitar de emoción las cuerdas de la guitarra, el violín, manejando con maestría el acordeón o tornando la marimba en melodiosa y atrayente.

Tierra de canciones es México, tierra de tangos Argentina, tierra de alegrías Cuba, tierras de arduo trabajo los Estados Unidos...

Las canciones, los bailes, al acorde de instrumentos extraños oídos por el radio, nos acercan más, mucho más, que las relaciones diplomáticas.

Por eso queremos reafirmar lo dicho en otra parte: la radiodifusora es la mejor embajadora de buena voluntad.

VIII
La defensa continental

El estudio de un proyecto de operaciones es muy complejo, sobre todo cuando se trata de países carentes de recursos, de extensas costas y con sistemas incompletos de comunicación; pero, en todo caso, se toman en cuenta los factores relacionados con la política, los teatros de guerra y operaciones, y los contingentes de los adversarios, así como los movimientos de fuerzas al iniciar las operaciones.

La política de la guerra ha de hacerse tangible poniendo de relieve la cooperación que puedan prestar los países aliados, la actitud de los probables adversarios y, de allí, deducir el carácter ofensivo o defensivo de los planes de guerra.

Los estudios concernientes a los teatros de guerra y operaciones han de estimarse, en el caso de América, en toda la tierra firme e insular y en los territorios de los adversarios.

Dentro de ese amplio teatro de la guerra, es indispensable fijar la atención en los probables teatros y zonas de operaciones, tomando en cuenta las características geográficas, estadísticas y antecedentes históricos, amoldados por entero al terreno.

a) Características geográficas

El estudio de las características geográficas de un país es uno de los tres elementos que forman su potencia militar, ya que dichos elementos están constituidos por el personal, el material y el territorio.

El estudio del terreno, en todos sus aspectos, requiere conocimientos adquiridos en tiempo de paz, debidamente cotejados y ponderados para darles a cada uno la importancia que merece. Estos datos son tanto más complejos y amplios, cuanto que abarcan a los países que pueden entrar en guerra.

En un teatro de operaciones, al igual que en uno de guerra, hay que conocer las líneas y puntos estratégicos, naturales y artificiales, de los cuales hemos dado algunas indicaciones en la parte anterior, cuyo estudio requiere personal adecuado y expresa dedicación.

b) Materia estadística

Los recursos de algunos países varían de acuerdo con el período de lluvias, pues otros tienen sistemas de irrigación que les permiten una producción regular.

La América, en este detalle, goza de muchas ventajas con respecto a los otros continentes, ya que ocupa un lugar preferente en la producción de trigo, maíz, centeno, cebada, café y aun en la del arroz, en la cual solamente es superada por el Asia.

En iguales o mejores condiciones se encuentra en la producción de lana y algodón, petróleo y hierro, además de otros productos de carácter estratégico muy dignos de tomarse en cuenta en los tiempos actuales.

En todos estos trabajos hay que tener presente la producción mundial de diversos artículos, para ponderar lo que hace falta a cada uno de ellos y lo que necesitaremos en un caso de guerra.

De esos conjuntos extraemos los siguientes:

PRODUCCIÓN MUNDIAL EN TONELADAS MÉTRICAS

(en toneladas métricas)

Producto	Producción (millones de toneladas métricas)
Patatas	164
Arroz	138
Trigo	123
Maíz	115
Avena	51
Azúcar	28
Cacahuates	7
Algodón	6

Producto	Producción (millones de toneladas métricas)
Tabaco	2
Café	2
Té	1

MINERALES DEL MUNDO

(en millones de toneladas métricas, excepto donde se indica)

Mineral	Producción (millones de toneladas métricas)
Carbón	500
Lignito	300
Petróleo	200
Hierro	170
Manganeso	2
Plomo	1.5
Cinc (Zinc)	1.5
Plata	0.008
Oro	0.0006
Platino	0.002
Diamantes	**6,000 quilates**

PRODUCCIÓN MUNDIAL DE GANADO
(en millones de cabezas)

Especie	Cantidad (millones de cabezas)
Bovino	600
Ovino	600
Caprino	200
Asnal y mular	20

IX
Movilización y concentración

Determinado el plan de guerra, y fijado su carácter ofensivo o defensivo, corresponde ocuparse de la movilización y concentración.

La MOVILIZACIÓN "es la operación por medio de la cual la potencia militar de un país recibe su preparación para una guerra, todo el personal, ganado y material que le es necesario".

Comprende dos partes:

"Una reservada, de la que solamente debe tener conocimiento la alta dirección del ejército, que se refiere principalmente a la reunión y organización de las grandes masas, plazas que han de servirles de apoyo, y todos aquellos puntos relacionados con el auxilio de un aliado; y otra, menos secreta, que haga conocer a cada unidad y cada individuo su cometido y el tiempo y lugar en que han de desempeñarlo".

Todo plan de movilización debe ensayarse previamente, a fin de ponerlo a prueba y demostrar las deficiencias que se noten.

La movilización puede ser total o parcial. Es más conveniente hacerla parcial, llamando sucesivamente a las clases en un tiempo determinado. Esto tiene la ventaja de que el trabajo en el país no sufre perturbaciones de importancia.

Los primeros contingentes que han de llamarse son los que sirven para completar el ejército activo y constituir las fuerzas de primera línea. Los trabajos preliminares para toda movilización son muchos y de gran importancia para su mejor ejecución, tanto por la parte individual como por las unidades afectadas.

La movilización termina cuando se han reunido los contingentes en las plazas o sitios en donde han de armarse y equiparse; y el movimiento de esas fuerzas, ya organizadas en batallones, regimientos, brigadas, divisiones, cuerpos de ejército y ejército, constituye la concentración, en las respectivas bases de operaciones.

La movilización no solamente afecta al personal que va a empuñar las armas, sino a todas las fuerzas latentes de un país: lo mismo en la agricultura que en la industria, en las actividades diplomáticas como en las científicas.

Por eso, los encargados de practicarla deben tener amplios conocimientos, lo mismo en historia que en geografía, en economía política como en estadística, en derecho internacional como en higiene militar.

Y así como en los estados mayores alemanes, formados especialmente para esta última guerra, se buscaron los oficiales apropiados para que acudieran a practicar durante los diversos períodos en artillería, ingeniería, marina de guerra, aviación, tanques y el resto de las armas, así también pueblos de visión, como los Estados Unidos de Norte América, se han empeñado en formar cuerpos de personal seleccionado que pasan de los 200 mil hombres, denominados United States Marines, que se han ejercitado en las distintas actividades militares y representan un seguro de eficiencia en la práctica del mando y de las operaciones de guerra.

CAPÍTULO XX: 14 DE ABRIL DE 1950

América: la tierra de promisión límites, población y superficie

Esta tierra prodigiosa, soñada por artistas y filósofos, por príncipes y navegantes desde los tiempos más remotos, fue divisada en el horizonte por los marinos de Cristóbal Colón hace 458 años. Exploraciones posteriores delimitaron sus contornos, aprisionados entre cuatro océanos.

Al Norte y Sur, por el Ártico y el Antártico, respectivamente, con sus peculiaridades características de aguas congeladas y pocos habitantes, con las alternativas de seis meses de día y seis de noche, y el espectáculo maravilloso de las auroras polares —regalo del sol— que se producen simultáneamente y se denominan boreal y austral.

Estos océanos tienen una superficie de un 4 y 5 % de la correspondiente a los dos tercios de la totalidad de las aguas. Al Oriente, por el denominado en la antigüedad Mar Tenebroso y actualmente Atlántico, en nombre de la isla que, según Platón, ocupó ese lugar y desapareció a consecuencia de un cataclismo. Baña las costas de tres continentes y ocupa el 30 % de la superficie de las aguas.

Al Occidente, por el Pacífico, descubierto por Vasco Núñez de Balboa, que abarca el 49 % de la superficie marina, se halla entre tres continentes y goza del privilegio de contemplar centenares de islas desprendidas de un continente desaparecido.

A la América le corresponde el 26 % de la superficie terrestre y el 15 % de su población; pero aunque la primera no ha variado desde el descubrimiento, la segunda ha seguido creciendo al correr de los años.

Los aborígenes

Los conquistadores, al presentarse en las playas americanas, las hallaron pobladas por tres centros importantes: aztecas en México, mayas en Centroamérica y Yucatán, e incas en la América del Sur.

Los primeros ocupaban un área comprendida entre los 14 y 21 grados de latitud; los mayas, más de 200 mil kilómetros cuadrados; y los incas, 750 mil millas cuadradas, que albergaban una población de más de 10 millones de habitantes, y corresponden en la época contemporánea a una figura poligonal comprendida entre las repúblicas del Ecuador, Perú, parte occidental de Bolivia y norte de Chile, con infiltraciones en Colombia y Argentina.

Ciencias y disciplinas afines han estudiado la participación de estos pueblos en el acervo de la civilización. El veredicto es altamente honroso para los aborígenes. Sus conocimientos arquitectónicos, escultóricos y pictóricos han quedado registrados en las ruinas de Cholula, Yucatán, Chiapas, Campeche, Copán y Tiahuanaco.

Sus conocimientos en astronomía, agricultura, industria y artes dejaron asombrados a los conquistadores, y su fama ha trascendido a los tiempos modernos.

Aunque la brevedad de estas notas no permite entrar en detalles, queremos aprovechar la oportunidad para dejar un espacio libre a la participación de los indígenas colombianos en el trabajo del oro.

Nos referimos a la magnífica colección de 5,000 objetos de oro que posee en su Museo de Oro el Banco de Colombia, facturados por los indios antes de la conquista. Es la mayor de las colecciones de joyas dejadas por las civilizaciones desaparecidas.

"Los antropólogos que hasta hoy han visto la colección dicen que es un laboratorio sin paralelo para las investigaciones en etnología, costumbres, creencias, ideas estéticas y artes e invenciones metalúrgicas. Si bien es sorprendente que ya se hayan logrado reunir más de 5 mil objetos, hay que recordar, no obstante, que esta es solo una pequeña parte de los producidos por los indios colombianos. Desde el momento en que llegaron los conquistadores españoles, los soldados y colonizadores empezaron a explotar el oro no solamente de los ricos depósitos, generalmente aluviales, que se encuentran en territorio colombiano, sino también, como lo dijo un historiador de aquel período, matando a los indios vivos y desenterrando a los muertos, para despojarlos a ambos de sus adornos."

"Colombia es famosa por sus técnicos en la elaboración del oro", según Rivelt. La altiplanicie de Bolivia y Perú era la patria de la habilidad técnica en el trabajo del cobre y del bronce; la costa peruana, de la platería; y la región india de Esmeraldas, en el Ecuador, de la elaboración del platino.

Son bien sabidas las grandes existencias de oro a la llegada de los españoles, debido a que los indígenas solamente lo utilizaban para adornos. Los aztecas lo consideraban como desperdicios de los dioses. Los incas lo tenían en tal abundancia, que en pocas horas cumplieron con la orden de su soberano para llenar con oro una pieza de 17 x 22 x 9 pies, que da un volumen de 33.66 pies cúbicos, precio de su libertad, promesa que Pizarro no mantuvo en pie.

POBLACIÓN DE LAS 21 REPÚBLICAS AMERICANAS

(según estimaciones de mediados del siglo XX, en millones de habitantes)

N.º	País	Población (millones)
1	Estados Unidos de Norte América	149.0
2	Brasil	48.0
3	México	23.0
4	Argentina	16.0
5	Colombia	10.0
6	Perú	8.0
7	Chile	6.0
8	Cuba	5.0
9	Venezuela	4.0
10	Bolivia	4.0
11	Haití	4.0
12	Guatemala	4.0
13	Ecuador	4.0
14	Uruguay	2.0
15	El Salvador	2.0
16	República Dominicana	2.0
17	Honduras	1.5
18	Paraguay	3.5
19	Nicaragua	1.0
20	Costa Rica	0.8
21	Panamá	0.7

El área americana es de 26 millones de kilómetros cuadrados, o sea 19.2 % del total de la Tierra, estimada en 135 millones de kilómetros cuadrados.

Entre los países de mayor kilometraje se encuentran: Brasil, Estados Unidos, Argentina, México, Perú, Colombia y Bolivia.

A continuación copiamos el cuadro detallado:

SUPERFICIE DE LOS PAÍSES AMERICANOS

(en kilómetros cuadrados)

N.º	País	Superficie (km²)
1	Brasil	8,500,000
2	Estados Unidos	7,800,000
3	Argentina	2,800,000
4	México	1,900,000
5	Perú	1,200,000
6	Colombia	1,100,000
7	Bolivia	1,000,000
8	Venezuela	900,000
9	Chile	700,000
10	Centro América	400,000
11	Paraguay	300,000
12	Ecuador	300,000
13	Uruguay	187,000
14	Cuba	114,000

Algunos datos se han calculado por exceso y otros por defecto. En general, no consideramos exactas las cifras, porque hay gran disparidad en los autores consultados. Tampoco hemos considerado exacta la población, pero con seguridad hay más aproximación en la segunda que en la primera, no obstante la inexactitud que ha caracterizado los censos.

Las capitales de los mismos países son las siguientes:

CAPITALES DE LAS REPÚBLICAS AMERICANAS

(con sus respectivas poblaciones aproximadas)

N.º	País	Capital	Población
1	Argentina	Buenos Aires	3,400,000
2	Brasil	Río de Janeiro	2,000,000
3	México	México	1,700,000
4	Chile	Santiago	1,000,000
5	Estados Unidos	Washington	900,000
6	Cuba	La Habana	700,000
7	Perú	Lima	700,000
8	Uruguay	Montevideo	700,000
9	Colombia	Bogotá	500,000
10	Guatemala	Guatemala	300,000
11	Venezuela	Caracas	300,000
12	Bolivia	La Paz	300,000
13	Ecuador	Quito	250,000
14	Paraguay	Asunción	200,000
15	Haití	Puerto Príncipe	200,000
16	Nicaragua	Managua	130,000
17	El Salvador	San Salvador	100,000
18	Panamá	Panamá	100,000
19	República Dominicana	Ciudad Trujillo	100,000
20	Costa Rica	San José	80,000
21	Honduras	Tegucigalpa	80,000

La Organización de los Estados Americanos

Queremos terminar esta interesante información sobre las veintiuna repúblicas americanas, con un extracto de las publicaciones que la Unión Panamericana ha tenido la gentileza de enviarnos para dar a conocer sus finalidades en la sexta década de la celebración del Día de las Américas.

Significado del Día de las Américas. — El Día de las Américas, celebrado cada año el 14 de abril, tiene por objeto recordar los vínculos políticos, económicos y espirituales que unen a las veintiuna repúblicas del Continente Americano. Se conmemora el 14 de abril porque en esa fecha del año 1890, la Primera Conferencia Internacional Americana, reunida en la ciudad de Washington, aprobó una resolución que creó la Unión Internacional de las Repúblicas Americanas, conocida hoy día con el nombre de Organización de los Estados Americanos. La Unión Panamericana es órgano central permanente y Secretaría General de la Organización.

"El Día de las Américas fue conmemorado por primera vez en todo el Continente el 14 de abril de 1931. Desde entonces, la celebración de ese día ha ido revistiendo cada año mayor solemnidad y se ha ido haciendo más continental, como lo demuestra el creciente número de pedidos de material que llegan a la Unión, de todos los países de América."

Antecedentes históricos de la Organización

"La Organización es resultado de un proceso evolutivo que se inició hace más de un siglo, en el año 1826, al reunirse en Panamá la primera conferencia interamericana, convocada por Simón Bolívar. La asociación fue oficialmente establecida como Unión de las Repúblicas Americanas, en la Primera Conferencia Internacional Americana, reunida en Washington en 1890.

El nombre de Organización de los Estados Americanos se adoptó en 1948, al firmarse la Carta de la Organización en la Novena Conferencia Internacional Americana en Bogotá."

Propósitos de la Organización

"Los propósitos de la Organización están consagrados en el artículo 4 de la Carta de Bogotá, y son los siguientes:

a) Afianzar la paz y la seguridad del Continente.

b) Prevenir las posibles causas de dificultades y asegurar la solución pacífica de las controversias que surjan entre los Estados Miembros.

c) Organizar la acción solidaria de éstos en caso de agresión.

d) Procurar la solución de los problemas políticos, jurídicos y económicos que se susciten entre ellos.

e) Promover, por medio de la acción cooperativa, su desarrollo económico, social y cultural."

Principios por los cuales se guía la Organización para lograr sus propósitos

"Los principios fundamentales de la Organización se encuentran en la Carta de Bogotá y pueden resumirse así:

a) El Derecho Internacional es norma de conducta de los Estados Americanos, y la buena fe debe regir en el cumplimiento de las obligaciones emanadas de los tratados.

b) Los Estados Americanos son jurídicamente iguales.

c) Ningún Estado tiene derecho de intervenir en los asuntos internos o externos de cualquier otro.

d) Todas las controversias que surjan entre los Estados Americanos serán solucionadas por medio de procedimientos pacíficos.

e) La agresión a un Estado Americano constituye una agresión a todos los Estados Miembros de la Organización."

Asambleas representativas que reconoce la Carta de la Organización

La Carta reconoce tres órganos representativos principales y tres consejos subordinados, en cada uno de los cuales están representados igualmente los veintiún Estados Miembros. Pueden organizarse, además, Conferencias Especializadas, en las cuales algunos o todos los Estados Miembros se reúnen para considerar determinados asuntos técnicos. Desde 1890 se han celebrado más de 250 conferencias de esta índole.

La importancia mundial de América

En lo expuesto se ha delineado ligeramente la importancia de la América en el concierto de los continentes. En la época contemporánea se han podido medir sus fuerzas diplomáticas, políticas, económicas y militares, las cuales continuarán en crescendo, ya que es una tierra de grandes recursos, tanto en el campo de la ideología como en el de las realidades, aun en los casos extraordinarios con la invención de bombas atómicas o de hidrógeno, como a desahogos terráqueos con el nacimiento de volcanes como el Paricutín.

Salud a las naciones americanas.

APÉNDICE

I
LAS CONFERENCIAS EN LA ESCUELA DE ARTILLERÍA

Trabajo leído por su autor en la fiesta militar de la Academia el día 20 de los corrientes

Señor Ministro, Honorable concurrencia, CC. CC.:

El 27 de octubre de 1915 se comunicó al personal docente de la Escuela de Artillería que, por disposición de la Directiva del Establecimiento, se creaban conferencias con el objeto de ilustrar a los educandos, versando dichas conferencias sobre temas que señalaría la Dirección.

Hasta el mes de enero del año de 1917 habían desarrollado los señores Jefes, Oficiales y Profesores dieciséis temas sobre los puntos siguientes:

1. Inauguración de las conferencias en la Escuela de Artillería y Objeto de la Escuela de Artillería, por su Director, Coronel Miguel A. Ramos.
2. Enfermedades venéreas, por el Doctor Carlos Cruz Velásquez.
3. Importancia del estudio de la Geografía, por el Coronel Pedro Rivas.
4. Premios y Castigos, por el Coronel J. Pineda Nájera.
5. Historia de las Matemáticas, por el Maestro de Instrucción Primaria, José María González Rosa.
6. Deberes del Militar para con sus camaradas, por el Coronel J. Pineda Nájera.
7. Psicología Militar, por el Coronel J. Pineda Nájera.
8. Deberes del Militar para con sus superiores, por el Subteniente Manuel Salgado Z.
9. Virtudes Militares, por el Coronel Miguel A. Ramos.
10. La Guerra Europea, por el Subteniente Manuel Salgado Z.
11. Reconocimientos militares, por el Teniente Coronel Silverio A. García.

12. Papel del arma de Infantería en la Edad Antigua. Papel de la Infantería en la Edad Media. Papel de la Infantería en la Edad Moderna, por el Teniente Coronel Silverio A. García.
13. Papel del arma de Caballería e importancia de ella en las Edades Antigua y Media, por el Instructor de Artillería Andrés Palma.
14. Artillería en los tiempos contemporáneos, por el Instructor de Artillería Andrés Palma.
15. Fortificación: Medios de defensa empleados en los siglos XIX y XX contra las armas de fuego, por el Coronel Manuel Antonio López.
16. Juegos deportivos, por el Subteniente Manuel Salgado Z.

Habiéndome comisionado para estudiar dichas conferencias, que están archivadas y en volumen especial en el archivo de la Escuela, lo hice, no con la detención debida, pues son casi todas ellas muy extensas, notando, sí, que son de mucho valor para la actual Academia Militar, fundada en enero de este año con los elementos de la extinta Escuela de Artillería, tomados en cuenta los esfuerzos que hace el señor Presidente, señor Ministro de Guerra y señor Director de Academia, porque ésta vaya poco a poco, pero con firmeza, desarrollando el plan que se tiene trazado para formar buenos oficiales en las distintas ramas que se estudian.

Los temas posteriormente se han desarrollado, lo mismo que las clases modelo dadas por los señores Profesores y trabajos desarrollados por los mismos alumnos, en vía de ejercicio, se conocerán más tarde, cuando ya publicados o hechos los comentarios del caso se notare su deficiencia o abundancia de razones bien basadas.

Por ahora doy un ligero juicio sobre las conferencias publicadas en globo; ya que no me lo permitió el tiempo hacer un minucioso estudio, como bien lo deseaba, rogando a los señores Profesores no se sientan ofendidos cuando se les exija un trato más familiar con los alumnos en esta clase de enseñanzas.

Escuela de artillería en mayo de 1916.

Que las conferencias han influido poderosamente en la inteligencia de los alumnos y que éstos han adelantado, puede notarse así:

Tomar las solicitudes de admisión, fijar su atención en el examen, tomar nota de las calificaciones y observar que los aspirantes llegan con conocimientos rudimentarios que no corresponden a la preparación que exige un instituto como éste para lograr su ingreso.

Ver, a continuación, las calificaciones en los exámenes de reconocimiento en 29, 30 y 31 de mayo de 1916, sobre las asignaturas siguientes: Geografía Universal, Aritmética Elemental, Gramática, Ordenanza, Dibujo, Gimnasia, Artillería, Álgebra, Geografía e Historia de Centroamérica, Reglamento de Infantería y Esgrima de sable, y ver que en pocos meses han progresado. Estudiar en seguida los cuadros de calificaciones correspondientes al examen de fin de año, practicado del 2 al 14 de octubre de 1916 sobre las mismas clases, y los exámenes extraordinarios practicados del 8 al 11 de enero de este año, sobre Dibujo, Gimnasia, Aritmética Elemental, Ordenanza, Gramática, Geografía Universal y Álgebra, y ver que los alumnos están ya bastante distanciados de como llegaron.

Revisando los libros de conducta, en los que constan las faltas y los castigos de los alumnos, se puede ver el mejoramiento que han alcanzado mediante la pronta corrección que se les ha hecho.

Los señores designados para las conferencias han hecho, sobre los temas que les señaló la Dirección, estudios detenidos y conscientes, abundando en todos ellos citas históricas, las más sobresalientes que se hallan en la bibliografía militar, pecando algunos en citas y tecnicismos que los alumnos no entienden, dada su poca preparación hasta hoy; de tal modo que, para bien de los mismos alumnos, ruego a los señores conferencistas que en lo sucesivo sean, al mismo tiempo que lacónicos, de un lenguaje más sencillo, porque de lo contrario nos pasará lo que siempre ocurre en otros centros, en donde se descarga sobre las escuelas una tormenta de palabras inútiles que fastidian.

Como dije, los temas son buenos, están bien desarrollados y, estando como están ya impresos, servirán más como una obra de consulta.

Queridos Cadetes: yo no quiero remontarme hasta donde os han llevado en varias ocasiones muchos de vuestros Jefes, Profesores y condiscípulos, cuando dirigiéndoos su verbo para demostraros las penalidades que trae consigo la carrera de las armas. Sin salir de aquí, pondré de relieve las faltas y las virtudes de que sois y podéis ser poseedores más tarde.

Cuando ingresa uno a las Escuelas Militares, lo hace sin cerciorarse antes de las fatigas y las privaciones, y por muy alto se va aquella idea de que por faltas leves se tienen serios castigos. La mayor parte ingresamos porque nos gusta el uniforme, y a medida que nos obligan los servicios que tienen por objeto desarrollar el espíritu de la profesión, nos cansamos, nos arrepentimos y creemos que todo lo que tiende a vigorizarnos material y moralmente es inútil. Así piensa el aspirante en las primeras semanas, y sólo cuando se da cuenta de los beneficios que le reportarán su buena conducta, aplicación y aprovechamiento, ama la escuela.

Ocurren fiestas cívicas y militares en el cuartel, asistiendo personas distinguidas de nuestra sociedad (nacionales y extranjeras) a ver lo que han aprendido los futuros defensores de la Patria: si saben marchar, hacer gimnasia, manejar el fusil, etc.; si aquellos cuerpos jorobados de algunos hijos de Marte ya están rectos, y si, así como se ponen firmes en las formaciones, podrán más tarde hacer los sacrificios que reclama nuestro culto a la Patria en momentos difíciles.

Después de que los alumnos presentaron un concurso de tiro al blanco, de gimnasia, y dio resultados satisfactorios, o que alguien, en un certamen científico, obtuvo una mención honorífica, los compañeros de buen corazón se llenan de júbilo y abrazan a su agraciado o agraciados, porque no sólo se ha honrado él, sino que ha honrado a sus camaradas, a la escuela, y es una esperanza para la familia militar. En esta sola fase encontrarán ustedes rasgos de compañerismo y de espíritu de cuerpo.

Así también, después de las faltas hay castigos, a cual más, a cual menos, y para dejarles a ustedes un recuerdo imperecedero de esta plática, voy a referirles dos faltas graves que yo cometí siendo alumno como vosotros, y los castigos que me impusieron, los que no olvidaré jamás.

En cierta ocasión, saliendo con una escuadra a la hora del rancho, saludé al Oficial Comandante de la Guardia, conforme lo prescribe la Ordenanza Militar. El Oficial contestó mal el saludo y me burlé de él; el oficial me ordenó que regresara y yo desobedecí. A mi regreso del rancho se presentó el Cabo de Guardia comunicándome que pasara al calabozo, de orden del Jefe de la Guardia, y yo, alegando, desobedecía y, armándome, injurié a dicho Comandante, quien ordenó a su guardia que me pasara al calabozo, la que dominó mi insubordinación y pasé a cumplir mi castigo.

Queridos Cadetes: poneos en el caso de que me vais a juzgar... ¿Hice mal yo?... Sí. Fui desobediente primero y después fui insubordinado: cometí una falta grave primero y un delito después.

Cuando el señor Director tuvo conocimiento de lo ocurrido, ordenó se me sacara del calabozo. Como natural es suponer, el castigo vendría luego. La hora de lectura de la orden del día la esperaba yo como esperan los condenados a muerte ese momento fatal. Estaba emocionado, estaba arrepentido. Vino el ayudante, leyó la orden y, referente a mi castigo, decía: "Por desobedecer una orden y atacar con mano armada a un superior, cometiendo el delito de insubordinación, se castiga al Sargento 2° Tomás Elvir con suspensión del empleo por término de un mes".

¿Conocéis en qué consiste la suspensión del empleo? Sí, ya debéis saberlo. Se me despojó de mis insignias de Sargento, que me daban ya el derecho a que se me hiciera el saludo indirecto, y por espacio de un mes anduve triste. Yo no pensaba tanto en los días que me faltaban para cumplir mi castigo, sino en el momento en que reasumiera el mando de mi Sección; por el hecho de que era una vergüenza para mí haber faltado así, dando el mal ejemplo.

Grandioso fue para mí (y así para vosotros) el día que salí de la Escuela, porque llevaba el grado de Subteniente del Ejército, y que era el pago de mis desvelos y honroso distintivo en una carrera noble como la nuestra. Soñaba mucho con Napoleón, y mis veinte años que tenía entonces me parecieron mucho tiempo transcurrido sin haber hecho nada.

Para que vosotros faltéis menos, os he referido un episodio de mi vida militar que creo os habrá gustado más que si os hubiera hablado de Austerlitz, de Waterloo y otros sitios memorables que fueron día y noche, principio y fin de las glorias de grandes genios militares que conoceréis a su debido tiempo.

Cuando el cadete estudia hechos gloriosos, busca, pregunta a sus superiores sobre los actos heroicos ocurridos en nuestra patria, y triste, hasta penoso, es confesarles que únicamente han sucedido una serie de bochinches nacidos de las pasiones políticas, causa por la cual los niños crecen sin escuela, en donde pudieran haber alimentado su alma.

Apenas encontraréis en nuestra historia patria rasgos heroicos. Despertemos de su sueño de héroe a Santamaría, en Costa Rica, incendiando la casamata que tenía embodegada la pólvora, que era una amenaza para los ejércitos centroamericanos, y bendigámosle a cada instante, citándolo como un humilde hijo del pueblo que servirá de ejemplo de heroísmo a nuestra juventud.

Mis buenos amigos: ¿os habéis imaginado algún día cómo es un acto de heroísmo? Tal vez muy pocos. Yo supongo el sacrificio de los héroes es así:

Imaginaos que uno de vuestros queridos amigos de la infancia tiene su madre ya para expirar, y que vuestro amigo no es un hombre todavía; que esa madre deja algunos hijitos sin padre, sin pan, sin protección, y siente ese inmenso dolor que sufre la mayor parte de los moribundos cuando dejan algo querido.

Para mí han sido siempre sublimes las últimas palabras de los que van a morir... Esa madre, cuando siente que se acerca el último momento de su existencia, llama a sus tiernos hijos para besarlos y bendecirlos la última vez, exclamando: "¡Ay, mis hijos! ¡Sin pan!, ¡sin luz!, ¡sin mis besos!". Decidid si en ese caso uno de vosotros no se llevaría las manos contra el pecho, si no se arrodillaría y pediría al cielo que, si es cierto que existe un Dios, deje a esa madre desesperada en cambio de vuestra vida. Si ese holocausto es aceptado en beneficio de otros, habéis sido un héroe.

Lo mismo, amigos míos: cuando huestes extrañas pisen nuestras fronteras y pretendan hollar el suelo donde nacimos; donde tenemos a la abuelita que nos dice cuentos de hadas; donde la tierna madre tiene la cuna y mece a nuestros hermanitos; donde la amante esposa espera al marido para decirle los progresos del nene que ya gatea; en ese lugar bendito en donde todos aspiramos a formar un hogar con nuestra novia, que nos parece un ángel; es allí cuando, sacrificándolo todo, preferimos que pasen por sobre nuestros cadáveres antes que presenciar impávidos tamaño ultraje.

Habremos muerto con la conformidad de haber cumplido con nuestro deber o habremos traspasado los umbrales de la inmortalidad.

Tomás Elvir,
Subteniente.

LA FIESTA DE LA RAZA EN LA ACADEMIA MILITAR

El día 12 de octubre, a las 4 p. m., y en uno de los salones de la Academia Militar, dio principio la fiesta celebrada en honor al aniversario del descubrimiento de América.

Debido a la epidemia que azotaba todavía la capital, dicha fiesta revistió un carácter privado, asistiendo a ella solamente el personal de la Escuela de Clases y del Regimiento de Artillería.

El programa formulado para el festival se desarrolló de la siguiente manera:

PRIMERA PARTE

1° — Orquesta.

2° — Toma de posesión de la Directiva del club deportivo "Patria" y alocución por el señor Presidente del mismo.

3° — Orquesta.

4° — Breve reseña histórica del descubrimiento de América, por el Cadete Roque J. Rodríguez.

SEGUNDA PARTE

5° — Orquesta.

6° — El culto a los indios olvidados (composición en prosa por Juan R. Avilés), declamada por el Cadete Luis España.

7° — Orquesta.

8° — Lempira (composición en prosa por el Coronel Pedro Rivas), declamada por el Cadete Arturo Barahona.

9° — Orquesta.

10° — Palabras de clausura por el señor Director del Establecimiento, Coronel Miguel A. Ramos.

La orquesta que amenizó los actos la formaban oficiales de la Academia Militar y del Regimiento de Artillería.

Colegio Militar de México a la salía de Popotla, en donde el ingeniero ramos hizo su práctica de Construcciones en 1909.

ALOCUCIÓN DEL SEÑOR PRESIDENTE DEL CLUB DEPORTIVO "PATRIA" EN EL ACTO DE TOMAR POSESIÓN LA DIRECTIVA

Señores:

Ninguna época más propicia, ningún momento más oportuno que este, en que todos los países latinoamericanos celebran la Fiesta de la Raza, para dar vida a un club de carácter deportivo como el que hoy inauguramos.

Digo oportuno, porque se trata de raza, y todas las asociaciones deportivas que hasta hoy han surgido y están por surgir en nuestro país tienden, indudablemente, a un fin trascendental, cual es el de regular al individuo, el de mejorar nuestra raza.

Nadie me negará que antes de ahora nuestra juventud había permanecido en absoluta inercia, pues la gimnasia, que es factor de vida y preservativo de salud, no la hemos acatado con el entusiasmo debido en los planes de estudio que rigen nuestros centros de enseñanza. Ella ha existido allí, no más que en teoría, y hago esta afirmación porque, como profesor que he sido de dicha asignatura en varios establecimientos de esta capital, algunos de sus directores, que son los llamados a subsanar toda deficiencia en el aprendizaje de los educandos, no se han puesto a la altura de su deber como tales.

Han pretextado que tales deficiencias no dimanan de ellos, sino del Superior Excelso. Y en mi concepto, nada de justo, nada de lógico tiene esta evasiva del deber, si se examina el fin que se persigue o la responsabilidad que pesa sobre nosotros al hacernos cargo de un centro de educación.

Si el Director de un plantel de enseñanza pide la subsanación de estas o cuales deficiencias, ha de hacerlo naturalmente con una argumentación tan lógica como lleve al convencimiento a la persona a quien dirige su petición; de lo contrario, fracasará en su empresa.

Y si de uno o de otro modo no logra la consecución de sus designios, no deberá mostrarse conforme, porque dicha conformidad es perjudicial para la juventud que se educa. Cruzarse de brazos en un puesto que se desempeña es, para mí, un crimen. Si tenemos conciencia plena de la dignidad, si hemos de conservar nuestro honor sin mácula y nuestro carácter inflexible, renunciemos inmediatamente al cargo que nominalmente queremos desempeñar.

De toda esta digresión, si así queréis llamarla, se deduce que es menester —es indispensable— formar el carácter del individuo, para desviarlo del camino del envilecimiento. Y los ejercicios físicos, creo, son los llamados a resolver el problema.

La gimnasia no sólo tiende a fortificar nuestros músculos, sino que es, además, un factor eficiente de nuestra educación moral, tan remota en nuestra individualidad y tan necesaria para extinguir ese servilismo endémico de nuestra raza.

Y nosotros, en nuestro carácter de militares, que siempre debemos comulgar con la verdad, somos los que más necesitamos fortificar el espíritu y blindar el carácter, para evitar las fragilidades deprimentes. Tal es la juventud que deseo, porque sólo así tendremos positivo progreso en todos los órdenes de la actividad humana.

Por eso, ¡loor a las sociedades deportivas!, que buscan la virilidad de los pueblos en la gimnasia constante.

Para terminar, señores, yo estimo en mucho el honor con que me habéis distinguido, eligiéndome Presidente del club deportivo que hoy surge de este Centro Militar. Sólo siento que tal vez no pueda corresponder, en algo siquiera, al objeto de las nobles intenciones que os han inducido a hacer dicha elección.

Sin embargo, pondré de mi parte todo lo que al alcance de mi inteligencia esté, a fin de que el club prospere en el sentido de vuestras aspiraciones. Y, asimismo, espero que cada uno de vosotros sabrá cooperar con el mayor entusiasmo, para que en el menor término posible podamos obtener el fruto de nuestros esfuerzos.

Debo advertiros que nuestro club, dada la índole del centro de donde procede, tiene que llevar, indudablemente, la supremacía sobre todos los clubs existentes en la capital, creados dentro del elemento civil, por muchas causas que no se escapan a vuestro criterio.

En primer lugar, contamos con la disciplina que debe caracterizarnos, factor indispensable a las colectividades de carácter emprendedor, y sin el cual, como bien lo sabéis, todo viso de triunfo en las luchas o en los combates es muy remoto.

En segundo lugar, contamos también con la gimnasia que a diario practicáis en este Establecimiento y que constituye otro de los factores muy influyentes en el deporte que nos proponemos.

Y de esta manera, renunciando siempre a todo motivo de desaliento, venciendo los obstáculos que se interpongan en el curso de nuestros trabajos, lograremos salir airosos en los retos o desafíos que tengamos con cualquiera de los otros clubs de la capital.

En consecuencia, yo os excito para que todos, en conjunto, trabajemos con tesón a fin de dar vida positiva al club que hoy inauguramos; y para que mañana, cuando empuñemos el fusil en marcha a la defensa del honor y de la integridad de nuestro territorio, se diga de nosotros lo que de los ingleses se ha dicho por su triunfo en la batalla de Waterloo.

Manuel Salgado Z.

EN LA ACADEMIA MILITAR

El 14 de Septiembre

El sábado 14 de los corrientes, a las 7 p. m., en uno de los salones de la Academia Militar, dio principio la fiesta que, con carácter privado y en honor del XCVII aniversario de nuestra independencia patria, celebró el personal de dicho Establecimiento.

Los alumnos Porfirio P. Alvarado, Lucas M. Paredes y Carlos S. Andino, sucesivamente, hicieron uso de la palabra, quienes, en términos conceptuosos, aludieron ya al infausto suceso acaecido el 15 de septiembre de 1842, en que desaparecía una de las figuras más conspicuas de Centroamérica, y a la magna fecha en que los pueblos del Istmo vieron fulgurar en su horizonte el anhelado Sol de Libertad. Todos fueron calurosamente aplaudidos.

A continuación, el señor Director, con frases encomiásticas, felicitó a aquellos alumnos que, de modo satisfactorio, habían desempeñado su papel en el referido acto. Asimismo, manifestó su vivo deseo porque la Academia, en lo sucesivo, celebrara seis fechas en el año: el 1° de febrero, 1° de agosto, 15 y 28 de septiembre, y 3 y 12 de octubre, exponiendo, de la manera más racional y comprensiva, el incentivo de tal regocijo en las fechas indicadas; excitando, en tal virtud, al personal de la Academia allí presente, para que, en las celebraciones posteriores que se hicieran, contribuyera con todas sus energías y todo su entusiasmo a darles el mayor realce posible.

Como epílogo de dicha fiesta, el señor Director propuso que, al unísono, se vivara por tres veces a Honduras, en señal de regocijo, lo que se hizo con el mayor orden y entusiasmo.

EN LA FIESTA DE LA ACADEMIA MILITAR

Con motivo de la celebración del XCVII aniversario de nuestra independencia

Señor Coronel Director,

Señores Oficiales,

Queridos camaradas:

Es a mí, que sin dotes para cantar las bellezas del motivo que aquí nos congrega, toca ocupar este puesto y cerrar con broche de oro este acto con que el personal de la Academia Militar, de una manera humilde, pero muy sincera y sugestiva, celebra el aniversario glorioso en que nuestros antepasados rompieron en mil pedazos las cadenas de la esclavitud y, levantando la frente ante los cielos, saludaron con un gesto del heroísmo del pensamiento, del heroísmo del sentimiento, del heroísmo de la razón, al sol divino de la bendita Libertad.

¡Patria, patria querida! Cuando tus hijos se sacrifican por tu honor y tu grandeza, eres un faro que alumbras y guías a los demás pueblos en la vía progresiva, dejando en la trayectoria de la vida una estela luminosa de ejemplo y gloria. Y en ellos se inmortalizan en aras del deber, erigiendo en cada ser consciente, en cada generación, un altar de veneración.

¡Así, oh Patria mía!, los que en tiempo de luto y de tristeza, de tormento y de dolor te vieron gemir, implorando perdón y protección al cielo, clamaron el patriotismo que estaba muerto, y rompiendo la dura losa de sus sudarios se levantaron con nueva vida; a tu llanto, como el Olimpo, enardecidos con heroísmo singular, no temiendo el enemigo azote ni la muerte, con tal de volverte, aun a precio de su sangre, tu autonomía perdida, despedazadas las cadenas que el león ibero puso a tus pies.

¡Oh, santo patriotismo! Cómo inflamas a las almas y a los corazones que a nada temen. Aquéllos todo lo sacrificaron por tu soberanía, por tu libertad, por tu independencia, para que aparecieras en el número de los pueblos del mundo civilizado y fueras emporio de justicia para propios y extraños.

¡Patria, escrito estaba! La virginidad de tus selvas, de tus lagos, de tus fuentes y ríos, de tus montañas y de tus valles, de tus mares y de tu cielo, nunca enlutado por el fragor del desigual combate, estaba ya decretado por el destino de estos pueblos y de estos tiempos, que pronto sería violada y vejada por planta de los extraños, no como amigos e iguales, sino como conquistadores y señores de tu grandeza.

La hora tremenda sonó en el gran reloj del mundo, cuando la bélica voz de los ámbitos de tu seno conmovió; sentiste el estertor de la muerte de tu gloria, que pasaba al través de inmemoriales tiempos y generaciones, y de otra raza que venía en alas del futuro, con otras costumbres y con otros hombres de otros mundos.

Sentiste el último ósculo del sol que se hundía en un lecho de oro y que tantas veces te había hallado en cada aurora con las sienes coronadas de silvestres flores, cantando alegres las trovas de tus dioses y de tus hechos, dejándote para siempre sepultada en tu ignorado sudario.

Al día siguiente, sólo despojos de una edad pasada hallaste: un sol en tu camino, alumbrando a hombres que en otros imponían leyes, costumbres con otra religión y con otros templos. ¡Así es el destino de la humanidad! Una generación muere para que otra nazca, y un pueblo se destruye para que otro se forme.

¡América! Caíste humillada a los pies de tus conquistadores, como una caña al golpe del huracán, y contigo el poderío de tus hijos, pero con gloria. Desde entonces tienes páginas en la historia de los pueblos, porque el comercio halló nuevas vías y la ciencia nuevos problemas que resolver, así como también el Gólgota de tu martirio.

Tus hijos, que vagaban por los prados y las selvas como aves sin hogar, fueron uncidos como feroces bestias al yugo de la esclavitud, apercibiendo como premio y salario fuertes azotes e ignominiosa muerte.

Trescientos años de negra noche cubrieron tu cielo; el rugido de tus bestias calló en los bosques, así como los gorjeos de las aves. Tres siglos duró tu agónica vida, y esos fueron suficientes para ver generaciones que morían con sangre de esclavos y esclavos que nacían con sangre de libres y con espíritu de conquistadores.

En esos hombres viste tu redención y tu nueva gloria, tu nueva autonomía y tu libertad. La lucha se trabó; el fuego del patriotismo hacía héroes a los hombres más humildes, pensadores y sabios a los ignorantes de aquel entonces, pero que, aguijoneados por el sufrimiento, apreciaron en lo que valía la independencia de la patria.

Los unos luchaban por la opresión y la prepotencia de su nación, y los otros por lo más caro, lo más grande, lo más sublime, lo más sagrado que posee cada ser que trae alma de hombre: por ese derecho natural que nos iguala.

El patriotismo triunfó, y el indómito soldado de la vieja España fue obligado, ya por las armas, ya por la diplomacia, a evacuar el continente. Otra vez sentiste la emoción del triunfo de tus hijos, ¡oh patria mía!, y con ellos entonaste la canción de la libertad e independencia de tus leyes y costumbres, modificadas por el progreso de otros pueblos y la justicia de tus mismos hijos.

Después de aquella grande época, ante la cual todas las grandes generaciones se descubrirán al pasar su conmemoración, han pasado dificultades tremendas que han amenazado tu nombre y tu honor, tu autonomía y tu riqueza.

¡Y quién sabe si mañana caiga sobre ti, por la falsedad y deshonor de raros de tus hijos —pero hijos al fin—, la misma suerte de algunas repúblicas americanas! Quiera el cielo que esa hora fatal nunca llegue, y que tus hijos se empeñen en verte siempre libre y feliz; que hagan de ti un emporio de grandeza, que trabajen por tu bienestar y por el tesoro inapreciable de la paz; que cada uno trabaje honradamente según su posición social y según su inteligencia; que se fomente en todo tiempo la paz y la buena armonía interior, pues seguramente surgirá la expansión de las artes bien perfeccionadas, la industria, la feraz agricultura y el comercio en general.

Entonces, ¡oh, cara patria mía!, tendrás arterias de riquezas, tendrás vida propia; vendrán tesoros extranjeros a hacer tu grandeza y el bienestar de tus hijos...

Trabajemos, pues, como ciudadanos, por ver este suelo donde se deslizó, como el perfume de las flores, nuestra niñez; donde descansan, bajo los brazos de una humilde cruz en la eterna necrópolis, los seres más queridos del corazón que nos dieron patria, libertad e igualdad.

Trabajemos también nosotros en estas aulas, procurando siempre "el cumplimiento del deber", sabiendo que labramos el porvenir de nuestra querida Honduras, y ya que el destino ha sonado la campanada de la muerte para los pueblos europeos, formemos de aquellos escombros, de aquellas ruinas, de aquellas leyendas y cenizas, la grandeza de nuestra patria, para dejar su monumento de progreso a las futuras generaciones.

Señores: no sería yo digno de tener el alto honor de pertenecer a este distinguido centro de enseñanza, si en esta oportunidad no os trajera el recuerdo de "ese gran hombre, ese héroe inmortal, ese mártir sublime que se llama Francisco Morazán".

Porque un alumno de la Academia Militar no puede pronunciar el dulce, el armonioso, el sublime nombre de patria, sin que venga precedido por el del más glorioso de sus hijos, que, víctima de sus sublimes ideales y la maldad de unos de su época, cayó, hará mañana setenta y seis años, con la frente levantada, desafiando con su estoicismo la cobarde cólera de sus enemigos, dejando para la juventud de Centroamérica, de todos los tiempos, grandes ejemplos que imitar y mayores compromisos que cumplir.

Sí, llevamos en nuestro corazón ese nombre, porque se nos ha dicho: "Imitad ese sublime ejemplo, jóvenes que os iniciáis en la hermosa carrera de las armas y del cumplimiento del deber; recordad siempre que aquel valiente soldado supo morir por la patria y le dedicó, aun en sus últimos momentos de vida, los más nobles sentimientos de su corazón y las más elevadas aspiraciones de su pensamiento."

¡Cuánto deseo en este momento atesorar en mi cerebro frases floridas para, con brillantes toques retóricos, hacer cruzar ante vosotros la épica y legendaria figura del Benemérito General Francisco Morazán!

La obra del General Morazán no es de las que brillan un día y después las ahoga la ola del tiempo, dejando caer sobre ellas el polvo implacable del olvido. Ella está pregonando, de manera elocuente, la potencialidad de aquel gran carácter.

Con su mirada de águila y su pensamiento de vidente abarcó dilatados horizontes y tuvo la grandiosa visión de un nuevo sol que despuntaba "en un cielo lejano", y, poniendo alas condorianas a su espíritu, se remontó en potente vuelo a las epopéyicas regiones que tuvieron vida en la pálida frente de Jesús de Nazaret, y que fueron las eternas soñaciones de Lincoln, Bolívar y toda una legión de seres predestinados a la inmortalidad, a quienes la humanidad ha inscrito en el catálogo de los superhombres.

Era una naturaleza enérgica, creada para ejercer dominio en las almas y ejercer arrogante imperio en las masas. Al mismo tiempo que levantaba al pueblo de la postración material en que le encontró, dejó caer entre las multitudes la semilla fecundante de nuevos ideales, y el pueblo las recogió con avidez y las guardó en su seno.

Y para esto, golpeó con su potente brazo los muros tras los cuales se parapetaba el pasado residuo inicuo de los tiempos de la Edad Media, y las sombras que tras aquellos muros dormitaban se alzaron airadas ante el conjuro que les lanzara el verbo incandescente del visionario, y se arremolinaron sobre la cabeza altiva del titán, y él, levantando su frente olímpica, lanzóles un reto de supremo desprecio.

Y la tormenta se desató furiosamente, y, al fin, un rayo estalló estruendoso en medio de la tempestad, y hubo un estremecimiento, algo así como derrumbamientos de inmensos bloques de granito y tronchamiento de selvas seculares.

Cuando la calma se hizo, no quedaba más que un patíbulo; y al pie del patíbulo, el caudillo inmortal, con el pecho acribillado por las balas... y cruzando el espacio azul, el alma de la víctima que se remontaba a las cumbres inmortales a ocupar el puesto que señalado tienen los que, como él, saben cumplir altísimamente sus deberes aquí en la tierra.

Al caer el estoico General Morazán con el pecho atravesado por las balas, bañado en su sagrada sangre:

—"¡Todo ha concluido!"— Así exclamó Carrera...

Así exclamaron sus victimarios en un arranque insensato, sin pensar, o sin querer pensar, que aquel Cristo había muerto, pero sus ideales no: estos quedaban de pie, altivos y triunfantes en todos los centroamericanos buenos, y candentes en la indómita juventud.

Morazán, así como Jesucristo, fue conducido al patíbulo inicuamente, porque vino a salvar a la humanidad del pagánico oprobio que sobre ella pesó durante tantos siglos; así el General Morazán fue sacrificado por modernos sayones porque quiso mantener siempre la grandeza y soberanía de nuestra querida Centroamérica.

Pero los búhos velaban en la sombra, y al apagarse aquel foco de luz que iluminaba toda la República Centroamericana, se apoderaron de los suculentos frutos que ya se cosechaban en la hacienda, árida y postrada en otros días.

Es tan grande la enormidad del crimen cometido el 15 de septiembre de 1842 que, por muy negra que sea la tinta con que se escriba, jamás podrá dársele el sombrío color que merece, pues aún se escucha el gemido infinitamente doloroso y lastimero de la patria que, en su corazón de madre, produjo el vil asesinato del más grande de sus hijos.

Al morir Morazán, cayeron los cuervos sobre la pobre Centroamérica, haciéndole pedazos las entrañas pletóricas de nueva sangre, y se hartaron hasta reventar... Y en los campos antes floridos creció la maleza; en las arcas que guardaban los caudales públicos se hizo el vacío; en donde imperó la luz aparecieron las tinieblas; la honradez huyó despavorida para dar paso a la maledicencia, y desde entonces los fragmentos de la patria grande han sido azotados como si purgaran un insólito delito...

Era preciso que la sangre del General Morazán se derramara para fecundar la tierra calcinada: el florecimiento vino, a la noche sucedió la aurora, y el ideal bueno, santo, sublime y noble se difundió, aureolando la figura de aquel hijo de Honduras, que cada día se sublimiza y agiganta en el corazón del pueblo centroamericano.

Esa corriente ya no es posible detenerla; el reinado de la armonía se acerca; los hombres propenden a armonizar nuevamente; la agricultura florece; el comercio se desarrolla; las artes y las industrias prosperan; la bicolor enseña flamea en casi los cinco capitolios centroamericanos; en fin, la obra del General Morazán vive: he ahí su mayor glorificación.

No hay que desmayar en la emprendida labor.

Cuando más ruda sea la lucha, más satisfactoria será la victoria.

Las brisas que recorren nuestras campiñas parecen traernos presagios de redención, consoladoras esperanzas y, para el mañana, días de calma y de ventura.

¡Adelante! debe ser el grito de aliento para los legionarios del progreso, la paz y la concordia de la familia centroamericana.

¡Adelante! Abramos la senda por donde nuestros hijos pasarán conduciendo el carro triunfador; que no nos arredre lo largo del camino que hay que recorrer; no importa que caigamos en mitad del trayecto.

Cuando, caducos y rendidos, nos sintamos, digámosles a nuestros sucesores: he ahí tu herencia, he ahí la obra empezada; continuadla.

Carlos Sierra Andino,
Cadete.

General Manuel Antonio López,
subdirector de la Academia Militar.

APERTURA DE LA FIESTA

Que con motivo del aniversario de la independencia patria se verifica en la Academia Militar

Sr. Director, señores Oficiales, camaradas:

¡Ya lo veis!... ¡He aquí un gran acontecimiento!... ¡La Academia Militar, en este día de supremos recuerdos, quiere significar que aún germina, y con más fuerza, la simiente de Libertad que nos legaron hace 97 años aquellos mártires, ídolos sagrados en el santuario del templo patrio!

¡15 de septiembre de 1918!... Es una nueva era, en la cual nuestros corazones se hallan abrazados por el mismo incendio sublime de amor a la patria, de ese incendio que impulsara a aquellas almas patrias para dar el grito sublime de Libertad e Independencia.

¡14 de septiembre de 1918!... ¡Es el mismo soplo del dios Helios que, con áureo esplendor, irradiara aquel día sobre las cabezas albas de luchadores ancianos y sobre toda una raza que, en pedazos, rompía el cetro de la esclavitud, para demarcar de nuevo el original camino de la Libertad, que, obstruido por cadáveres y flechas, nos legaron los héroes salvajes de las selvas centroamericanas!

¡Es el mismo cielo claro y azul de aquel amanecer, cuando vibraron las simbólicas trompetas en los bosques seculares, cuando, con blanda armonía, las aves canoras dijeron su ritmo a un pueblo, anunciándole que el supremo momento de Libertad había llegado!

Y hoy que resurge en nuestras mentes ese sacro recuerdo, ¿qué hacer?... ¡Bendigamos para siempre esta fecha en que la Ley Suprema dio su fallo, diciendo que fuéramos libres e independientes!

¡Que la masa infantil lleve flores! ¡Que entonen el himno sus inocentes corazones, que con sonrisas ingenuas y puras lo digan ante la broncínea y majestuosa figura de Francisco Morazán!

¡Que canten!... ¡Es la hora de cantarle a la patria y al mayor de sus hijos! ¡Que lleven flores del jardín rural y que le coronen con el laurel de los héroes!

¿Y nosotros, qué llevarle?... ¿Qué cantarle?... ¡No sabemos! Pero sí sabemos que nuestros corazones pertenecen a ese divino culto, y hoy se inflaman de intensa alegría; pero sí sabemos que en estos momentos surge en nuestras mentes una insólita idea: que, si nuestros antepasados nos han heredado una patria libre, debemos conservarla intacta.

Es la misión sagrada encomendada a los que tomamos el derrotero glorioso de las armas, que ha elevado a un millar de figuras el más alto exponente de las generaciones abnegadas.

¡Francisco Morazán! ¡He aquí ese santo hombre!... ¡He aquí un contraste de la Supremacía Divina! A los veintiún años de libertad, la patria pierde a ese apóstol de la Unión. (15 de septiembre de 1842).

En aquel atardecer, el fratricidio triunfa; el horizonte se llena de brumas, y, entre tanto, lentamente palidece aquel rostro gracil por la muerte abrazado. ¡Murmuran las fuentes! ¡Se estremecen los pinares! ¡Y se torna la alegría de la muchedumbre en intenso duelo!

¡No ha muerto!, podríase decir; porque el alma de Francisco Morazán vaga en los grandes ideales del pueblo centroamericano, y su mística visión es el escudo de esperanza que llevamos y llevaremos siempre.

Recordar es evocar a la diosa Libertad que inspira y da valor a la juventud que se abre paso en las innovaciones perpetuas de este aguerrido pueblo, teatro de fratricidios inhumanos.

Los hijos de Centroamérica hemos nacido, por idiosincrasia, para ser libres. Años ha que aquellos de quienes descendemos dominan en la apacibilidad del corazón de las montañas, sobre los inmensos tesoros de una región ignorada.

¡Surcan las regias naves nuestros majestuosos mares! ¡Llega la blanca tripulación a las solariegas playas, ávidas de fortuna, a encontrarse con salvajes verdaderos defensores de su patria!

¡Somos libres! ¡Somos independientes! Pero esta libertad y esta independencia no se mantienen con nuestras energías inánimes; se mantienen, como lo hizo un indio, rey de las vírgenes montañas de Honduras, que antes de ser despojado de las plumas multicolores, símbolo de Libertad, prefirió caer envuelto en su roja sangre sobre la roca blanca.

¡Camaradas! Es propicio el momento para jurar, de una vez en el campo bendito de la patria, ese lema divino del soldado: defender el escudo sacro de una patria libre, soberana e independiente.

Y después ya habremos conquistado los frescos laureles que conducen a los mártires por la mística senda del eterno sueño. Y ya entonces podrán ver nuestros hijos, en el mármol de nuestras tumbas, ese sublime epitafio que inmortaliza el nombre de los héroes:

¡Murió por la patria!

P. P. Alvarado.

14 de septiembre de 1918.

CRÓNICA DE LOS FUNERALES DEL CADETE FRANCISCO GONZÁLEZ

Casi en los primeros días en que esta capital fue invadida por la grippe, el personal de la Academia Militar fue atacado en un 77%, de una manera muy benigna; sin duda, por las medidas higiénicas preventivas que inmediatamente se adoptaron, registrándose solamente un caso de defunción, ocasionado por una recaída a consecuencia de desmande.

En efecto, habiéndole pasado la enfermedad de la grippe al Cadete Francisco González, solicitó un permiso para salir, siéndole concedido, y como le cayera una lluvia, regresó nuevamente enfermo al Establecimiento. En vista de esto, se llamó al médico del cuerpo, Dr. Carlos Cruz Velásquez, quien, después de un examen detenido, puso medicina al enfermo en referencia.

Sin embargo, como enfermara el Dr. Velásquez, y el paciente se agravaba, fueron llamados, sucesivamente, los doctores don J. Jorge Callejas y don Camilo Figueroa, quienes dieron sus instrucciones al respecto. No obstante el manifiesto interés que se tomó por salvarle la vida, todo fue inútil, falleciendo el paciente el día martes 1° de octubre, a las 10 a. m.

Según dictamen del médico, dicho Cadete fue atacado de neumonía. Jefes, oficiales y alumnos le dispensaron solícitos cuidados durante el período de su enfermedad.

Inmediatamente que falleció el cadete, el señor Director de la Academia impartió sus órdenes en el sentido de arreglar debidamente el cadáver. En efecto, uno de los salones del Establecimiento se convirtió en capilla ardiente, nombrándose de entre los alumnos una guardia para que custodiara el féretro.

Durante el día del fallecimiento, se recibieron coronas de las siguientes personas: Mayor Andrés Palma, Ingeniero Amado Cuéllar, Coronel Miguel A. Ramos, señorita Jesús Araujo, familia Álvarez

Araujo, señorita Anita Herrera, oficialidad de la Academia Militar, los compañeros del extinto y el club deportivo "Patria".

Por la noche, a pesar de que fue muy lluviosa, concurrieron varias personas particulares, acompañando por algunas horas el cadáver.

Para la inhumación de los restos circuló invitación firmada por el señor Director del Establecimiento. La procesión fúnebre salió de éste a las 8 a. m. del día 2, a la cual asistieron varias personas honorables y comisiones de la Escuela de Clases, Regimiento de Artillería y Escuela Normal de Varones.

Tanto dentro del Establecimiento como en el trayecto de éste al cementerio se tomaron varias fotografías del féretro.

Hicieron uso de la palabra, en el cementerio, los Cadetes Carlos S. Andino, Lucas M. Paredes, Porfirio P. Alvarado y H. Velásquez.

El señor Director, en nombre de la Academia y en el suyo propio, rindió las más expresivas gracias a todas aquellas personas que enviaron coronas al extinto o que de cualquiera otra manera manifestaron su condolencia.

ANTE EL CADÁVER DEL CADETE FRANCISCO GONZÁLEZ

Camarada:

Te has ido para siempre de nuestro lado; un abismo eterno nos separa. Estoy al borde de tu sepulcro, hermano de nuestras luchas, compañero de nuestros ideales, hijo de Marte, camarada querido, amigo que te hundes para siempre en las sombras del ocaso.

Ley de la vida: nacer y morir.

¿Por qué no ser eternos? ¿Por qué morir cuando se está en el apogeo de la hermosa juventud? ¿Por qué morir cuando se empieza a vivir?

¡Morir! He aquí la clave de un misterio. Ya lo has descifrado, Francisco González, compañero... Oye el adiós postrero que un hermano, en nombre de tus compañeros y en el suyo, te viene a dar en este momento, cuando ya para siempre abandonas nuestras filas y te refugias en los brazos del sueño perpetuo.

Ayer jugueteaba una sonrisa en tus labios, la sonrisa halagadora de tu porvenir. Hoy se ha trocado en amarga, en gesto triste.

Ayer tu corazón estaba pletórico de aspiraciones, tu alma henchida de ideales, tu pensamiento engendraba ilusiones. Hoy todo, para siempre, está sellado; ya no más dirás: "El porvenir es mío".

En la vida estudiantil, cuando se vive compactado en el internado, los vínculos de amistad se afirman fraternalmente; y hay un celo del uno al otro, se estrecha el cariño, el compañero se torna en hermano, y se vive íntimamente ligado, como en una sola familia.

Por todo lo anterior, mi corazón, que siente el dolor de tu partida, te viene a decir: camarada... ¡adiós!

Tierra bendita, acoged en tu seno esta flor de juventud.

Ya que una lágrima vertida de mis ojos no la podré dejar depositada sobre tu sepulcro, te rindo el homenaje de compañero, el homenaje más sincero, la demostración más ingenua: guardar en el corazón tu recuerdo de compañero en la vida de cuartel.

Yo siento tu ida, como la sienten todos mis compañeros, que son presa del mismo dolor que me agobia. Ellos también derraman sus lágrimas sinceras, porque fuiste buen compañero, franco amigo, hermano que compartiste los sufrimientos.

¡Ve, pues, a descansar en paz eternamente! ¡Nuestras almas sabrán guardar tu recuerdo!

Lucas M. Paredes.

Tegucigalpa, 2 de octubre de 1918.

A FRANCISCO GONZÁLEZ

¡Francisco González yace en esa fosa fría!

Ayer no más dijo su promesa a sus compañeros, a su madre adoptiva y a los amigos, bajo ese sonreír del que persigue un ideal, asido sinceramente a la confianza y plena fe de llegar a la meta de sus nobles aspiraciones...

Pero así es: conformémonos. La supremacía divina demarca a los humanos hasta dónde, de este eterno luchar de la vida, podemos llegar. Demarca también fases de quimérica felicidad y de cruentos e intensos dolores.

Temprano, demasiado temprano... no era tiempo aún para que tu alma vagara, dejando un vacío en el seno de tus compañeros que, en este momento de supremo duelo, traspasados sentimos el corazón de intensa tristeza.

Desapareciste quizá al principio del drama —a veces de dolor— que el militar desempeña en el curso de los acontecimientos de la madre patria.

¡Está de luto nuestro hogar! Y del jardín de la patria, en donde se cultivan soldados nobles y fuertes como los robles, ha desaparecido prematuramente, azotado por el cruel infortunio, un defensor del suelo patrio; un guía de la masa combatiente que quizá mañana hubiera sabido perder la vida como la pierden los héroes: envueltos en el sagrado lienzo bicolor y arrullados por el vencedor de los laureles rurales del campo de batalla.

¡Que hacia ti lleguen nuestros lamentos de dolor y de pesar, tiernos!... Pero tu recuerdo eternamente vivirá en la memoria de tus compañeros, que hoy, con la debilidad que el dolor pone en nuestros corazones, te decimos el postrer adiós, este adiós arcano que a nuestras almas y las cosas esmalta de infinita melancolía.

¡Recibe, bajo la caricia de esta mañana apacible, el verde ciprés, a manera de símbolo del intenso dolor que tus compañeros externar no pueden!

Existencia que te vas: ¡adiós!

P. P. Alvarado.

Tegucigalpa, 2 de octubre de 1918.

EN LA FIESTA DEL 12 DE OCTUBRE EN LA ACADEMIA MILITAR

Breve reseña del descubrimiento de América

Cada siglo tiene hombres que lo ilustran. Así, en el siglo XV, aparece la figura de Colón, imponente y simpática, cuyas glorias y heroicidades cuentan, pletóricas de admiración, las generaciones que le sucedieron.

Es difícil trazar, con todos los caracteres de la verdad, la biografía de este ilustre descubridor, pues hasta la ciudad de su origen se la han disputado Génova y Cogoleto, y aun el año de su nacimiento permanece en el misterio, a pesar de que algunos historiadores señalan como tal el de 1436.

Los años primeros de su infancia fueron tranquilos. Él pertenecía a una familia de baja estirpe; su padre era cardador de lanas; pero esto no fue motivo para que se descuidara su educación. Se dedicó a estudios de Matemáticas, Astronomía y Cosmografía.

Desde muy niño, el hermoso espectáculo del mar le atraía; las fantásticas leyendas de los marineros impresionaban fuertemente su imaginación, haciendo brotar en él un deseo irresistible de navegar. "¡Oh, llanura!", exclamaba varias veces.

Catorce años contaba cuando se arrojó a las azuladas ondas del Mediterráneo, y posteriormente a las costas de Guinea.

Las leyendas y relatos de aquel tiempo, la clara inteligencia y la idea firme y concisa que adquirió sobre la redondez de la Tierra, le sugirieron el pensamiento de que: "Caminando siempre al Occidente, hallaría un camino más corto para las Indias Orientales".

Lo que al principio fue una ilusión, con el tiempo fue tomando la forma de un luminoso y halagador proyecto, y para llevarlo a cabo necesitó Colón de grandes energías, de una constancia inmensa y de una abnegación infinita para contrarrestar las decepciones y amarguras que, como una avalancha, se desgajaban sobre su alma.

Así, después de muchas vicisitudes, aquel faro misterioso, aquel gran espíritu, aquel insigne poseedor de una idea portentosa, para acabar de distraerse del sinnúmero de contrariedades que la prosecución de su ideal le ocasionaba, buscó un lenitivo en el corazón de una mujer, y de la conjunción de esos dos seres nace un hijo: el hijo que había de acompañar a Colón en el resto de su viaje.

Cuando Colón pide pan y agua para él y su hijo; cuando va de la Corte al Convento de la Rábida, y del Convento a la Corte, es más grande por su energía y entusiasmo que en el momento de levar anclas y sufrir lo indecible antes de descubrir la tierra prometida.

Al cabo de fracasos consecutivos logró que le prestara apoyo una mujer de espíritu abnegado, fuerte como el roble y vidente, tal como él. El nombre de esta mujer inmortal es Isabel la Católica.

En la mañana del 3 de agosto de 1492 partió del puerto de Palos una débil flota compuesta de tres carabelas: la Santa María, en la que Colón enarboló su pabellón; la Pinta y la Niña, al mando de los hermanos Pinzón.

Después de tres días de navegación, arriban a las Canarias; permanecen allí como un mes, y el seis de septiembre levan anclas en Gomera, se internan en el océano y se alejan al Occidente.

"¡Adelante!", decía Colón cuando el espíritu decaía, y aquellos bravos repetían. Y si la tripulación pretende insubordinarse y querer que aquel luchador haga tornar las carabelas al punto de partida, él los somete, los convence, y cuando ya no pueden las palabras, cuando ya no se cree en sus promesas de que pronto terminarán sus sufrimientos, él les pone un plazo... y antes de su vencimiento surge, de entre las ondas, un pedazo de tierra, el cual, anunciado por uno de los vigías, produce gran entusiasmo entre la tripulación, y devuelven a Colón su amor, su fe, le piden y le consideran como a un hombre superior.

Fue Guanahaní la isla descubierta, a la cual Colón puso por nombre San Salvador. A continuación, otras islas, nuevas tierras, se ofrecen a los ojos admirados de los españoles.

La idea de dar pronta cuenta del éxito de su primer viaje y de procurarse nuevos y mejores elementos para la continuación de sus descubrimientos, lo hacen regresar pronto a España. Allí el entusiasmo sube al delirio y se le agasaja, y se le ayuda para que prosiga sus descubrimientos, verificando así el segundo, tercero y cuarto viaje.

Colón muere a los 70 años de edad, en 1506, olvidado de todos y en una pobreza extremada.

Esta es, a grandes rasgos, la reseña del descubrimiento de América, llevada a cabo por el insigne genovés, que principió su carrera como grumete y llegó a obtener el más alto cargo en la marina española.

Ha sido preciso que transcurra el tiempo para que se reconozca, de manera indubitable, el mérito de aquel hombre; para que la posteridad le rinda el tributo que merece su genio.

¡Loor a Colón!

Roque J. Rodríguez, Cadete.

II

Estudio sobre la alimentación de los Caballeros Cadetes de la Academia Militar

Sr. Director de la Academia Militar:

Estudiado, aunque de modo ligero, el problema de la alimentación de los Caballeros Cadetes, se ha podido llegar a las conclusiones siguientes:

Parece, por la gran variedad y riqueza en elementos nutritivos de los alimentos vegetales, así como por los excelentes resultados de la alimentación vegetariana, que el hombre fue un ser frugívoro, y en fuerza de su inteligencia se transformó en omnívoro.

La alimentación del hombre es un problema de alguna complicación, debido a las circunstancias de que las substancias ingeridas deben transformarse en los elementos que necesita el organismo para su armónico funcionamiento, dando por resultado el grado óptimo de la salud, para que el ser sea capaz de producir su esfuerzo máximo en el sentido físico, moral e intelectual.

Cuando el asunto que nos ocupa se considera someramente, casi se conceptúa como ridículo creer que en la cocina está basada, de manera muy principal, la felicidad y el éxito de las familias y, por consiguiente, el progreso y prosperidad de las naciones.

No es muy difícil, al hacer una comparación, darse cuenta de la mala alimentación de nuestro país en general y su estado de atraso, y las buenas condiciones de pueblos como el de Estados Unidos, que demuestran a cada paso su progreso.

El hombre necesita de una alimentación sencilla, sana, nutritiva, condimentada y variada dentro de un límite racional, para dar los elementos constitutivos y mineralizar y remineralizar el cuerpo, evitando, en la variación, lo exagerado —sobre todo en un mismo tiempo de comida—, pues se desarregla el organismo y puede pecarse por tendencias sibaritas.

No he llegado a su estudio cualitativo y cuantitativo minucioso del análisis químico, de componentes orgánicos e inorgánicos, por creer que podemos caer en teorizantes, abandonando nuestro objeto práctico; mas diré que puede lograrse una buena alimentación seleccionando, o mejor dicho, variando dentro de los límites que siguen:

Maíz. Trigo.

Avena.

Arroz.

Frijoles.

Carne de res.

Carne de marrano.

Café.

Azúcar y panela.

Leche, mantequilla y queso.

Huevos.

Legumbres: rábano, repollo, ejotes, remolacha, zanahoria, nabo, yuca, camote, ayote, tomates, chiles dulces, patastes.

Pescado.

Condimentos: sal, vinagre, aceite, manteca, cebollas, ajos, culantro, pimienta, clavos, chiles bravos.

Frutas: naranjas, bananos (diversas variedades), moras, aguacates, piñas, perotes, zapote, sonzapote, níspero, durazno, melocotón, membrillo, manzanita, mangos, almendra, nueces.

Dulces de frutas, pasteles (en general, combinación de los elementos anteriores).

Estos alimentos deben alternarse tanto como se pueda, variando con especialidad las legumbres y frutas.

La cantidad de alimentos que el hombre debe ingerir depende de multitud de causas, siendo las principales el peso de los individuos, el clima y la clase de trabajo a que se dediquen, ocurriendo también que la costumbre, en esto como en lo general, forma una segunda naturaleza.

No de otra manera puede explicarse el porqué de las diferencias cuantitativas de las raciones en los ejércitos de países que, más o menos, se encuentran en las mismas condiciones climatéricas, constando esas raciones de elementos semejantes.

Veamos: según datos de épocas pasadas, pero recientes, el soldado alemán tenía una ración que variaba, según las circunstancias, entre:

Ejército	Ración diaria (gramos)
Alemán	2,400 – 5,000

Ejército	Ración diaria (gramos)
Francés	1,300
Austro-húngaro	2,100
Inglés	1,200
Chileno	1,800
Mexicano	900

Para dosificar la ración diaria de los Caballeros Cadetes, he procedido a hacer estudios puramente prácticos y, basados en el método empírico, he llegado al resultado de que un individuo aquí debe tomar 1,750 gramos de alimento diariamente, procurando que en esta dosis concurran los diferentes elementos químicos en forma armónica.

A continuación se pone una lista de algunos platos, indicando en unos la forma que puede dárseles, y en todos la dosis y el precio de detalle de plaza:

LISTA

Tortillas de 52 grs., 4	208 grs.	$ 0.04
Sopa (caldo) cantidad	280 „	0.016
Carne con hueso de la misma que sirvió para el caldo	100 „	0.016
Legumbres	132 „	0.03
Arroz guisado (2 onzas de manteca para una libra de arroz)	33 „	0.049
Azado (forma variable)	100 „	0.053
Café	28 „	0.015
Azúcar	16 „	0.012
Pan (3 bollos), cada uno de 69 grs. (peso de la harina)	207 „	0.093
Oat meal (avena)	87 „	0.120
2 chorizos (3 días de fabricados, de 35 grs. cada uno)	70 „	0.080
Frijoles guisados (½ libra de manteca por 1 de frijoles)	77 „	0.060
Leche para mezclar al oat meal o al café, 100 c.c.	104 „	0.037
Chilate (cocimiento de harina de maíz crudo, 46 grs. de harina, agua 100 grs.)	146 „	0.006
Mondongo (tripas 200 grs., legumbres 132, agua 280)	612 „	0.160
Bacalao (pescado 1 libra, papas 1 libra, manteca 6 onzas)	90 „	0.110
Queso	28 „	0.060

Entresacando de ella, he formado lista de comida para tres días diferentes, tomando el promedio de cantidad de 1,750 gramos y gasto de $0.57.

Puede afirmarse que, con una buena administración, comprando al por mayor y entregando al cocinero pesadas las substancias, se lograría resolver, de modo favorable, el problema de alimentación de los Caballeros Cadetes.

A la ración de cada día hay que agregar 28 gramos de sal por cabeza.

No he hecho figurar la fruta, que es elemento muy importante, porque entiendo que de las economías que resultaren pueden comprarse y repartirse dos o tres veces por semana, según lo indique el empleado directamente encargado de la alimentación.

Creo que sería bueno que el Supremo Gobierno de la República iniciara, por el medio que más conveniente se estimase, el cultivo de la avena, substancia muy nutritiva que puede usarse tanto para los hombres como para el ganado que se ocupe en la Academia o en el Ejército en general.

Estimo que también sería provechoso establecer, en uno de los centros ganaderos, una pequeña factoría para condensar y evaporar leche, y que en esta condición sirviese para el Ejército. Una factoría de esta índole podría ser la base para que esa industria se desarrollara, viniendo a llenar dos objetos: uno de ellos, abastecer al público en general de un alimento completo del que se carece en la estación seca; y otro, independizarnos de que esa leche se importe del extranjero.

Protesto al señor Director mi subordinación y respeto.
Héctor Medina Planas.
Subdirección de la Academia Militar,

Tegucigalpa, marzo 20 de 1917.

Café, según indicación ...	144 grs.	$ 0.027
Pan, 2 bollos	138 ,,	0.062
Frijoles guisados	77 ,,	0.060
	359 ,,	$ 0.149

ALMUERZO

Sopa de maíz (maíz 92 grs., agua 200 gramos)	292 grs.	$ 0.012
Bacalao u otro pescado libreado (compuesto según índice)	90 ,,	0.110
Legumbres	198 ,,	0.047
Arroz	66 ,,	0.098
Tortillas (4 c/u., 51 grs.) .	204 ,,	0.040
	850 ,,	$ 0.307

COMIDA

Carne de res	100 grs.	$ 0.053		
Arroz	33 ,,	0.049		
Tortillas (4 c/u., 51 grs.) .	204 ,,	0.040		
Infusión	124 ,,	0.010		
	461 ,,	$ 0.152	1.670 grs.	$ 0.608

CUADROS ESTADISTICOS DE LA EXTINTA ESCUELA DE ARTILLERIA

Datos proporcionados por el Doctor Carlos Cruz Velásquez

Cantidad	Materias alimenticias	Gramos albúminas	Gramos grasas	Gramos hidrocarbonos	Gramos Subs. nitrogenadas
100 gramos de trigo contienen ..		19.80	2.25	67.10	
100 ,, ,, maíz ,, ..		6.00	8.80	67.55	
100 ,, ,, arroz ,, ..		6.00	1.00	77.00	
100 ,, ,, carne ,, ..		19.00	....	....	
100 ,, ,, guisantes, frijoles, habas y lentejas contienen:					

1 huevo contiene	14.20	10.90	56.00	24.00
100 gramos de patatas contienen .	1.50	0.20	20.00	
100 ,, ,, café ,, .	12.00	10.00	10.00	
100 ,, ,, té ,, .	(más o menos como el café)			

NOTA:—Por cada kilogramo de peso es necesario:

De albúmina . . . . 1.50 gramos
,, grasa . . . . 1.00 ,,
,, hidrocarbonos . . . . 4.50 ,,

Tegucigalpa, julio de 1916.

Proporción de principios nutritivos que se le da a cada alumno por término medio, conforme al cuadro precedente, por cada gramo de materia alimenticia

	COMPONENTES		
Materia alimenticia	Albúmina	Grasa	Hidrocarbonatos
Desayuno Tortillas	5.04	7.392	56.7
Frijoles	49.98	105.98	56.392
Azúcar	. . . .	. . . . . .	. . . . .
Almuerzo Macarrones	25.20	2.835	84.546
Sopa	. . . .	. . . . . .	
Carne de res	13.30	0.350	0.350
Arroz	70.80	11.8	90.86
Verduras	. . . .	. . . . . .	. . . . .
Tortillas	8.40	12.320	94.5
Mondongo	. . . .	. . . . . .	. . . . .
Dulce	. . . .	. . . . . .	24.78
Comida Frijoles fritos . . .	35.70	3.5	81.20
Queso	. . . .	. . . . . .	. . . . .
Arroz	6.72	11.2	19.04
Café	3.36	2.80	2.80
Tortillas	8.40	12.320	94.5
Carne de marrano	7.22	7.98	0.19
Dulce	. . . .	. . . . . .	24.78

Tegucigalpa, julio de 1916,

Ración diaria que se da actualmente a los alumnos de la Escuela de Artillería

Carne	Pan	Arroz	Fríjoles	Macarrones	Manteca	Tortillas	Queso	Papas	Verduras	Tortillas y chorizos	Sopa	Dulce	Mondongo	Café	Mantequilla	Total de gramos
								C A F E								
..	..	...	196	...	...	84	...	...	...	..	...	..	...	28	...	308
							A L M U E R Z O									
70	..	118	...	126	...	140	...	...	...	..	250	42	...	..	...	746
							C O M I D A									
..	84	112	140	...	...	140	..	...	...	84	...	42	...	28	...	630
70	84	230	336	126	...	364	...	...	...	84	250	84	...	56	...	1.684

Vº Bº—El Director,
MIGUEL. A. RAMOS.

Encargado de la Administración,
El Pagador.
F. A. MARTINEZ

Tegucigalpa, 31 de julio de 1916.

Ración diaria que se da actualmente a los alumnos de la Escuela de Artillería

Carne	Pan	Arroz	Frijoles	Macarrones	Manteca	Tortillas	Queso	Papas	Verduras	Tortillas y chorizos	Sopa	Dulce	Mondongo	Café	Mantequilla	Total de gramos
						CAFE										
..	238	...	...	...	...	...	...	...	..	...	..	...		28	...	266
						ALMUERZO										
70	..	118	...	126	...	140	...	...	...	..	250	42	...	..	...	746
						COMIDA										
..	84	112	140	...	...	140	...	...	...	84	...	42	...	28	...	630
70	322	230	140	126	...	280	...	...	...	84	250	84	...	56	...	1.642

Tegucigalpa, 31 de julio de 1916.

Vº Bº—El Director,
MIGUEL A. RAMOS.

Encargado de la Administración,
El Pagador,
F. A. MARTÍNEZ.

(Tomado del Boletín del Ejército, Tegucigalpa, octubre de 1917).

III
CONTRIBUCIÓN A LA HISTORIA MILITAR NACIONAL

El período de 1919 a 1923 es pródigo en acciones de armas, ora se trate de simples tiroteos, escaramuzas, combates o batallas, resultando como consecuencia que se prodigan las energías nacionales y se ataca a las fuentes de producción, a las reservas del Estado y a las de los particulares.

No es mi intención investigar las causas que han originado la revolución, sino simplemente anotar los hechos.

En julio de 1919 se verifican los siguientes encuentros: en Teupacenti, el día 23; en La Esperanza, el 26; en Marcala, el 27; en San Miguelito, el 28; y en El Paraíso, el mismo día 28.

En agosto: en Gracias, el día 2; en Jesús de Otoro, el mismo día 2; otra vez en Gracias, el día 7; en El Pedregalito, el 8; por tercera vez en Gracias, el 9, y por cuarta, el 11; en Pajapa, el 15; en Santa Rosa, el 16 y 17; por segunda vez en La Esperanza, el 16; en El Escombro, el 23; en Tierra Blanca, de Santa Bárbara, el 24; en La Ceibita y en Ulúa, el 25; y en El Pedregalito, el 28 y 29.

En septiembre: en La Cumbre, los días 1, 2 y 3; en San Pedro Sula, los días 3, 4 y 5; y en Danlí, el 7.

En enero de 1920 se registran los siguientes: en El Carrizal, el 25; en San Marcos, el 28; en Plan Grande, el 29; y en igual fecha, por segunda vez en San Marcos de Colón, en donde se verifican sucesos semejantes el 31 del mismo mes y el 1° de febrero.

En febrero: en Talpetate, Valle, el 4; en Danlí, el 18; y en Los Amates, El Corpus, el 27.

El 29 de mayo, en Danlí y en San Marcos. En este mes se efectúa una invasión a El Salvador, por emigrados de aquella República, que obligó al Gobierno a levantar fuerzas para cubrir la frontera y hacer respetar la neutralidad.

El año de 1921 trae a los ánimos alguna calma. El Pacto de Unión, firmado en el mes de enero en San José de Costa Rica, infunde respeto a los facciosos y les hace esperar el desarrollo de los acontecimientos. No obstante, si se ofrece un descanso para Honduras, no así para la hermana República de Nicaragua. Y esto se manifiesta por dos invasiones que efectúan los hermanos Peralta y el profesor Teófilo Jiménez, en los meses de agosto y septiembre.

Estos acontecimientos obligaron al Gobierno a levantar fuerzas para cubrir la frontera, comprobándose, en el acta levantada en El Espino, el 15 de septiembre, por jefes militares de Honduras y Nicaragua comisionados al efecto, la ninguna responsabilidad de las autoridades hondureñas en los sucesos de referencia.

Sin embargo, cabe anotar los hechos siguientes:

Algunos representantes de la autoridad militar nicaragüense hacen varias incursiones más acá de nuestra frontera, el 10 de septiembre, hasta un lugar llamado El Remolino; días después, un Coronel de apellido Ocampo penetra hasta El Mogote, efectuando lo mismo otros jefes el 14 y 17 de diciembre.

En el mismo año de 1921, el 25 de noviembre, se verifica un tiroteo a inmediaciones de la frontera con el departamento de Chalatenango, República de El Salvador.

En 1922 se verifican los acontecimientos siguientes:

El 30 de enero, el oficial nicaragüense Aniceto Cajina, subalterno del señor Alfredo Noguera Gómez, jefe con mando de tropas nicaragüenses en la frontera, después de haber saqueado días antes, con soldados de alta en su país, el caserío de San Juan, hizo lo mismo con la mina de Cacamuyá, de propiedad de ciudadanos extranjeros, confesando también obedecer órdenes de su jefe, existiendo el testimonio de un telegrama suscrito por el señor Noguera Gómez.

El 31 de enero, partidas revolucionarias comandadas por Félix Vásquez y Pablo Moncada, entraron a Duyure, saquearon la población, quemaron los archivos municipal y judicial, y llevándose el aparato telegráfico, regresaron a Nicaragua.

El 2 de febrero, estos señores, procedentes de El Guayabal, penetran en San Antonio de Flores, cometen los mismos abusos y vuelven a su base de operaciones.

El 3 de febrero entró partida por El Pedregalito, teniendo un encuentro con una escolta de policía hondureña en Comunidad, cerca de Oropolí, y huyeron hacia Nicaragua.

El 5 de febrero penetraron revolucionarios por Liraquí, saquearon haciendas y caseríos y volvieron al otro lado de la frontera.

El 17 de febrero penetraron a Los Hornos, llegaron hasta las cercanías de Oropolí y San Antonio de Flores, regresando a su cuartel general.

El 4 de marzo una partida de facinerosos, procedentes de allende el río Negro, entró al pueblo de El Paraíso, lo saqueó y se llevó el aparato telegráfico. Igual cosa sucedió en Duyure.

El 8 de marzo, Rufino Solís, procedente de Nicaragua, entró con una cuadrilla por El Carrizal, llegando hasta Morolica, a ocho leguas de la frontera; la saqueó y quemó los archivos. Esta vez se le copó cerca de Liraquí y se le obligó a presentar acción el día 9, habiendo sido destrozado en pocos momentos. Además de los hondureños, lo acompañaban 25 nicaragüenses.

El 14 de marzo, por la noche, una pandilla de 64 individuos al mando del oficial nicaragüense Aniceto Cajina, penetró a El Triunfo, Choluteca; saquearon la Agencia Fiscal, mataron a un soldado de policía e hirieron a otro. Al aproximarse las fuerzas del Gobierno, emprendieron la fuga después de haberse llevado el aparato telegráfico y de haber saqueado algunas casas comerciales. Dos días después, entraron nuevamente a La Botija y se llevaron dos reses para El Coyolito, Nicaragua.

El 18 de marzo, los bandoleros al mando de Ramón Turcios y el mencionado Cajina, pasando por San Pedro, Nicaragua, penetraron a Monte Redondo.

El 23 de marzo, los bandoleros encabezados por Félix Vásquez saquearon El Jocote, regresando a San Pedro, donde se encontraba el resto de ellos. En esta ocasión, Vásquez declaró públicamente, en Tierras Coloradas, que "estaban bien con el Gobierno de Nicaragua y que tenían frontera".

Por último, es bien sabido que después de permanecer en el mencionado San Pedro, atacaron El Triunfo, a fines de marzo, de donde fueron rechazados con muchas bajas. Ya deshechos, regresaron a territorio nicaragüense, en donde, después de reorganizarse, dos días más tarde atacaron El Corpus, de donde fueron rechazados con muchas bajas. Volviendo a Nicaragua, regresaron con mayor número de fuerzas el domingo 2 de abril, día en que ocuparon una altura cerca de Santa Rita, entre El Corpus y San Marcos, en donde, como siempre, fueron destrozados por las fuerzas del Gobierno, retirándose a su campamento.

El 4 de abril se verifica el ataque a La Esperanza, por fuerzas del general Gregorio Ferrera, con una duración de cinco a seis horas.

El 16 de julio se verifica el asalto al pueblo de El Paraíso, por los revolucionarios, más bien con los tintes de un asesinato frío y a mansalva que el de un hecho de armas efectuado con lealtad y dando cuartel a los heridos y prisioneros.

El 26 de julio se efectuó el combate de Palo Verde, Choluteca.

Llegamos así al año económico, especial objeto de este informe, pero los sucesos desarrollados traen su origen desde el anterior.

En los últimos días de julio se verifica una sublevación de los reos de la Penitenciaría de Tegucigalpa, saliéndose los prisioneros y ganando diferentes direcciones. En igual sentido se intenta otra evasión en La Esperanza, sin éxito. Estos hechos, además de otros datos que se tenían, dieron pie para ordenar el aumento de algunas guarniciones y tomar todas las medidas necesarias para repeler posibles agresiones por las fronteras de El Salvador y Nicaragua.

La primera que se dibujó en el horizonte revolucionario fue la del General Gregorio Ferrera, y la primera víctima, el Jefe del Resguardo de Santa Elena, Marcala, oficial Martín Lagos, el 31 de julio. Ferrera continúa su avance sobre Marcala, tomándola el 1° de agosto, después de un ligero tiroteo contra las fuerzas del entonces Comandante Seccional, Coronel Adolfo Fiallos.

Veamos lo que había en el esquicio general del territorio.

Por la frontera salvadoreña, como se ha indicado, se presentaba el General Ferrera, avanzando con rapidez, apoderándose de una plaza.

Por la frontera nicaragüense, tropas regulares al mando de Martínez Funes penetran hasta Morolica, amenazando Choluteca. La acción de esta columna se había anticipado a la de la otra frontera, pero es de admitirse que marchaban de acuerdo.

En la frontera salvadoreña se esperaban invasiones de otros jefes revolucionarios. Su actitud era enérgica y tal vez estaban dispuestos a jugarse la última carta. Además, era la primera vez que la revolución se presentaba con caracteres alarmantes y, a la vez, por ambas fronteras en acción conjunta. Había que tomar disposiciones prontas y rápidas para controlar aquella difícil situación y dominarla, y a ello dedicó la Secretaría de Guerra todos sus esfuerzos.

Se ordenó el reclutamiento en la 1ª zona, 2ª, 3ª y 4ª zonas y en parte de la 5ª; la movilización y concentración de tropas en las plazas de Yuscarán, Danlí, San Marcos, Choluteca, La Esperanza y principales plazas de las zonas amenazadas.

El plan de operaciones era claro: la 1ª zona atendería a sus propias necesidades; la 4ª apoyaría a la 3ª; y la 5ª ayudaría a la 2ª o a la 4ª, según fuera conveniente. La 2ª serviría de centro para controlar y regular la acción de las otras.

Se establecieron centros de abastecimiento en Tegucigalpa, Nacaome y Comayagua. En toda la República se contaba con individuos presentados voluntariamente en defensa del Gobierno. En la Costa Norte, muchos centroamericanos abandonaron sus trabajos, presentándose a las autoridades con el mismo fin.

De esta gente, venida de los campos de Trujillo, Vaccaro, Tela y el departamento de Cortés, se formó un núcleo mayor de dos mil hombres; pero solamente se hicieron llegar, a mediados de agosto, a La Esperanza, mil hombres, y seiscientos a Comayagua, destinando el resto a las plazas de La Ceiba y otras del tránsito.

Para ponderar el prestigio del Gobierno y los buenos deseos que había para defenderlo, baste decir que sólo en la capital, el contingente de la fuerza extraordinaria presentada voluntariamente se elevó a más de seiscientos hombres, cosa que, hasta cierto punto, pasó desapercibida, porque a medida que se iban incorporando se les hacía salir en pequeños contingentes para diversos puntos.

El número de tropas que había sobre las armas, incluyendo el ejército permanente y la policía civil, se elevó a la respetable cifra de diez mil hombres. A esto hay que agregar el entusiasmo y buena voluntad con que ofrecieron sus servicios militares de alta graduación y positivos prestigios, acudiendo a los lugares de mayor peligro.

Se sentían deseosos de acabar con la era funesta de los bochinches y de que se produjera el descanso en el seno de la Nación. En consecuencia, nunca pudo estar el Gobierno en condiciones más favorables para rechazar una agresión, ni los revolucionarios con mejores deseos para acabar con las energías patrias.

Se dibujaba el plan revolucionario y se acentuó su desarrollo en el curso de los acontecimientos: llamar la atención por las fronteras, penetrar audazmente al interior del país y apoderarse de la Costa Norte, para establecer su base de operaciones.

Ambos bandos revolucionarios estaban en un error, porque si ellos pensaban establecer allí su base y restablecer nuevamente su línea de comunicaciones con el exterior, no contaron con que el Gobierno había tomado todos sus dispositivos para batirlos con mejores medios y mayores facilidades, no sólo en la Costa Norte, sino en el interior del país, como lo han comprobado los acontecimientos.

Esto demuestra, pues, que a un Gobierno prestigiado, activo y hábil no se le puede batir fácilmente y, por el contrario, le es fácil doblegar el monstruo de la revolución y a los hombres que sacrifican la Patria ante sus ambiciones.

El General Ferrera continúa su marcha desde Marcala, por los pueblos de Opatoro, Guajiquiro, Tutule y Santiago; penetra al departamento de Intibucá, llega a Jesús de Otoro y toma informes acerca de la situación de la plaza de La Esperanza, a la cual no se decide a atacar y se desvía hacia Santa Bárbara. Era evidente que esta columna esquivaba el encuentro con fuerzas superiores y pretendía recorrer el país para conseguir adeptos, armas y dinero, persiguiendo su objetivo de penetrar a la 5ª zona.

En previsión de este plan, el Gobierno decidió enviar como Jefe de Operaciones a esos lugares al General Salvador M. Cisneros, entonces Ministro de Guerra, dejando la Secretaría en manos del Subsecretario, Coronel Miguel Ángel Ramos. Se ordena a los Generales Luis Mejía Moreno y Ceferino Delgado, y al Coronel Rodas Alvarado, apostarse en las entradas al departamento de Cortés. Además, las tropas de los Coroneles José León Castro, Manuel Matute y General Manuel Montoya marchaban en persecución de Ferrera; y, finalmente, las del General Vicente Tosta se alistaban en el departamento de Copán, para cooperar en el mismo sentido.

Por otra parte, un grupo de revolucionarios al mando de Juan Ramón Soto aparece por la frontera de Guatemala, penetra hasta Santa Rita, Copán, y tropas del mismo departamento lo rechazan y obligan a huir.

Ferrera intenta penetrar por diversos puntos al departamento de Cortés, sin decidirse; vacila y piensa en la retirada, según se observa a su llegada a Quimistán. Se siente acorralado en la atmósfera política, pesa las probabilidades en favor del Gobierno y concluye en que ha fracasado, y que su salvación está en cruzar la frontera, si, como es probable, es derrotado en el primer combate.

Sus condiciones militares no son halagüeñas en estos momentos. Se interna en la República, perdiendo su línea de comunicaciones con su base de operaciones —la frontera en que se había organizado—; se aleja de las montañas esperanzanas, abandonando el contacto con el núcleo principal de sus correligionarios, que equivalía a una segunda base, y finalmente emplea para sus maniobras líneas interiores, dejando, de hecho y por razón natural, al Gobierno las exteriores.

Las columnas que lo combatían, y que se han indicado antes, estaban en condiciones numéricas tales, que cada una de ellas era superior a la de Ferrera; en consecuencia, no tenía un gran número de probabilidades en su favor. Sin embargo, los azares de la guerra no obedecen a estas probabilidades. Era evidente que no buscaba a ninguna de las columnas para enfrentarse a ella; lo esperaba el acaso, presentándose éste personificado en la columna del General Vicente Tosta, en el pueblo de Naranjito, Santa Bárbara.

Esta columna y la del Coronel José León Castro debieron concurrir al combate de El Naranjito, pero el Coronel Castro dice haber recibido orden del General Tosta de esperar al enemigo maltrecho en un lugar táctico de primer orden, para acabar con él. Éste niega haber dado tal orden y supone que el enemigo, interceptando las comunicaciones, pudo despacharse a su antojo.

Las fuerzas del General Mejía Moreno llegaron a San Nicolás el propio día del combate, 13 de agosto, pero no tomaron parte en él. Es el caso que, por un cúmulo de circunstancias, el combate de Naranjito no dio los resultados que eran de esperarse y las tropas se retiraron al Cerro Azul, a una distancia de ochocientos metros del teatro de la acción.

Ferrera se retira, a su vez, y marcha por entre los departamentos de Gracias y Santa Bárbara, hacia las montañas de El Pital, acampando en La Azacualpa.

Por el lado de Nicaragua continuaban las actividades revolucionarias, y entre los departamentos de El Paraíso y Tegucigalpa hacía sus incursiones el cabecilla José María Fonseca. Se manda en su persecución al General Eduardo Navarro, quien, después de un tiroteo, lo desbanda en los llanos de Lizapa, el 18 de agosto. Los restos se dirigen sobre Nueva Armenia, ocasionando pérdidas a algunos comerciantes, entre otros, a los señores Siercke.

Esta salida indicaba la intención de tomar la ruta sobre la frontera salvadoreña e interrumpir el tráfico con el Sur de la República. Para evitarlo, se hace salir una columna de cerca de ciento cincuenta hombres, al mando del Coronel Francisco Valladares L., sobre la carretera del Sur, con instrucciones de dirigirse a Nueva Armenia y allí esperar órdenes. Continúa luego sobre Yauyupe y Texíguat, pero no encontrando al enemigo —que en este tiempo se supone había pasado la frontera—, se le hace marchar a Pespire.

En este tiempo se verificaban las conferencias de los Presidentes Moreno y Montoya, y del Coronel Castro.

El General Ferrera continuaba en su actitud; un grupo a las órdenes del General Luis Isaula se había enmontañado en el departamento de Atlántida. Los voluntarios que, en defensa del Gobierno, marchaban sobre La Esperanza, por sus faltas de disciplina, inspiraban algunos temores, aunque había exceso de belicosidad y grandes deseos de proseguir sin descanso hasta la frontera, para acabar con el enemigo.

No se necesitaban ya tantas tropas, y se pensó economizar reduciendo el contingente de voluntarios, que habían llegado a esa plaza en número de mil, cuya baja se ordenó. A la sazón había 600 hombres en La Esperanza, más 300 que se hicieron marchar de Marcala, además de que, en caso necesario, se podrían hacer llegar las tropas de Occidente.

El desarme no satisfizo a los voluntarios y fue necesaria la energía de los jefes militares, General Manuel Antonio López, que fungía como Jefe de Operaciones, y el Comandante Departamental Roque J. López, además de otros jefes de menor graduación, para evitar un desastre.

Como el peligro era inminente, se ordenó al General López que, en caso de una franca sublevación, se sostuviera en el cuartel mientras se hacían llegar las tropas que se habían movilizado de Tegucigalpa, y que se hicieron llegar hasta La Paz, con artillería y ametralladoras, y las fuerzas de Occidente, de los Generales Tosta, Delgado, Mejía, El Salvador, Nicaragua y Honduras, en el Golfo de Fonseca.

Las tropas del General Delgado quedaron en Las Flores, para oponerse a Ferrera en caso de contramarcha sobre Santa Bárbara, o acudir a la defensa de Santa Rosa de Copán. Las tropas del General Hernández se movían con dificultad sobre la frontera salvadoreña, apoyándose en los pueblos de Guarita y La Virtud; estaban cansadas de hacer largas jornadas en persecución de un enemigo que no lograban encontrar.

El 22 de agosto, víspera del combate de La Azacualpa, se encontraban en La Esperanza los Generales Mejía Moreno y Tosta, con sus columnas, que, sumadas a las fuerzas de la guarnición, hacían un total de cerca de dos mil hombres.

Las circunstancias de los aprovisionamientos de víveres eran difíciles, tanto que fue necesario enviar desde Comayagua fuertes provisiones de dinero y comestibles, que llevó el Coronel Julio C. Mejía, al mando de cien hombres de los que se habían enviado a La Paz.

Para resolver situación tan aflictiva, los jefes militares, a pesar de las fatigas y necesidades de la tropa, acordaron efectuar el combate, pues era el medio más favorable para resolver el conflicto, ya que al terminar podrían distribuirse en diversos lugares, para proporcionarse víveres y descanso.

A estas fechas ya se encontraba el señor Presidente de regreso de las conferencias del Golfo de Fonseca, y era de esperarse quedara garantizada la seguridad en las fronteras, de manera que no faltaba más que terminar con la invasión de Ferrera.

No obstante, no se consideró prudente dar de baja a un gran número de fuerzas, pues ya en la frontera de Nicaragua, en El Carrizal, se había verificado un tiroteo entre tropas a las órdenes del entonces Coronel Julio Peralta y las de Martínez Funes. Esto sucedía el 21 del mismo mes.

El día 23 de agosto, en las primeras horas, los Generales Tosta y Mejía Moreno atacan a Ferrera en La Azacualpa, con magníficos resultados; sin embargo, no pudo lograrse su completa destrucción ni impedir que se retirara, haciéndolo hacia San Miguelito y Erandique, habiendo sido tiroteado en las alturas de Piraera por tropas destacadas del General Hernández, el día 25.

Continúa su marcha hacia Camasca, en donde sorprende las fuerzas al mando del Coronel Concepción Peralta; sigue hacia la frontera, perseguido de cerca por el Coronel José León Castro, quien, después de un tiroteo en Las Lomas, lo obliga a retirarse de manera definitiva al otro lado de la frontera.

La atención del Gobierno debía mantenerse dividida durante todo el mes de agosto entre los acontecimientos que se verificaban en la Primera y Tercera Zonas Militares. Ya se ha indicado cómo se desarrollaban en la tercera.

Después de las conferencias en el Golfo de Fonseca, parecía innecesario el mantenimiento de fuerzas en la frontera con Nicaragua; pero informes de los jefes militares que operaban en esa región indicaban que no solamente era indispensable mantener los contingentes allí establecidos, sino fortalecer la plaza de Yuscarán, que era la que se encontraba en peores condiciones.

Esta misma idea había tenido la Secretaría de Guerra y, al efecto, se había enviado con anticipación al General Eduardo Navarro, con un escuadrón de caballería, para la vigilancia del triángulo Danlí–Yuscarán–Texíguat, acabando, por de pronto, con la partida de José María Fonseca, que se paseaba entre Güinope, Maraita, Yauyupe y San Lucas.

Posteriormente se mandó al Coronel Ciriaco Palomeque, con treinta hombres, para reforzar la plaza de Yuscarán. Con las tropas que se habían mandado y que fácilmente podían reconcentrarse a esa plaza, se contaba para su defensa con más de doscientos hombres. En Danlí había más de cuatrocientos; entre Yauyupe y Nueva Armenia, ciento cincuenta hombres al mando del Coronel Santos Ortiz, y en Pespire, más de cincuenta hombres.

Se suponía que la embestida definitiva de los revolucionarios sería sobre Yuscarán, pero nunca se creyó que pudiera tener éxito. Las fuerzas de Martínez Funes no pensaron lo mismo: su idea era dejar la frontera de Nicaragua, abandonando una base de operaciones ya inútil, penetrar audazmente al interior del país y marchar hacia la Costa Norte, suponiendo que con esto tendrían el éxito asegurado.

Después del tiroteo de El Carrizal, el día 21, se dirigieron francamente hacia El Paraíso, y como objetivo inmediato, Yuscarán. Sabían los elementos con que contaban y pensaron que, mediante un ataque vigoroso, podrían tomarla; que, aunque no la conservaran mucho tiempo, el efecto moral sería asombroso y quizá tendría relación con levantamientos parciales en el departamento de Tegucigalpa.

Sus deseos se frustraron ante las órdenes terminantes que se dieron al Comandante de Yuscarán, de sostenerse a todo trance mientras le llegaban refuerzos de esta capital y se acercaba a protegerlo el Coronel Julio Peralta C., que se encontraba en Duyure. Se quiso que concurrieran también las tropas comandadas por el Coronel Santos Ortiz, pero no pudo llegar sino dos o tres días después de desarrollados los acontecimientos.

Los revolucionarios, confiados en su buena estrella, se lanzan al ataque de la plaza el día 25 de agosto, con un empuje digno de mejor causa; pero sus esfuerzos resultaron inútiles ante la enérgica defensa que hizo el Comandante, Coronel Froilán Ramos, con la cooperación de muchos oficiales que se distinguieron en esa acción de armas, entre otros, el General Eduardo Navarro, Coronel Ciriaco Palomeque y los Cadetes Graduados Antonio Amargós y Salvador Sanabria.

El enemigo, después de un ataque que duró seis horas, se retiró de la población. Al día siguiente llegó a la plaza el Coronel Julio Peralta, al mismo tiempo que otro jefe con una columna de doscientos tegucigalpas, y se dispone desde luego la persecución; pero evoluciones del enemigo hicieron perder su pista, estimándose, en lo general, que intentaría volver a la frontera, por más que estaban cerradas todas las salidas.

Pasaron cuatro días sin que se tuvieran indicios de la dirección que había tomado el enemigo, hasta que hizo su aparición por el lado de Guaimaca, de donde tomó una dirección franca hacia Juticalpa. Con tal motivo, el Coronel Julio Peralta, que había salido para Danlí, recibió instrucciones para marchar sobre él, al mismo tiempo que el Coronel Miguel A. Ramos salía de Tegucigalpa con una columna de tropas, el 31 de agosto, persiguiendo igual objetivo.

Se había ordenado al Comandante Departamental de Olancho sostenerse en la plaza mientras llegaban los refuerzos, cosa factible porque el enemigo marchaba escaso de municiones. Sin embargo, el Comandante se dirigió a Playa Grande, en donde se trabó la lucha el 1° de septiembre. No obstante los esfuerzos del Coronel Santos Cerritos para mantener la disciplina e infundir confianza a sus tropas, el resultado del combate fue negativo. Martínez Funes continuó sobre Juticalpa, en donde entró.

Al mismo tiempo que se verificaban estos acontecimientos, se hacía más molesta la presencia de otro grupo revolucionario en el departamento de Yoro, al mando del General Luis Isaula; pero se activa su persecución y logra batírsele en Jimia el 7 de septiembre, quedando sobre el campo de la acción el oficial insurrecto.

Entre tanto, las tropas de los Coroneles Ramos y Peralta hacían marchas forzadas y, aunque habían recibido instrucciones para ponerse de acuerdo y atacar conjuntamente al enemigo, las direcciones de donde habían partido les impedían un entendimiento oportuno. El enemigo se dio cuenta de su situación y, por ello, desocupó la plaza el mismo día en que entraron las tropas gobiernistas. Tomó la dirección de San Francisco de La Paz, de donde podía continuar sobre Manto o hacia el Valle de Agalta.

Las tropas de los Coroneles Ramos y Peralta, que se encontraban en Juticalpa, estaban rendidas por las marchas fatigosas que habían ejecutado. Era urgente darles un descanso y preparar, en vista de los datos que se obtuvieran, la persecución. Del 5 al 6 de septiembre, se inicia. El Coronel Ramos toma la dirección estratégica de las operaciones; indica las rutas probables del enemigo, de manera tan oportuna que sirvió de base a la Secretaría de Guerra para ordenar la concentración de las tropas a lo largo de la línea férrea de la Truxillo R.R. Co.

Así concurrieron el Coronel Hipólito Retes, quien marchaba hacia Iriona; el General Mejía Moreno y el de igual grado, Gregorio Aguilar. El Coronel Peralta marchó a la vanguardia de las tropas que operaban en Olancho, porque fueron las primeramente aprovisionadas en Juticalpa; lo seguían las del Coronel Ramos y, después, las del General Cardona, a quien se le indicó tomara por Catacamas, Culmí y San Esteban, para enfrentarse a las tropas de Martínez Funes en el caso de que regresara del Valle de Agalta.

Los revolucionarios se dirigieron al valle antes mencionado, tocando en Gualaco, Saguay y Pacura; el Coronel Peralta los siguió, pasando por los mismos puntos; el Coronel Ramos pasó de Gualaco hacia San Esteban, pues el enemigo podía volverse aún, de Pacura, sobre este punto, y habría obligado a las tropas del Gobierno a una contramarcha y pérdida de tiempo inútiles.

Esta segunda columna, por informes que adquirió en la Hacienda de La Lima, en el propio Valle de Agalta y por espías que mandó a San Esteban, se cercioró de que el enemigo no se dirigiría por allí y, en consecuencia, enderezó su marcha hacia Pacura, para reunirse con Peralta.

Martínez Funes se había internado en la montaña de Botaderos y tomó contacto con las fuerzas del Gobierno el día 11 de septiembre, a las dos de la tarde, momento en el cual se le pudo fijar en el terreno, dando lugar a que los contingentes de los Coroneles Guillén Vélez, Manuel Matute e Hipólito Retes llegaran con toda oportunidad cuando se desarrollaban los acontecimientos.

Las fuerzas del Coronel Ramos llegaron el día 10 a Pacura y dos días después estaban en La Sierra o El Cayo, en el último día del combate del Guapinol. Las fuerzas del Coronel Peralta habían llegado el día anterior al Cayo, de manera que cooperaron a batir al enemigo.

Después del combate del Guapinol, lugar en que se desarrollaron estos acontecimientos, había concentrados, en un radio de dos leguas, más de dos mil hombres.

Para la persecución se hizo necesario que el General Cardona continuara hacia Pacura y San Esteban, ocupando todas las salidas de la montaña, a fin de capturar a los elementos disponibles. Esto dio magníficos resultados, pues se encontraron grupos hasta de cincuenta hombres, por El Naranjal, Saguay, etc., los cuales fueron eficazmente batidos, muriendo como unos treinta revolucionarios.

El combate de El Guapinol fue decisivo, porque desorganizó completamente al enemigo y dio en tierra con la revolución, desalentando a sus componentes.

Los datos del Jefe de Operaciones, General Gregorio Aguilar, dan: 15 heridos y 20 muertos por parte del Gobierno, y 30 heridos, 55 muertos y 55 prisioneros de los revolucionarios.

A fines de diciembre y principios de enero aparecen algunos grupos por las montañas del Espíritu Santo, Distrito de Trinidad, y en la aldea de La Jigua, Distrito de Florida. En este lugar atacaron una escolta de cuatro inspectores, asesinando a dos; pero luego fueron batidos por el Coronel Indalecio Mejía, quien comandaba cien hombres, en la montaña de Chalmeca, jurisdicción de Santa Bárbara, muriendo en el encuentro los cabecillas Coronel Rodrigo Gálvez y Capitán Benigno Muñoz.

En julio de 1923, se levanta en armas contra el Gobierno el Mayor Seccional de Puerto Cortés; toma un tren para marchar sobre San Pedro Sula, con cuarenta hombres y dos ametralladoras. Sale el General Leonardo del Cid, de esta plaza, con cincuenta hombres sobre el rebelde, dándose providencias para descarrilar el tren en que marchaba.

Se le encuentra apostado en son de guerra, se le bate y se captura a los que habían quedado en el lugar, entre otros, al mismo jefe, promotor del escándalo, concebido por influencias del alcohol.

Los acontecimientos militares relacionados anteriormente, en el período de 1919 a 1923, han dado lugar a 325 pensiones militares, con un valor anual de $103,231.20 (ciento tres mil doscientos treinta y un pesos con veinte centavos).

El mínimo de muertos que se ha podido comprobar es de 535; los gastos fuera de presupuesto ascienden a la respetable suma de $5,712,163.00 (cinco millones setecientos doce mil ciento sesenta y tres pesos).

La elocuencia de estos datos es indiscutible.

(Tomado de la Memoria de Guerra y Marina, 1922–1923, que nos tocó redactar.)

CONTENIDO

www.ingramcontent.com/pod-product-compliance
Lightning Source LLC
Chambersburg PA
CBHW061601120626
46550CB00004B/1574